邻里图书馆：
公共文化服务创新的佛山实践

黄百川　主编

国家图书馆出版社

图书在版编目（CIP）数据

邻里图书馆：公共文化服务创新的佛山实践 /
黄百川主编 . — 北京：国家图书馆出版社，
2023.3
 ISBN 978-7-5013-7599-8

 I.①邻… II.①黄… III.①公共图书馆－图书馆服
务－研究－中国 IV.①G258.2

中国版本图书馆CIP数据核字（2022）第175360号

书　　名	**邻里图书馆：公共文化服务创新的佛山实践**
	LINLI TUSHUGUAN：GONGGONG WENHUA FUWU CHUANGXIN
	DE FOSHAN SHIJIAN
著　　者	黄百川　主编
责任编辑	刘健煊
封面设计	程言工作室

出版发行	国家图书馆出版社（北京市西城区文津街7号　100034）
	（原书目文献出版社　北京图书馆出版社）
	010-66114536　63802249　nlcpress@nlc.cn（邮购）
网　　址	http://www.nlcpress.com
排　　版	北京旅教文化传播有限公司
印　　装	河北鲁汇荣彩印刷有限公司
版次印次	2023年3月第1版　2023年3月第1次印刷

开　　本	710mm×1000mm　1/16
印　　张	17.5
字　　数	277千字
书　　号	ISBN 978-7-5013-7599-8
定　　价	88.00元

本书编委会

主编：黄百川

编委（按姓氏笔画为序排列）：

朱忠琼　朱瑞芹　张惠梅　陈　艳

罗舒乔　郑小灵　黄佩芳

目　录

序　一

李国新[*]

　　2020 年 7 月，佛山市图书馆的邻里图书馆项目荣获 2020 年度国际图联国际营销奖第一名。图书馆"营销"，用中国的话语体系表达，就是图书馆服务推广。国际图联国际营销奖的评价导向，是注重项目创意的创新性和服务推广效果。邻里图书馆项目在年度获奖项目中拔得头筹，说明这一项目在创新性方面已在全球图书馆领域成为榜样，也说明这一项目的实施成效得到了国际图书馆界的认可和赞赏。在中国，邻里图书馆项目是佛山实践；把邻里图书馆项目放在当今世界公共图书馆发展的总格局中看，它是 21 世纪以来我国大力推动公共文化服务体系建设背景下公共图书馆发展"中国创新"的一个缩影。

　　邻里图书馆项目创新了全民阅读拓展和深化的路径。在我国，全民阅读已经上升为一项国家战略。《中华人民共和国公共文化服务保障法》中规定，支持开展全民阅读是各级政府的责任，为公众提供阅读服务是公益性文化单位的职责；《中华人民共和国公共图书馆法》中要求各级公共图书馆将推动、引导、服务全民阅读作为重要任务。从 2014 年开始，全民阅读连续 9 年被写进政府工作报告。《国家基本公共服务标准（2021 年版）》明确规定了"公共文化设施免费开放""读书看报"等服务内容，同时明确了各个项目的服务对象、服务内容、服务标准、支出责任和牵头单位。这些都是国家大力推动全民阅读的标志。

　　全民阅读重在"全民"——全民参与、全民共享、全民受益。要想让阅读增强人的精神成长自觉，成为促进精神富有的动力，阅读推广就必须从娃娃抓起。家庭是人生的第一课堂，亲子阅读是全民阅读的起点。植根于家庭的邻里

---

[*]　李国新，北京大学教授、国家文化和旅游公共服务专家委员会首席专家。

1

图书馆项目营造了亲子陪伴、相机而教的阅读环境，极大地丰富了家庭的阅读资源，从源头上为全民阅读的拓展和深化奠定了坚实基础。所以，把邻里图书馆项目放在全民阅读的大背景下看，它是公共图书馆推动、引导、服务全民阅读理念的新飞跃、方式的新变革、路径的新拓展。

邻里图书馆项目创新了公共图书馆总分馆制的实现方式。一家一户的"家庭图书馆"或是曾几何时风靡全球的"小型免费图书馆"在国内外早已有之。邻里图书馆与传统的家庭图书馆、小型免费图书馆有一个最大的不同，即它是组织化的、体系化的，是城市公共图书馆总分馆体系的组成部分。邻里图书馆被纳入图书馆总分馆体系，意味着它的选点布局有总体规划，图书资源有保障后盾，运行服务有基本规范，阅读活动有促进机制，服务成效有激励措施，这与个体家庭"单干"、小型免费图书馆孤立存在有本质的不同。佛山市"邻里图书馆"能在短时间内迅速发展到 1300 多家，没有中心馆、总馆和分馆的统筹协调、组织指导、服务援助，没有上下衔接的总分馆体系的支撑是无法实现的。可以说，总分馆制为邻里图书馆的规模化建设、可持续发展提供了保证；邻里图书馆以星罗棋布的存在方式有效扩大了总分馆制的覆盖范围，延伸了总分馆制的触角，提升了总分馆制的整体效益。

图书馆总分馆制是党的十八大以来我国公共文化领域重点改革任务之一。经过多年的持续推动，各地探索创造出了不少既体现一致方向又具有多样化特色的实现方式，如：最基本的县乡村三级架构体系模式，发达地区的垂直管理模式和多级投入、集中管理模式，近年来大量涌现的"分馆+"模式，中心城市的"中心馆—总分馆"模式，等等。以邻里图书馆作为底层节点、神经末梢的图书馆总分馆体系，创造了一种我国公共图书馆总分馆制新的实现方式，与发达国家成熟的图书馆总分馆制相比，也体现出了鲜明的中华文化传统、中国体制优势和中国发展特色。

邻里图书馆项目创新了公共图书馆图书资源整合与流通利用机制。传统上，公共图书馆的资源姓"公"，即公共图书馆流通利用的资源是公有资源。邻里图书馆项目创造性地整合聚拢私有家藏图书资源，按照自愿原则将其纳入流通利用体系，图书馆由只管馆藏文献资源扩展到管社会文献资源，图书馆的流通体系不再是公藏专属而变成了社会大流通体系，这是对公共图书馆资源整合与流通利用机制的颠覆性变革。这一创新举措具有多方面的意义：对图书馆来说，邻里图书馆项目拓展了可用文献资源的总量，革新了图书馆文献资源集聚管理和流通的理念与方法，昭示了未来图书馆资源建设的一个新途径；对私人家藏提供者来说，邻里图书馆项目搭建起了为书找人、以书会友、书尽其用、书畅其流的平台，培育了奉献社会、助益他人、完善自我的志愿利他精神；对促进全民阅读社会化发展来说，邻里图书馆项目开辟了社会力量参与的新路径，促进了政府、社会、企业、公民共建书香社会新格局的形成。据佛山市图书馆统计，邻里图书馆项目建设的家藏图书共享平台"易本书"开通不到一年，已激活私人家藏近 20000 册，完成私藏转借 4400 余单，显示了私人家藏对图书馆公藏的有益补充作用，也显示了邻里图书馆项目创新图书馆资源整合与流通利用机制带来的成效。

邻里图书馆项目创新了现代信息技术在图书馆服务中的应用。邻里图书馆项目的管理和服务广泛采用了成熟的移动互联、云端存贮、人脸识别、移动微社交、大数据可视化展示等现代信息技术，这是邻里图书馆不同于传统的家庭图书馆、小型免费图书馆的重要标志，也是邻里图书馆能够成为图书馆总分馆体系组成部分的关键因素。不仅如此，邻里图书馆项目还成功地将区块链技术应用于私人家藏图书的管理和流通利用上。其利用区块链技术的去中心化、分布式记账、共识机制、智能合约等优势，解决了一系列私人家藏图书进入公共流通领域面对的特殊问题，如多点位提供、供需交叉转换、所有者授权不同、图书去向溯源、借阅者信用建立与识别、个人信息保护等。邻里图书馆项目建设的"易本书"家藏图书共享平台在公共图书馆领域具有开创性，称得上是创新了现代信息技术在图书馆服务中的应用。

邻里图书馆项目是一个中国特色文化惠民工程促进服务创新的鲜活案例。其以实施重大文化惠民工程的方式解决存在的普遍性、突出性问题，是具有制度优势、体制优势的加强公共文化服务体系建设的一种中国方式、一条中国道路。创建国家公共文化服务体系示范区是被写进党的十七届六中全会决议的重大文化惠民工程之一。邻里图书馆项目出现的一个重要的契机是佛山市创建第三批国家公共文化服务体系示范区，一个重要的动力是佛山市委市政府以及文化行政部门在推动国家公共文化服务体系示范区创建过程中对创新发展的重视。"邻里图书馆"能够持续推进、不断升级，同样得益于国家公共文化示范区创建以及随后的广东省公共文化示范项目创建的顶层设计、创新追求、组织支撑和保障措施。重大文化惠民工程的实施催生了一批包括邻里图书馆项目在内的具有"中国创新"特色的公共文化服务案例，它们代表了我国公共文化服务体系建设的时代水平，也引领示范了新时期公共文化服务的高质量发展。

《邻里图书馆：公共文化服务创新的佛山实践》是一部全景式展现佛山市邻里图书馆项目面貌的著述。书中有背景介绍，有理论阐释，有要素分析，有数据调研，有创新提炼，还有未来展望，为邻里图书馆项目迄今为止的建设和发展留下了历史记录，也为邻里图书馆项目经验的推广和传播提供了新的途径。幸得本书编著团队信任，我得以先睹为快。借此契机，我结合之前对佛山市公共文化服务体系建设以及邻里图书馆的了解，进一步思考了邻里图书馆项目作为公共文化服务"佛山实践"对于公共文化服务体系建设"中国创新"的意义和价值，权作初读本书后的感想和体会。

2022 年 10 月

序　二

程焕文[*]

　　邻里图书馆是由佛山市图书馆创意、市政府主导、公民自愿参与，以社区公民家庭住宅内的可用空间为据点，以公共图书馆服务体系为平台，图书馆与公民共同建设的免费开放、公众共享的新式微型家庭公共图书馆。

　　邻里图书馆不仅是 2015 年以来佛山市创建国家公共文化服务体系示范区建设最为闪亮的招牌，而且是新世纪以来中国公共图书馆在全球图书馆营销中最为闪耀的明星。2018 年初，佛山市图书馆提出邻里图书馆项目创意；4 月，首批 20 家邻里图书馆正式挂牌；8 月，佛山市将"'千家万户'阅暖工程——邻里图书馆项目"列入佛山市创建国家公共文化服务体系示范区建设重点项目。2019 年 1 月，邻里图书馆突破 500 家。2020 年 7 月，邻里图书馆项目荣获国际图联国际营销奖第一名。佛山市图书馆成为迄今为止我国 2000 多个县级以上公共图书馆中在国际图联获得最高营销奖殊荣的图书馆。为什么佛山市图书馆能够凭借实施仅仅两年的邻里图书馆项目一飞冲天、一举成名，成为全球最为耀眼的中国公共图书馆营销明星呢？

　　九层之台，起于累土；滴水穿石，非一日之功。邻里图书馆的一举成名绝非偶然，而是近三十年来在佛山市委领导下，佛山市各级政府充分履行政府主体责任，佛山市图书馆五任馆长——侯旭恺、曹晓莉、王惠君、屈义华、黄百川继往开来、不断创新，全体图书馆同人齐心协力，全社会积极参与公共图书馆服务体系建设的必然结果。

　　回顾近三十年来佛山市公共图书馆的繁荣发展，我们不难发现，以 1993

---

　　* 程焕文，中山大学信息管理学院教授、国家文化遗产与文化发展研究院院长、中国图书馆学会副理事长。

年佛山市图书馆祖庙路新馆落成开放和2014年佛山市图书馆新城新馆落成开放为标志，佛山市公共图书馆服务体系建设经历了两个发展阶段，大约每十年实现一次腾飞。佛山市公共图书馆的每次发展腾飞都呈现出共同的特点和规律：一方面，市政府以建设佛山市图书馆新馆为先导，进而以市图书馆为中心带动各区图书馆新馆建设；另一方面，佛山市图书馆又以各区图书馆先行先试为突破点，以充分调动一切利益相关者的积极性、各方联动为基础，探索基层图书馆建设的发展路径，进而推动佛山市公共图书馆服务体系建设。这种自上而下与自下而上的双向互动，不仅形成了上下齐动的双向合力，极大地激发了社会力量的参与活力和各个层面的创新活力，而且开辟出一条能够突破政府财力、人力、物力投入普遍不足，基层公共图书馆网络布局松散、设施建设落后、服务效益低下的困境，从而构建起全面覆盖城乡公共图书馆服务体系的崭新发展道路，成为在全国可复制、可推广的先进模式。

佛山市是国家历史文化名城，明清时期为广州府下的佛山镇，素以手工业发达著称，与河南朱仙镇、湖北汉口镇、江西景德镇并称四大名镇。1949年，佛山改镇为市，设市建制。其后，佛山市经多次行政区划变更，直到2002年才形成下辖禅城、南海、顺德、三水和高明五个区的现有格局。

佛山市图书馆成立于1957年，迄今不过65年的历史。建馆后，佛山市图书馆馆址多次变化——中山公园、升平路、永安路、筷子路——始终处于一种不确定的状态，直到1981年位于祖庙路的馆舍落成，才算有了独立的建筑。然而，彼时的祖庙路馆面积不过1500平方米，藏书才10万册，工作人员仅10人，仍然乏善可陈，鲜为人知。20世纪80年代后，在改革开放的推动下，全国迅速兴起了图书馆新馆建设高潮。在这样的时代背景下，1981年建成的佛山市图书馆相形见绌，显得十分落后，无法适应佛山市经济和社会的飞速发展，难以满足广大民众迅速增长的知识需求。一时间，主张将市图书馆合并到其他文化机构的声音四起。

在这个关键时期，佛山市图书馆借助中山大学信息管理系谭祥金教授、中山大学图书馆赵燕群馆长等广东图书馆界专家的力量，积极影响政府的相关决策者，终于引起了佛山市市长卢瑞华的高度重视。于是，市政府决定投资2000万元在祖庙路兴建佛山市图书馆新馆，由此开辟了佛山市图书馆的振兴发展之路。1990年7月，佛山市图书馆新馆奠基；1993年1月8日，新馆落成开放。此时的佛山市图书馆新馆占地面积 4650 平方米，建筑面积 17888 平方米，不仅是佛山建市以后投资最多、规模最大的文化设施，而且一跃成为当时全国面积最大的地级市公共图书馆。

在新馆建设的同时，佛山市图书馆将专业人才队伍建设作为进一步发展的首要任务。凭借对图书馆未来美好蓝图的憧憬和描绘，佛山市图书馆从武汉大学吸引一批又一批图书馆学专业优秀毕业生，从全国各地陆续招徕图书馆学专业青年人才。其气魄，其远见，在全国独一无二。这奠定了佛山市图书馆振兴和腾飞的人才基础，并形成了其重视图书馆学专业人才队伍建设的优良传统。从此，一代又一代的图书馆新人不断创造一个又一个新的成就，佛山市图书馆亦一步一个台阶不断上升，成为全国公共图书馆服务体系建设的排头兵。

区（县）图书馆、乡镇（街道）图书馆[①]和村（社区）图书馆建设始终是公共图书馆服务体系建设的难点和痛点，现在如此，二十年前更是如此。在全国公共图书馆都深陷政府财政投入严重不足，基层图书馆普遍薄弱的共同困境之际，2002 年初，禅城区图书馆提出建设禅城区联合图书馆的设想，鼓励乡镇街道和公司企业投资建设图书馆馆舍。建成后，区政府负担其日常经费，区图书馆负责相应的管理工作，实行统一标识、统一平台、统一资源、统一管理、分散服务的办馆模式，建设以禅城区图书馆为总馆，以乡镇（街道）图书馆为分馆的联合图书馆体系。9 月，禅城区委区政府发布《关于佛山市禅城区"联合图书馆"建设方案》；10 月，"禅城区图书馆少儿分馆"开放，禅城区联合图书馆正式起步。

2003 年底，鉴于禅城区联合图书馆建设的成功尝试，佛山市委书记黄龙云提出在佛山市推广联合图书馆建设。2004 年 6 月，佛山市图书馆发布《佛山市联合图书馆实施方案》，提出：①坚持政府指导，属地实施，政策扶持，各方联动，稳步推进，市民受益的基本思路。②建设以公共图书馆为主体，各行业系统图书馆加盟，覆盖全城、服务全民的文献信息资源共享网络。③在纵向上，建立和完善以市图书馆为龙头、区图书馆为骨干、镇街图书馆为节点、社区（村）图书馆为网点的公共图书馆四级网络；在横向上，公共图书馆与学校、企事业单位图书馆等不同类型的成员馆互通互联、优势互补、资源共享、

---

① 下文行文中将其简称为"镇街图书馆"。

协同服务，逐步形成高水准、覆盖全社会的图书馆服务网络和科学合理、富有地方特色的多级文献保障体系。④在统一标识、统一平台、统一资源、分级建设、分级管理、分散服务的建设原则下，各区可根据实际情况制定本区联合图书馆建设的具体目标、实施方案，积极探索多元化的联合图书馆发展模式。2004 年 10 月，佛山市联合图书馆正式全面启动。从此，联合图书馆成为佛山市公共图书馆服务体系建设的创新特色和发展模式，开始引领新世纪我国公共图书馆的创新发展。截至 2018 年，佛山市联合图书馆体系共有成员馆 228 家，各区全面落实图书馆总分馆制建设，共有图书馆总分馆主馆 5 个、分馆 36 个、服务点 350 个。其中，禅城区和南海区被广东省文化厅确定为公共图书馆总分馆建设的示范区，在全省宣传推广。

回顾新世纪我国公共图书馆的发展，我们不难发现：其一，直到 2012 年 5 月发布《文化部"十二五"时期文化改革发展规划》（2011—2015 年），国家才正式提出"推广公共图书馆总分馆制"，佛山市联合图书馆在推广公共图书馆总分馆制上比全国要早 8 年以上；其二，直到 2018 年实施《中华人民共和国公共图书馆法》和 2018 年发布《国家"十三五"时期文化发展改革规划纲要》（2016—2020 年），国家才正式提出坚持"政府主导，社会参与"的公共图书馆服务体系建设原则，佛山市联合图书馆在坚持"政府主导，社会参与"上比全国要早 14 年以上。"跑得快，好世界"——联合图书馆在理念和实践上的创新正是这句广东话的真实写照。

2007 年，佛山市委市政府对佛山新城（原东平新城）进行重新定位和规划调整，提出建设具有国际一流水平、智能化国内领先、浓郁岭南风貌、辐射带动力强的佛山市中心城区、广东工业服务示范区、现代岭南文化新城。佛山市图书馆再次迎来新的发展机遇。

2008 年 2 月，佛山市政府将市图书馆新馆建设列入佛山新城文化中心项目。佛山新城文化中心项目总用地面积 30.8 万平方米，净用地面积 20.8 万平方米，建设规模约 67 万平方米。其中：公共建筑约 32 万平方米，投资约 32 亿元，包括坊塔、科技馆与青少年文化宫、艺术村、图书馆、档案中心、博物馆、艺术馆七个单体建筑；商业建筑约 35 万平方米，由宏宇东平文化大酒店、书城、星耀影视广场和创意产业园项目组成。

2010 年 1 月，作为佛山新城文化中心的第一个开建项目，佛山市图书馆新馆工程动工。2014 年 12 月 6 日，佛山市图书馆新馆落成开放。新馆建筑面积 4.7 万平方米，阅览座位 2500 个，再次成为全国最大的地级市公共图书馆。

2015 年 8 月，佛山市成为第三批创建国家公共文化服务体系示范区城市。作为佛山创建国家公共文化服务体系示范区的重要组成部分和中坚力量，佛山市图书馆在进一步深化联合图书馆建设、构建覆盖城乡的公共图书馆服务体系过程中，相继推出移动智能图书馆（流动汽车图书馆）、智能图书馆（智能文化家、企业文化家、读书驿站、顺图书房）、邻里图书馆、民宿图书馆等社区图书馆建设的创新理念和创造实践，在打通公共图书馆服务"最后一公里"的社区图书馆建设中再次走在了全国前列。

2018 年 7 月，佛山市图书馆荣获第三届国际图联绿色图书馆奖第一名，成为该奖项自 2016 年设立以后首次获得最高荣誉的中国图书馆。同年 9 月，佛山市创建国家公共文化服务体系示范区通过文化和旅游部验收。2019 年 3 月，佛山市正式成为国家公共文化服务体系示范区城市。2020 年 7 月，邻里图书馆项目荣获国际图联国际营销奖第一名，成为佛山市作为国家公共文化服务体系示范城市最为闪亮的名片和招牌。

自 2018 年初规划实施，到 2021 年获得广东省公共文化服务体系示范项目的授牌，邻里图书馆项目在不到五年的时间里，一年一个台阶，实现了四次跳跃升级。

第一次升级：从市馆项目到市级工程（2018 年）。2018 年初，佛山市图书馆提出实施"四大创新举措，九项基本任务"的年度工作计划，进一步完善公共图书馆服务体系建设，并以首要创新举措的方式正式提出邻里图书馆的创新理念：制定社会参与的激励政策及家庭主体的遴选规则，建立公平竞争机制和绩效考评机制，在佛山市招募热爱阅读、热心公益的家庭建设邻里图书馆。市图书馆向家庭提供阅读资源与活动支持，并鼓励家庭阅读资源参与社会共享，从而将图书借阅、亲子阅读、阅读分享等社区公共图书馆服务延伸至家庭。在此创新理念和实施思路下，佛山市图书馆制订了邻里图书馆项目的发展规划：打造 1000 个邻里图书馆，服务 10000 个家庭，最终达到服务 50000 个家庭的目标，助力佛山打造"阅读之城"。

2018 年初，佛山市图书馆发布邻里图书馆招募通知后，市民踊跃报名参与，于是诞生了第一家邻里图书馆——"小星星"邻里图书馆。4 月 21 日，佛山市图书馆在"世界读书日·阅读大会"上正式为首批 20 家邻里图书馆授牌。

2018 年 8 月，佛山市发布《佛山市创建国家公共文化服务体系示范区领导小组办公室关于开展"千家万户"阅暖工程——邻里图书馆招募工作的通知》，正式将邻里图书馆项目列为创建国家公共文化服务体系示范区的重点工程，在佛山市统一部署推进。于是，邻里图书馆从佛山市图书馆的规划项目跃升为佛山市创建国家公共文化服务体系示范区的重点工程。9 月，佛山市图书馆发布《"千家万户"阅暖工程——邻里图书馆深化实施方案》，从管理提升、保障升级、宣传推广三个方面进一步深化邻里图书馆项目的实施方案，全面开展邻里图书馆项目的品牌建设。

第二次升级：从市级工程到省级项目（2019 年）。2019 年 1 月，邻里图书馆突破 500 家。2 月，邻里图书馆项目入选第三批广东省公共文化服务体系示范区（项目）创建名单。于是，邻里图书馆项目从佛山市重点工程升级为广东省示范项目。

2019 年 4 月，佛山市印发《佛山市"千家万户"阅暖工程——邻里图书馆创建广东省公共文化服务体系示范项目工作方案》。9 月，第一届邻里图书馆管理委员会成立。12 月，《人民日报》文化版发表题为《佛山以家庭为单位，以邻里为纽带推广阅读——图书馆开在你家我家》的长篇报道，邻里图书馆项目的影响开始从广东走向全国。

第三次升级：从省级项目到国际品牌（2020 年）。2020 年 7 月，邻里图书馆项目荣获国际图联国际营销奖第一名。8 月，邻里图书馆突破 1000 家。8 月 25 日，由人民日报社主办与出版的国际新闻报刊《环球时报》（*Global Times*）英文版发表题为《邻里图书馆项目惠及佛山千家万户》（"Mini-Library Project Benefits Thousands of Families in Foshan"）的专题报道，向海外推介邻里图书馆项目。其后，《光明日报》发表《邻里图书馆：让书香溢满左邻右舍》（9 月 2 日），《中国日报》（*China Daily*）发表《阅读让生活更美好》（"Reading for Better Life"）（12 月 8 日）。各类各级媒体竞相宣传报道，在一年多的时间内，有关邻里图书馆项目的媒体报道超过 1700 篇次。邻里图书馆项目展现了非同寻常的全国示范效应和国际品牌影响力。

第四次升级：从国际品牌到标准建设（2021 年）。2021 年 6 月，邻里图书馆小程序正式上线试运行。7 月，《邻里图书馆建设及服务规范》被纳入

2021 年佛山市地方标准制修订计划项目，邻里图书馆开始迈上标准化的发展道路。8 月，佛山市图书馆应邀在国际图联世界图书馆与信息大会的专题会议上做题为"如何使你的图书馆成为明星！在全球激发营销思维"的报告，向全世界图书馆阐释和展示邻里图书馆项目的创新理念和营销实践。12 月，邻里图书馆项目获得广东省公共文化服务体系示范项目的授牌。

邻里图书馆项目之所以能够如此成功，究其原因，关键在于全方位的创新。纵观邻里图书馆项目四年来的发展，其最为突出的创新主要体现在以下三个方面：

（1）模式创新。邻里图书馆作为新式微型家庭公共图书馆，是基层公共图书馆建设的一种模式创新。这个创新模式具有以下三个特点：

其一，家庭融合。家庭既是社会的基本单位和细胞，亦是私有制的根源和主体；公共图书馆则是社会的公共文化机构。"私有"和"公共"的性质不同，二者并不相容。邻里图书馆项目在公民自愿的基础上，以家庭为单位，把公共图书馆建在家庭里，进而充分发挥公民的主观能动作用，以家庭人力和私有物力为社区公众提供公益服务，实现了"私有"与"公共"的相互融合。这种融合创新，一方面把公共图书馆服务体系的末梢嵌入家庭之中，另一方面又把家庭的公益服务融入公共图书馆服务体系之中，创造了一种新的共建共享、合作共赢的基层图书馆建设模式。2022 年 7 月颁布的《公共图书馆宣言（2022）》特别新增了"伙伴关系"章节，强调"建立伙伴关系对于公共图书馆接触更广泛、更多样化的公众至关重要。必须确保与相关伙伴合作，例如：用户群体，学校，非政府组织，图书馆协会，企业和地方的，区域的，国家的与国际层面的其他专业人士"。由此可见，邻里图书馆在建立伙伴关系、开展社会合作上走在了全球公共图书馆的前列。

其二，家庭阅读。家庭是社会的基本单位，家庭文化是社会文化的细胞。因此，家庭阅读是全民阅读的基础，书香家庭是书香社会的根基，建设学习型家庭则是建设学习型社会的根本。邻里图书馆项目的初衷是送书到家庭，营造书香家庭，搭建"图书馆＋家庭"的阅读体系，从而推广家庭阅读与亲子阅读，并带动左邻右舍的家庭阅读与亲子阅读。因此，在家庭教育上，邻里图书馆项目极大地契合了社会的广泛需求，具有与家庭同心同德、同行同向、同频共振的社会魅力和社会功效。唯其如是，家庭阅读和亲子阅读成为邻里图书馆贯穿始终的服务根本，成为推广全民阅读、建设学习型社会和书香中国的长效机制。诚如《公共图书馆宣言（2022）》所言，"图书馆在社会中的益处经常在后代中显现"，邻里图书馆的这种长效机制将会在经历几代人之后进一步充分体现。犹太民族之所以自强不息，人才辈出，其重要的原因之一就是家庭阅读和亲子阅读的长效机制。

其三，微型服务。虽然邻里图书馆的物理空间和藏书数量均十分有限，但是其功能十分齐全。在资源配置上，既有图书馆的图书配送，也有"你选书，我买单"的家庭采购；在流通服务上，既有普通借阅服务，也有佛山市公共图书馆服务体系的通借通还服务；在服务方式上，既有家庭现场服务，也有自助服务和移动终端数字服务；在管理方式上，既有家庭的自主管理，也有公共图书馆的统一平台管理。凡此种种，可以说把一切可以嵌入的公共图书馆服务功能几乎全部植入家庭。邻里图书馆通过打通公共图书馆服务的"最后一米"，将现有的四级公共图书馆服务体系结构由社区进一步向下延伸，构建了新的"市—区（县）—街道（乡镇）—社区（村）—家庭"五级公共图书馆服务体系结构。毫无疑问，邻里图书馆是公共图书馆服务体系建设的一项重大创新。

（2）治理创新。从项目创意，到项目实施，乃至项目升级，佛山市图书馆始终把邻里图书馆的制度设计和制度建设放在首位，相继制定了一系列的相关政策，包括《邻里图书馆建设及服务规范》《邻里图书馆绩效考核管理办法》《邻里图书馆管理委员会章程》《示范项目过程管理规定》《示范项目经费管理制度》等面向全市的宏观制度和《邻里图书馆申请声明》《邻里图书馆合作协议》《绩效规则》《佛山市图书馆读者办证协议》等面向家庭的微观制度。这两个层面的制度设计与制度实施，不仅保障了邻里图书馆建设的规范化和科学化，而且成为构建新的公共图书馆服务治理体系和提高公共图书馆服务治理能力的重要基础。在此基础上，邻里图书馆实现了多个方面的公共图书馆服务体系治理创新。

其一，邻里图书馆四级项目管理体系创新。在邻里图书馆的建设中，佛山市创建了四级项目管理体系。第一级为佛山市邻里图书馆示范项目创建领导小组。2019 年 5 月，佛山市正式成立"千家万户"阅暖工程——邻里图书馆示范项目创建领导小组。该领导小组由来自市文化广电旅游体育局、市图书馆、各区图书馆等机构和单位的 11 位主要责任人组成，市文化广电旅游体育局局长担任组长。领导小组负责统筹、领导和协调邻里图书馆示范项目的创建工作。第二级为佛山市图书馆邻里图书馆管理中心。在市邻里图书馆示范项目创建领导小组的指导下，佛山市图书馆成立了邻里图书馆管理中心。该管理中心组建了管理组、统筹组、招募组、资源保障组、技术组、流通组、活动组、宣传组八个工作小组，具体负责邻里图书馆项目的联合联动运营管理。第三级为禅城、南海、顺德、三水、高明五区图书馆工作小组。第四级为镇街图书馆联动建设协调人员。佛山市图书馆创建的"一个中心，五区联动，八大小组"邻里图书馆运营管理体系，有力地保障了"市—区—镇街"三级图书馆的协调联动和邻里图书馆的全面推进。经过四年的建设，邻里图书馆已遍及全市，成为佛山市图书馆的常规业务。于是，佛山市图书馆将八个工作组的职责全部转移至佛山市图书馆负责全市联合图书馆建设的体系建设部，将邻里图书馆纳入联合图书馆体系，作为联合图书馆体系的末梢，进行统一管理。

其二，邻里图书馆公民自治与民主管理机制创新。为了增强公共图书馆与邻里图书馆成员馆的紧密联系，强化邻里图书馆的自我管理和自我服务，促进社会自治，在佛山市图书馆的组织和邻里图书馆的支持下，2019年9月28日，佛山市邻里图书馆管理委员会成立大会在佛山市图书馆举行。首届佛山市邻里图书馆管理委员会由9位邻里图书馆馆长代表和2位佛山市图书馆代表共11位委员组成。在成立大会上，"永无岛"邻里图书馆馆长罗茜被推选担任首届邻里图书馆管理委员会主任委员，并通过了《邻里图书馆管理委员会章程》。2021年10月10日，佛山市邻里图书馆管理委员会举行换届会议，选举产生了第二届邻里图书馆管理委员会。管理委员会改由7位市、区图书馆业务代表和8位邻里图书馆馆长代表共15位委员组成。佛山市图书馆体系建设部主任朱忠琼担任第二届佛山市邻里图书馆管理委员会主任委员，"四点读书"邻里图书馆馆长王丽琴任副主任委员，佛山市图书馆馆员曾翠玉任秘书长。

邻里图书馆管理委员会具有协调、谋划、督促、反馈和协作五项职能：①协调图书馆与成员馆间的关系，增进相互理解和信任，协调图书馆的人财物与邻里图书馆无缝对接，落实邻里图书馆的资源配置；②群策群力策划活动、组织培训，惠及更多市民；③督促公共图书馆和邻里图书馆各项工作的开展和各项措施的落实；④反馈邻里图书馆家庭和读者的意见和建议，参与邻里图书馆项目管理，共同完善邻里图书馆项目建设；⑤协助解决邻里图书馆和读者的困难和问题，协同推进邻里图书馆的宣传推广和活动组织。

邻里图书馆管理委员会保障了成员馆对邻里图书馆工作的知情权、参与权和监督权，有力地推进了邻里图书馆的民主决策和科学管理，实现了邻里图书馆与公共图书馆的共建、共享与共治，在我国公共图书馆服务治理体系中成功地引入了公民自治与民主管理的新机制。

（3）营销创新。邻里图书馆项目在佛山是一项创新。有效传播邻里图书馆的理念，充分调动公民参与的积极性，是邻里图书馆项目成功实施的关键。为此，佛山市图书馆未雨绸缪，在邻里图书馆项目开展的前期就成立了宣传工作小组，制定了线下与线上相结合的系统营销策略和营销方案，在中期和后期的实施中不断完善提高，取得了十分显著的成效。其中，最为突出的营销创新主要体现在以下两个方面：

其一，理念创新。邻里图书馆项目在理念设计上，以实现和保障公民的图书馆权利为根本，以为公民家庭赋权和赋能的理念吸引广大公民参与邻里图书馆项目的建设。这种赋权和赋能的理念使邻里图书馆家庭享有五个方面的权益：①更高级别的借阅权限，每个加入邻里图书馆的家庭可借阅 200 册图书，借期 365 天；②图书馆提供的"点单式"选书服务，以及家庭阅读推荐书目、数字资源推介等服务；③图书馆提供的阅读活动和空间资源；④邻里图书馆的自主命名权和图书馆的授牌；⑤获得图书馆的宣传。这些服务理念大多前所未有，对邻里图书馆家庭充满了吸引力。

其二，形象创新。邻里图书馆项目秉持联合图书馆"统一标识"的优良传统，在项目启动之初，就做了视觉识别系统设计。在馆徽（LOGO）设计上，邻里图书馆的馆徽以金色为主色调，采用"图案＋文字"的方式设计。图案采用"书卷"和展开的书页圆圈构图，在圆圈的右下方留有如同大门的开口，在圆圈内有篆书"邻里"字样和篆书"图书馆"阴文印章，既有书香家庭平面图的具象，又有开卷读书和开放利用的寓意。在图案的下方是书法体隶书"邻里图书馆"字样。邻里图书馆的馆徽简洁雅致，寓意深刻。在英文名称的设计上，邻里图书馆的英文为 N-Library，释义为 Neighborhood Library（邻里图书馆）和 Numberless Library（无数的图书馆），简单明了，含义丰富。这种英文名称设计即使在欧美也称得上高水平。在广告词的设计上，围绕邻里图书馆最重要的特色——家庭阅读和亲子阅读，佛山市图书馆设计了"阅读有伴、友爱相邻""耕读传家、以文会友""让阅读成为家庭新时尚"等宣传词，十分贴近民众。可以说，在中国图书馆界，没有几个图书馆能够像佛山市图书馆这样，为一个项目做出如此精细而有创意的视觉识别系统设计。

经过四年多的发展，截至 2021 年 12 月 31 日，邻里图书馆已发展到 1330家，累计从图书馆借书 37.1 万册次，转借图书 13.4 万册次，举办活动 1731 场次，服务读者 5.7 万人次，成效显著，成绩斐然。在邻里图书馆取得巨大成功的同时，佛山市图书馆馆长黄百川研究馆员带领佛山市图书馆的同人，撰写这本书，从丰富的实践中总结经验，阐述邻里图书馆的理论与实践，为邻里图书馆项目增添了新的光彩。

这本书在系统梳理、归纳、总结过去四年邻里图书馆的相关制度、方案和研究成果的基础上，运用多学科基础理论对邻里图书馆的产生缘起、发展历程、运作机制、营销实践和创新要素进行了系统的总结研究，采用实证调查研究的方法对邻里图书馆家庭、服务对象和图书馆馆员进行了全面的数据统计分析，并针对研究发现的不足和问题，提出了改进的对策建议和未来发展方向，具有重要的学术价值和实践价值。这本著作还采用案例研究法，对六个典型的邻里图书馆案例进行了具体的剖析，并在书后列有邻里图书馆大事记、主要荣誉一览表、研究成果一览表、媒体报道精选等八个附录。这些典型案例研究和相关附录亦具有重要的参考价值。全书结构严谨，逻辑严密，数据翔实，资料丰富，说理透彻，既有理论提炼阐发，又有实践中的真知灼见，文字通俗流畅，可读性极强，是新世纪以来我国有关公共图书馆服务体系建设研究的一部极为优秀的学术著作。

因此，我郑重地向图书馆界和图书馆学界推荐《邻里图书馆：公共图书馆服务创新的佛山实践》这本书，并祝愿佛山市图书馆在公共图书馆服务体系建设中再创辉煌。

2022 年 11 月 22 日
于中山大学康乐园竹帛斋

第一章 绪论

邻里图书馆项目是佛山市公共图书馆的创新实践。自 2018 年 4 月第一家邻里图书馆诞生起，它就如星星之火，不断发展壮大，引起了社会、业界的广泛关注。经过四年的发展，邻里图书馆项目走过了初创、调整、规范、稳定、优化等阶段，不断发展壮大并形成品牌，不仅在行业内形成了示范效应，而且享誉国际。"开在自家的图书馆""搬到家里的图书馆""把私人空间变成分馆""建在居民家里的图书馆""打通公共文化服务最后一米"……社会媒体对邻里图书馆进行多种定义和解读。那么，邻里图书馆到底是一种什么样的服务模式？它为什么会在佛山诞生？是否具有某种必然性？其诞生背景是怎样的？它的建设与发展历程是怎样的？邻里图书馆与家庭图书馆有何不同？本章从邻里图书馆项目初创时的公共文化服务、公共图书馆事业发展和社会阅读需求等背景出发，梳理其建设过程中的数个关键节点，概括性回顾邻里图书馆项目从起步到创新突破再到规模化、体系化发展的全历程。邻里图书馆项目的建设与发展，其实就是我国公共图书馆事业发展、图书馆人专业精神发展、佛山城市发展的一个小小缩影。

第一节 邻里图书馆项目的时代背景

进入 21 世纪以来，改革开放不断深化，我国政治、军事、经济、文化、科技等多方面都取得了显著成就，其中文化体制改革成效显著，公共文化服务水平不断提高，文化事业和文化产业蓬勃发展①。同时，我国的公共图书馆事

---

① 中华人民共和国国务院新闻办公室. 全面建成小康社会：中国人权事业发展的光辉篇章[N]. 人民日报,2021-08-13（10）.

业总体发展水平有了很大提升，呈现出大发展、大繁荣的态势。2005年，构建"覆盖全社会的公共文化服务体系"文化发展战略的提出和实施，开启了我国公共图书馆事业发展的新篇章。《中华人民共和国公共文化服务保障法》和《中华人民共和国公共图书馆法》相继出台，图书馆事业有了政策支持和政府保障，各类服务新模式、新形态、新路径、新技术层出不穷。文化事业的整体发展加速了公共图书馆行业发展，对邻里图书馆项目的兴起与发展起到了至关重要的作用。本节从公共文化服务社会化、公共图书馆服务体系、公共图书馆供需矛盾、市民家庭阅读需求等方面切入，阐述与邻里图书馆项目紧密相关的背景。

一、公共文化服务社会化发展快速推进

公共文化服务资源具有"有限性"的特点，有限的人、财、物等方面资源致使政府主导的公共文化服务无法满足所有市民的文化需求，决定了公共文化服务必须"保基本、促公平"。在此背景下，公共文化服务社会化作为一条解决路径走入人们的视野。在国外，从20世纪70年代开始，民间资本开始进入公共文化服务供给领域，公共文化服务社会化的理论开始得到现实检验，经过多年发展，形成了政府购买、PPP模式（政府和社会资本合作）、社会捐赠、机构自办政府扶持、志愿者团队等形式多样的公共文化服务社会化方式。

（一）理论内涵

尽管表述不一致，但研究人员对公共文化服务社会化的内涵范围有着一致认同。这与国家政策明确、学界研究充分、实践经验丰富有较大关联。毛少莹等对"公共文化服务社会化"这一概念从广义和狭义两方面进行了阐述。其认为，广义上的公共文化服务社会化是指"公共文化服务从单一依托政府供给而转向由全社会力量共同提供的过程"，狭义上的公共文化服务社会化是指"与行政化相对的社会化（民间化），即在政府履行根本责任的前提下，公共文化服务的供给由以政府组织为主向社会组织、市场组织以及公民个体等多元主体逐渐扩展的过程"[①]。明确的内涵让公共文化服务社会化的研究与实践更有科学性。

---

① 毛少莹,等.公共文化服务概论[M].北京:北京师范大学出版社,2014:277.

（二）主要政策

早在 2011 年，《中共中央关于深化文化体制改革 推动社会主义文化大发展大繁荣若干重大问题的决定》就明确提出，要引导和鼓励社会力量通过兴办实体、资助项目、赞助活动、提供设施等形式参与公共文化服务[①]。2015年，《关于做好政府向社会力量购买公共文化服务工作的意见》列出了政府向社会力量购买公共文化服务指导性目录[②]。2018年，文化和旅游部、财政部发布《关于在文化领域推广政府和社会资本合作模式的指导意见》，引导社会资本积极参与文化领域政府和社会资本合作项目[③]。各省市也纷纷出台相关政策，为公共文化服务社会化提供了政策保障。

（三）实践路径

在实践层面，社会参与主体包括文化企业、社会组织、个人。其主要参与方式包括：兴办实体设施，由社会力量独立创办民间公共文化服务机构；提供资金支持，包括资助具体项目、赞助某个活动等；提供设施场地，社会力量通过私人空间或共用场地提供公共文化服务；提供文化志愿服务，个人通过贡献个人时间、创意参与公共文化服务。参与的主要内容包括参与公共文化服务的内容供给、政策制定、绩效评估、基础设施的建设和维护等多流程与环节[④]。现阶段公共文化服务体现出参与主体多元化、参与方式多样化、社会力量供给内容多维化等特征。

二、公共图书馆服务体系建设不断完善

21 世纪以来，国家不断加强顶层设计，通过出台《中共中央办公厅、国务院办公厅关于加强公共文化服务体系建设的若干意见》《关于加快构建现代公共文化服务体系的意见》《国家基本公共文化服务指导标准（2015—2020

① 中共中央关于深化文化体制改革 推动社会主义文化大发展大繁荣若干重大问题的决定[J].党建,2011（11）:7-16.
② 关于做好政府向社会力量购买公共文化服务工作的意见[J].中华人民共和国国务院公报,2015（15）:55-59.
③ 关于在文化领域推广政府和社会资本合作模式的指导意见[EB/OL].[2022-05-31].http://www.gov.cn/xinwen/2018-11/24/content_5343003.htm.
④ 马艳霞.公共文化服务体系构建中民间参与的主体、方式和内容[J].图书情报工作,2015（12）:5-11.

年）》等文件对公共文化服务进行了系统的制度建设。2011 年开始，文化部开展了国家公共文化服务体系示范区（项目）创建工作，引领了全国公共文化服务体系的建设热潮。在此背景下，公共图书馆作为公共文化服务体系的重要组成部分，迎来了新的发展机遇，全国各地公共图书馆服务体系建设实践取得显著成效。

（一）制度设计为事业发展提供有力保障

《中华人民共和国公共文化服务保障法》《中华人民共和国公共图书馆法》的出台标志着我国公共图书馆事业步入法治新阶段，尤其对服务体系建设提出了明确要求。截至 2017 年底，我国有贵州、内蒙古、湖北、河南、广西、浙江、山东、江苏、四川、天津、上海、北京、重庆等 13 个省（自治区、直辖市），深圳、乌鲁木齐、广州、东莞 4 个城市，制定了地方图书馆相关法律规章，涉及服务体系建设的多个要素。

（二）服务体系的触角延伸到基层"末梢"

全国各地在拓展公共图书馆服务体系覆盖面上的创新实践可大致分为五种类型：一是纵向延伸服务体系至镇街、村（社区），如浙江地区建设了以浙江图书馆为省级中心馆，市级图书馆为区域中心馆，区（县）图书馆为总馆，镇街图书馆为分馆，村（社区）图书馆为亚分馆的五级公共图书馆服务体系[①]；二是通过自助图书馆延伸服务触角与服务时长，如深圳城市街区自助图书馆、东莞图书馆 24 小时自助图书馆、佛山市图书馆"智能图书馆集群"等；三是通过汽车图书馆深入基层、偏远地区提供阅读服务，如天津、台州、广州、佛山等地的汽车图书馆服务已成为基层图书馆服务体系的重要组成部分；四是通过"家庭图书馆"服务模式把公共图书馆服务延伸至家庭，提高服务覆盖面，如浙江省台州市温岭市图书馆"家庭图书分馆"、上海市青浦区图书馆的"家庭图书馆种子计划"、深圳市罗湖区图书馆的"家庭图书馆计划"等；五是通过网络借阅服务突破时间与空间的限制，如苏州图书馆"网上借阅　社区投递"、宁波图书馆"天一约书"等服务。

---

① 褚树青，屠淑敏．公共图书馆"十四五"发展的浙江思考 [J].图书馆论坛，2021（1）：23-28.

（三）"图书馆＋"融合发展从理念到实践

正如"互联网＋"的本质是"跨界融合、连接一切"，公共图书馆服务体系也逐渐以更加开放包容、灵活的姿态应对新形势，迎接新发展，主要体现在三个维度。一是"图书馆＋多元主体"，社会参与公共图书馆服务的主体更多元，涉及公共文化机构、社会阅读组织、个人等。二是"图书馆＋多元空间"，即利用社会力量提供公共文化空间，延展公共阅读空间，例如杭州图书馆与多元主体合作开设的以基本服务为主的镇街图书馆分馆、城市书房，通过共享双方的优势资源开展图书馆服务[①]，浙江省公共图书馆与农村文化礼堂的共建共享实践。三是"图书馆＋信用体系"。图书馆构建信用体系的方式主要有信用中介机构基于市场契约行为运作、政府建立公共征信机构来强制性地要求读者提供信用数据两种方式[②]，后者如上海图书馆将读者借阅信息纳入上海市公共信用信息服务平台[③]。

三、公共图书馆供需矛盾仍为图书馆事业发展的主要矛盾

党的十九大报告指出，我国社会主要矛盾已经转化为人民日益增长的美好生活需要和不平衡不充分的发展之间的矛盾。服务供给不足、供需错位是我国图书馆事业发展中长期、普遍存在的问题。尽管近年来图书馆在建筑设施设备、文献资源、读者活动的数量和质量上有较大提升，但随着经济与社会的发展，人们的精神文化需求已经从"有没有、缺不缺"升级为"好不好、精不精"，当供需不匹配的时候，就会产生一系列问题。

（一）供给滞后

供给滞后的第一个表现特征为"刚性"供给不足。据统计，2017 年度全国文化事业费为 855.80 亿元，全国人均文化事业费为 61.57 元，文化事业费占年度财政总支出的比重为 0.42%，比 2016 年提高 0.01 个百分点[④]。而 2017 年

---

① 张玉娥，吴仲平.优化供需视角下提升公共图书馆社会合作效能研究——以杭州图书馆为例[J].图书情报工作，2021（18）:36-41.

② 任家乐，姜晓.图书馆用户信用体系构建探索[J].图书馆建设，2010（1）:84-86.

③ 阮可.公共图书馆"信用＋阅读"：开启中国阅读新时代[J].图书馆学刊，2018（1）:8-12.

④ 文化和旅游部财务司.中华人民共和国文化和旅游部2017年文化发展统计公报[EB/OL].[2022-05-31].http://zwgk.mct.gov.cn/zfxxgkml/tjxx/202012/t20201204_906475.html.

全国一般性公共预算支出超过20万亿元，比上一年增长7.7%[1]，文化事业费增幅远远低于同期财政支出增幅。第二个表现特征为有效供给不足，即"需求无应""供需结构错配"。公共图书馆缺乏科学高效的公众需求反馈机制，政府与公共图书馆对用户的需求反应迟钝[2]，市民的多样化、个性化、品质化精神文化需求难以得到满足。

（二）供给资源闲置

尽管我国公共图书馆的建筑面积、馆藏资源、活动场次逐年增加，但资源利用率仍处于低位。2017年全年全国公共图书馆发放借书证6736万个，持证率仅为4.8%；总流通74450万人次，人均年到馆次数仅为0.54次；外借书刊文献55091万册次，人均年外借仅0.4册次[3]。通过增加公共投入带动业务增长，即"增人加钱"式的传统管理模式效率逐渐走低[4]。

（三）供给效率低

在传统科层制体系下，公共图书馆服务供给的成本较高且效率低。随着移动互联网的兴起，"随时、随地、随身""开放、分享、互动"的产品供应模式极大满足了人们的需求，响应及时、服务精准、具有出色用户体验的产品与服务应运而生。然而，公共图书馆服务供给在渠道便利性、响应速度、内容丰富度、互动性上远远落后于小康社会人们的阅读需求。

（四）供给不均衡

一是我国东中西部区域供给不均衡。2017年，我国东部地区文化事业费达到381.71亿元，占全国的44.6%；中部地区为213.3亿元，占全国的24.9%；西部地区为230.70亿元，占全国的27.0%[5]。西部地区的文化事业费比重较上一年不升反降，图书馆基础设施落后且利用率低、服务内容单一、群众参与

① 曾金华，董碧娟.收入增速加快 民生保障有力[N].经济日报,2018-01-26（5）.

② 刘涛.图书馆服务供给模式的效率表现与非效率解——以政府购买图书馆服务为背景[J].山东图书馆学刊,2017（4）:4-9,49.

③ 文化和旅游部财务司.中华人民共和国文化和旅游部2017年文化发展统计公报[EB/OL].[2022-05-31].http://zwgk.mct.gov.cn/zfxxgkml/tjxx/202012/t20201204_906475.html.

④ 傅才武，岳楠.公共文化服务体系建设中财政增量投入的约束条件——以县级公共图书馆为中心的考察[J].中国图书馆学报,2018（4）:19-39.

⑤ 文化和旅游部财务司.中华人民共和国文化和旅游部2017年文化发展统计公报[EB/OL].[2022-05-31].http://zwgk.mct.gov.cn/zfxxgkml/tjxx/202012/t20201204_906475.html.

热情不高[①]，这说明我国文化事业投入区域不均衡的局面依然没有改观。此外，我国区域差异导致的供给失衡状况较为严重，在某些地区，增长的投入经费也并不意味着服务能力的提升[②]。二是城乡之间、镇街之间供给不均衡。有关调查表明，大部分人认为政府在农村公共文化服务建设中参与度低，所起的作用较小[③]。近年来，我国加大了对县级以下地区的文化事业投入，但由于基层的公共文化事业基础差、起点低，服务供给程度仍有待提升。

在政策层面，2015 年 1 月，中共中央办公厅、国务院办公厅印发的《关于加快构建现代公共文化服务体系的意见》中明确提出，要加强公共文化产品和服务供给，提升公共文化服务效能[④]；2016 年，《中华人民共和国国民经济和社会发展第十三个五年规划纲要》中提出，要推动供给方式多元化[⑤]。此外，国家还出台了系列政策支撑公共文化服务社会化，增加供给主体。在此背景下，公共图书馆作为一个重要的公共文化机构，应如何贯彻落实国家对供给侧改革的政策部署，如何在有限的资源条件下满足人民日益增长的文化需求，如何让其供给的资源与服务达到效用最大化，成为当前公共图书馆领域亟待探讨的问题。

四、家庭阅读成为终身学习时代的重要需求

终身学习的理念古已有之，如荀子《劝学篇》提出的"学不可以已"、《庄子·养生主》提出的"吾生也有涯，而知也无涯"都蕴含着终身学习的思想。1972 年，时任联合国教科文组织国际教育委员会主席的埃德加·富尔在题为"学会生存：教育世界的今天和明天"（"Learning to Be：The World of

---

① 储伊力,储节旺,毕煌.公共图书馆服务如何实现有效供给——基于供需协调视角[J].图书馆理论与实践,2019（11）:1-6,11.

② 侯静玲.公共图书馆的供给侧改革路径:以"公共服务+"为视角[J].图书与情报,2018（3）:113-116.

③ 江畅,孙伟平,戴茂堂.中国文化发展报告（2019）[M].北京:社会科学文献出版社,2019:174.

④ 中共中央办公厅 国务院办公厅印发《关于加快构建现代公共文化服务体系的意见》[EB/OL].[2020-07-01].http://www.gov.cn/xinwen/2015-01/14/content_2804250.htm.

⑤ 中华人民共和国国民经济和社会发展第十三个五年规划纲要[EB/OL].[2022-05-31].http://www.gov.cn/xinwen/2016-03/17/content_5054992.htm.

Education Today and Tomorrow"）的报告中正式提出"终身学习"（Lifelong Learning）这一理念，并提出未来社会是"学习化社会"[①]，成为终身学习概念的发端。从全球发展趋势看，无论是发达国家，还是发展中国家，推动终身学习均已被纳入国家战略内容。党的十六大以来，"学习型社会""学习型政府""学习型企业""学习型城市""学习型家庭"等各类学习型组织从政策、理论到实践开始蓬勃发展。2015年5月，习近平在致国际教育信息化大会的贺信中强调"建设'人人皆学、处处能学、时时可学'的学习型社会"。学习型社会的探索实践为学习型家庭的构建奠定了基础。

（一）家庭阅读是全民阅读的基础

家庭文化建设是社会主义精神文明建设的重要组成部分。家庭阅读是建立家庭文化的切入点，也是构建书香家庭、书香社会的重要途径。学习型家庭倡导家庭与孩子共同学习和共同成长，而阅读是提升学习能力的重要途径。大多数人对家庭阅读的重要性有着深刻的认识和迫切的需求。在佛山开展的一次家庭阅读调查中，在"家长阅读频率"一题中选择"每天阅读"和"一周3—4次"的人员共占比75.72%，家庭阅读氛围浓厚[②]。

（二）亲子阅读的重要性形成社会共识

根据第十五次全国国民阅读调查，在我国0—8周岁儿童家庭中，平时有陪孩子读书的习惯的家庭占71.3%。在有陪孩子读书的习惯的家庭中，家长平均每天花23.69分钟陪孩子读书[③]。《2017年中国家庭亲子共读调研报告》显示，"大多数家庭有意愿在亲子共读上投入时间和精力"，"孩子的阅读能力随着阅读量增加而增长，而阅读能力越强，学习成绩相对优异"[④]。亲子阅读的重要性已经被越来越多的家长所认识，亲子阅读已经成为一种新的家庭生活元素。

[①] 联合国教科文组织国际教育发展委员会.学会生存:教育世界的今天和明天[M].北京:教育科学出版社,1996:199.

[②] 孙燕纯.浅析公共图书馆家庭阅读推广服务策略——基于佛山市民家庭阅读现状调查[J].图书馆学研究,2021（1）:72-79,101.

[③] 中国新闻出版研究院全国国民阅读调查课题组.第十五全国国民阅读调查主要发现[J].出版发行研究,2018（5）:5-8.

[④]《2017年中国家庭亲子共读调研报告》发布[EB/OL].[2022-05-31].http://www.ce.cn/culture/gd/201801/31/t20180131_27996295.shtml.

（三）家庭藏书成为阅读资源的组成部分

调查数据显示，亲子阅读行为与家庭藏书量有关，家庭藏书量越多，亲子阅读越频繁，而且藏书量越多的家庭往往对孩子的阅读问题越重视[①]。孩子的阅读素养与家庭藏书量正相关[②]，家庭藏书量成为衡量家庭阅读情况的风向标。但是，家庭藏书量存在不均衡的问题。2017 年开展的第十五次全国国民阅读调查显示，家庭藏书量在城乡之间差异明显，"我国城镇居民家庭藏书量平均数是 62.15 本，是农村居民拥有 27.14 本的两倍多。有 40.7% 的农村家庭没有任何藏书，这也是我们农村居民在（的）阅读量、阅读率、阅读时长远低于城市居民的重要原因"[③]。家庭藏书作为阅读资源之一，影响着孩子的阅读能力，在全民阅读的各要素中显现出越来越重要的地位。

（四）公共图书馆是促进家庭阅读的重要机构

公共图书馆具有社会教育的职责和职能。早在 20 世纪，蔡元培就曾说过："教育不专在学校，学校之外还有许多教育机构，第一是图书馆。"[④]1975 年，国际图联在法国里昂召开的图书馆职能科学讨论会上提出，"开展社会教育"是图书馆的社会职能之一。公共图书馆可以通过发挥社会教育职能支持家庭教育和学校教育[⑤]。其中，开展家庭阅读服务是公共图书馆助力家庭教育、培养读者终身学习能力的重要方式之一。2016 年，全国妇联等九部门共同印发的《关于指导推进家庭教育的五年规划（2016—2020 年）》提出，"统筹推进家庭教育公共文化服务"。公共图书馆作为公共文化服务的提供者，要积极开发家庭教育公共文化服务产品，提升儿童和家长的科学文化素养。深入实施全民阅读工程，倡导广大家庭多读书、读好书、善读书，使家长和儿童养成良好的

---

① 北京师范大学中国基础教育质量监测协同创新中心 . 全国家庭教育状况调查报告（2018）[EB/OL].[2022-05-31].http://news.bnu.edu.cn/zx/ttgz/104333.htm.

② 孩子阅读素养与家中藏书量成正比 [EB/OL].[2022-05-31].http://www.wenming.cn/book/pdjj/201305/t20130531_1262465_2.shtml.

③ 魏玉山 . 第十五次全国国民阅读调查结果解析 [J]. 新阅读,2018（5）:20-23.

④ 高平叔 . 蔡元培全集:第四卷（1921—1924）[M]. 北京:中华书局,1984:13.

⑤ 彭俊婷 . 图书馆情报职能浅论 [J]. 北京师范学院学报（社会科学版）,1990（2）:110-114.

阅读习惯[①]。在此背景下，各地公共图书馆开始探索发动社会力量、延伸公共图书馆服务体系、缓解公共图书馆服务供需矛盾、服务家庭阅读的路径，涌现出一大批创新性强、示范性好的优秀项目，佛山市图书馆也开始探寻一条贴合社会需求、符合自身发展特点、切合城市发展水平的服务升级之路。

第二节　邻里图书馆相关概念与缘起

　　佛山市图书馆于 2018 年推出惠及百姓的公共文化服务创新项目"'千家万户'阅暖工程——邻里图书馆"。该项目以公共文化资源为基础，鼓励和引导市民以家庭为单位建立家庭图书馆，营造良好家庭阅读氛围，盘活佛山市民家庭藏书资源，鼓励家庭提供图书借阅、文化活动等公共文化服务，搭建"图书馆＋家庭"的阅读体系。图书馆通过技术手段实现手机线上办证、扫码借书等功能，让每家邻里图书馆都成为一个微型图书馆，为左邻右舍、亲戚朋友提供图书阅览服务、借阅服务和文化活动，提高了图书馆资源和服务的可及性和便利性。每家邻里图书馆具有借阅文献 200 册、借期 365 天的权限，并享受公共图书馆提供的资源定制、专场活动等专项权利，同时也具有每年服务 10 个家庭、开展 3 场活动、转借图书 30 册次的义务。每家邻里图书馆都有一个自己命名的馆名。它们散落在城市各个角落，以邻里关系为纽带输送阅读服务，已成为深受市民喜爱的城市阅读品牌，受到公众的广泛关注和支持。本节首先介绍邻里图书馆的概念，并对与其相关的几个概念进行辨析，阐述邻里图书馆是什么、邻里图书馆项目产生的机缘及思路。

　　一、概念

　　"阅读推广""全民阅读""家庭阅读""公共图书馆服务体系"是与"邻里图书馆"密切相关的重要概念。

---

① 国务院妇女儿童工作委员会.关于指导推进家庭教育的五年规划（2016—2020 年）[EB/OL].[2022-05-31].http://www.nwccw.gov.cn/2017-05/23/content_157752.htm.

（一）邻里图书馆

邻里图书馆是指以家庭为单位建立的面向社会公众免费开放，提供文献阅览、文献借阅、阅读活动等服务，被纳入公共图书馆服务体系的公益性民间图书馆。邻里图书馆项目的英文名称为 N-Library，有两重含义：一是 Neighbourhood Library，即在邻里间设立，并为其开放服务的图书馆；二是 Numberless Library，寓意无数的图书馆用数不尽的创意服务无限多的市民。项目涵盖多个参与主体：一是图书馆，其扮演项目实施者的角色，为申请加入邻里图书馆的家庭提供资源、服务支持；二是邻里图书馆家庭，其扮演用户的角色，可获得公共图书馆资源和服务，建立家庭图书馆，宣传图书馆资源和服务，为左邻右舍和亲朋好友提供图书阅览、借阅和文化活动等服务；三是市民，其扮演潜在用户的角色，可就近到社区内的邻里图书馆借阅图书、参加文化活动，利用公共图书馆资源和服务，从而认识、了解公共图书馆。

邻里图书馆具有以下特点：在建设方式上，引入社会力量，由家庭提供公共文化服务场地、人员和服务，使家庭能够充分参与公共文化服务的全过程；在组织形式上，家庭成员作为项目参与主体，为市民提供公共文化服务；在建设理念上，充分体现文化治理理念，家庭实现自我管理、自我供给。

（二）阅读推广

"阅读推广"一词是我国图书馆界对于各类型阅读服务或活动的习惯性统称，也被称为"阅读促进"，来源于英文的 Reading Promotion。阅读推广的基础理论在学界有着热烈而丰富的探讨。2008 年，陈书梅较早地提出了阅读推广的定义："凡是活动的目的在于培养民众的阅读兴趣，鼓励民众从事阅读行为，养成民众的阅读习惯，终而普及社会阅读风气者，皆属于阅读推广活动的范畴。"[①] 此后，众多研究者从各自的角度提出了阅读推广的定义，但对于"什么是阅读推广"并未达成一致意见。在理论研究和实践中，"阅读推广"与"阅读推广活动"两个概念存在混用的情况。范并思认为，"阅读推广包括各类社会组织与个人开展的以促进阅读或提升个人的阅读意愿、能力推广为目的的各种活动"[②]。王波认为，阅读推广既包括静态的阅读服务（如书目推荐），也

---

① 陈书梅. 馆员在公共图书馆成人阅读推广活动中之角色探讨 [J]. 图书与信息学刊, 2008（5）:19-26.

② 范并思. 论图书馆阅读推广的理论体系 [J]. 图书馆建设, 2018（4）:53-56.

包括动态的阅读推广活动，可分为"培养阅读兴趣、培养阅读习惯、提高阅读质量、提高阅读能力、提高阅读效果"[①]五大范畴。其中，阅读推广活动是指图书馆为促进阅读、提高读者阅读素养而开展的各项活动，通常每次活动都需要撰写策划书、确定推广方式、把控实施过程、评估活动效果。张怀涛认为，按照活动的频率，阅读推广活动可以分为常态性推广、策划性推广和随机性推广[②]。王余光从以公共图书馆为主体的角度出发，认为"公共图书馆阅读推广是由公共图书馆独立或者参与发起组织的，普遍的面对读者大众的，以扩大阅读普及度、改善阅读环境、提高读者阅读数量和质量等为目的的，有规划有策略的社会活动"[③]。综合来看，可以将阅读推广概述为各类以推广阅读为目的的行为总和。

（三）全民阅读

《全民阅读促进条例（征求意见稿）》将全民阅读定义为"公民为获取信息、增长知识、开阔视野、陶冶性情、培养和提升思维能力的读书行为"。全民阅读的兴起，肇始于联合国教科文组织在1995年建立的"世界读书日"。从此，每年的这一天，大多数国家都会开展各种各样的阅读活动。1997年11月，联合国教科文组织赞助的全民阅读国际第一次小组会议在埃及召开。会议提出，希望推广埃及人人阅读计划的经验。1999年，联合国教科文组织召开第一届全民阅读泛非会议，极大地促进了全民阅读概念在全球的普及。在我国，1997年，中宣部、文化部、国家教委等九部委共同发出《关于在全国组织实施"知识工程"的通知》[④]，提出了"倡导全民读书、建设阅读社会"的"知识工程"，成为全民阅读在我国兴起的标志。20多年来，涉及全民阅读的政策逐渐丰富，既有政府部门发布的法律法规，又有关于全民阅读的通知类政策[⑤]。到2022年，"全民阅读"已连续9次被写入政府工作报告，全社会阅读蔚然成风。

---

① 王波.阅读推广、图书馆阅读推广的定义——兼论如何认识和学习图书馆时尚阅读推广案例[J].图书馆论坛,2015（10）:1-7.

② 转引自:王波,等.中外图书馆阅读推广活动研究[M].北京:海洋出版社,2017:304.

③ 王余光.图书馆阅读推广研究的新进展[J].高校图书馆工作,2015（2）:3-6.

④ 中宣部、文化部、国家教委等九部委.关于在全国组织实施"知识工程"的通知[J].当代图书馆,1997（2）:60-62.

⑤ 刘长迪,陶金刚.全民阅读政策解读[J].河北科技图苑,2016（3）:40-43.

（四）家庭阅读

家庭是全民阅读的起点。开展家庭阅读的切入点主要有以下两点：一是基于能力提升的阅读，即着眼于提升家庭成员的读写能力；二是基于阅读兴趣的阅读，家庭成员共同分享阅读或讲故事的乐趣[①]。对于有子女的家庭来说，家庭阅读的特点是以父母阅读为榜样，以亲子互动为核心，以子女阅读为目的。家庭阅读与亲子阅读的侧重点不同，亲子阅读的重心在亲子共读，而家庭阅读则既看重孩子的自主阅读能力，又看重成年人的阅读能力[②]。根据现有研究成果，家庭阅读行为的产生有两大触发因素：一是家庭成员自发、自主地阅读，二是家庭成员在图书馆、书店、媒体等外界因素的影响和推动下开展阅读。促进家庭阅读也是推广全民阅读的重要任务之一，公共图书馆在其中扮演着不可或缺的角色。

（五）公共图书馆服务体系

2005 年，中共中央第十六届五中全会明确提出要"加大政府对文化事业的投入，逐步形成覆盖全社会的比较完备的公共文化服务体系"[③]，"公共文化服务体系"这一概念首次出现在中央政策性文件中。公共图书馆是公共文化服务体系的重要组成部分。2008 年，邱冠华等学者所著的《覆盖全社会的公共图书馆服务体系：模式、技术支撑与方案》一书提出，公共图书馆服务体系由所有实体图书馆、流动图书馆、总分馆系统、各类图书馆服务点、图书馆联盟以及全国性或区域性服务网络等组成[④]。公共图书馆服务体系的构成要素包括政策法律、管理机构、主体构成、服务对象、服务设施、服务方式、服务网络等。《基层图书馆管理与服务》将我国公共图书馆服务体系的架构分为两个维度，一是以县（区）域为基本单位的总分馆服务体系，二是以市级图书馆为中心的"中心馆—总分馆"服务体系[⑤]。根据2020年发布的《公共图书馆评估指

---

① TRAIN, B.Research on family reading：an international perspective[J]. Library review, 2007（4）：292-298.

② 董伟.推广家庭阅读　书香助力成长[J].佳木斯职业学院学报,2018（9）:467,469.

③ 中共中央第十六届五中全会公报[EB/OL].[2022-05-31].http://cpc.people.com.cn/GB/64162/64168/64569/65414/4429222.html.

④ 邱冠华,于良芝,许晓霞.覆盖全社会的公共图书馆服务体系：模式、技术支撑与方案[M].北京:国家图书馆出版社,2008:3.

⑤ 霍瑞娟.基层图书馆管理与服务[M].北京:北京师范大学出版社,2018:34.

标 第1部分：区域公共图书馆事业发展》，公共图书馆服务体系是指"由政府主导的，向公众提供公共图书馆服务的机构、服务行为及相关服务制度和服务系统的总称"[①]。

综上所述，阅读推广与全民阅读是促进与被促进的关系，家庭阅读是全民阅读的一种行为体现，相关机构对家庭开展阅读推广可以促进全民阅读，公共图书馆服务体系以"政府主导、社会参与"为途径，联结各方力量推动全民阅读。而佛山市邻里图书馆项目促进了家庭阅读与全民阅读，延展了公共图书馆服务体系，把这几个概念连接在一起，使其成为一个复合的、不断生长的有机体。

二、缘起

邻里图书馆之所以能得到迅速发展，追根溯源是有较强的社会需求。进入21世纪以来，我国公共图书馆事业进入创新发展的黄金时期，也是佛山市图书馆乃至全市公共图书馆服务体系取得重大进步的关键时期。完善的全市通借通还网络，统一的借阅规则，"零门槛"服务理念的普及，"崇文佛山"阅读氛围的营造，积淀了厚重的书香文化。随着人们对亲子教育的日趋重视，儿童阅读需求也不断升温。邻里图书馆作为一个创新项目迅速启动，拥有快速发展的土壤，也满足了市民对更便捷、高效的阅读资源获取途径、志同道合的书友圈子、孩子阅读习惯的养成等方面的需求。

（一）公共图书馆面临"两个有限"问题

公共资源具有有限性、稀缺性的天然特征。公共文化产品供给不足、供需对接不充分、资源配置及使用率有待提高、数字服务能力发展不平衡等问题仍然是当前公共文化服务发展面临的普遍问题。2017年底，佛山市联合图书馆成员馆发展至226家，通过"一个体系，两大联盟"[②]，构建起公共图书馆服务体系新格局。但随着人民群众精神文化需求的不断增大，公共图书馆面临的"两个有限"，即图书馆有限的馆舍资源和有限的人力资源问题日益凸显。佛

---

① WH/T 70.1—2020 公共图书馆评估指标 第1部分：区域公共图书馆事业发展[S].
https://www.mct.gov.cn/whzx/zxgz/wlbzhgz/202009/t20200928_875561.htm.

② 一个体系是指佛山市联合图书馆体系，两大联盟是指佛山阅读联盟、佛山市公共文化设施联盟。

山地区公共图书馆在建筑面积、经费保障、服务效能等方面取得了一定的成效，总量可观，但由于人口密度大、外来人口多，人均数值仍有较大提升空间。在阵地资源有限、人才队伍有限的情况下，如何延伸服务阵地、吸纳社会人力资源加入公共图书馆服务的队伍，成为摆在佛山地区公共图书馆面前的重要课题。

（二）社会家庭阅读需求不断增长

儿童早期阅读的根在家庭。家长越来越重视儿童阅读习惯的培养，家庭阅读成为儿童阅读的主要场所。美国学乐教育集团（Scholastic）从 2006 年开始每两年发布一次《儿童与家庭阅读报告》（"Kids & Family Reading Report"），持续调查美国家庭的阅读情况。其 2008 年的调查显示：阅读频率高的家长，其孩子也是高频读者的占 42%；而不怎么爱阅读的家长，其孩子是高频读者的仅占 7%。家庭阅读氛围对儿童阅读行为的影响巨大。京东图书文娱 2017 年度图书盘点报告显示，童书仍然是年度最受欢迎的品类[①]。2017 年 12 月，佛山市图书馆少儿图书的馆藏占比为 22.95%，而流通量占到了全馆的 52.91%。此后，少儿图书的流通占比持续保持高位。佛山市民对家庭阅读，尤其是儿童阅读越来越重视，需求也越来越大。《公共图书馆宣言（2022）》中提到，"公共图书馆要帮助少年儿童自小就培养并加强阅读习惯，激发其想象力和创造力"。引导社会、家长重视儿童阅读习惯的重构与培养，为家庭阅读提供支持，是佛山地区公共图书馆的重要责任之一。

（三）佛山创建国家公共文化服务体系示范区

2015 年 8 月，佛山正式获得第三批国家公共文化服务体系示范区创建资格。佛山市按照文化部（现文化和旅游部）创建要求，"结合当地实际，坚持公益性、基本性、均等性、便利性，在满足群众基本文化需求的基础上，积极探索如何形成网络健全、结构合理、发展均衡、运行有效、惠及全民的公共文化服务体系"。佛山通过高标准建设文化设施，全方位打造文化品牌，多途径推动服务创新和制度创新，多措并举探索适合本地的公共文化服务体系建设模式。

---

① 京东图书文娱 2017 年度图书盘点报告：童书增长势头强劲 [EB/OL].[2022-05-31]. https://www.sohu.com/a/213820218_267106.

（1）以标准化促均等化。2015 年 12 月，中国共产党佛山市委员会办公室、佛山市人民政府办公室联合印发《佛山市构建现代公共文化服务体系实施意见》，明确了佛山市基本公共文化服务的实施标准。基本公共文化服务标准重在保障市民的基本文化权益，注重落地性和执行性。针对佛山区域、城乡、人群之间公共文化服务水平不均衡等主要矛盾和瓶颈问题，该文件创新性提出以标准化和数字化手段实现基本公共文化服务均等化[①]。

（2）加大财政保障力度。2015—2017 年，佛山市政府对文化的财政投入逐年递增，分别为 10.32 亿、15.62 亿、21.73 亿。2016 年、2017 年投入增幅分别为 51.36%、39.12%，占财政总支出的比重由 1.29% 大幅提升至 2.80%。2015 年 1 月至 2018 年 5 月，政府和社会共投入 103.49 亿元用于公共文化设施建设。市级层面出台《佛山市文化广电新闻出版局基层公共文化服务体系建设扶持办法》，2016 年和 2017 年分别有 128 个、90 个项目申报公共文化建设扶持资金，分别有 47 个、27 个项目获得扶持。

（3）出台公共文化服务社会化政策。为弥补政府公共文化事务功能的不足，打破文化事业单位和国有文化企业唱独角戏的局面，激发社会各界投身公共文化事业的激情，2017 年，佛山市出台了《关于做好政府向社会力量购买公共文化服务工作的指导意见》，印发了《政府向社会力量购买服务指导目录》，对政府向社会力量购买公共文化服务过程中的购买主体、承接主体、购买内容、购买机制、资金保障、监管机制、绩效评价等内容做出了规定。《鼓励社会力量参与公共文化建设的实施意见（禅城）》《鼓励社会资本参与公共文化服务体系的暂行办法（南海）》等系列政策业已出台。

（4）完善公共图书馆服务体系。佛山市依托基层综合性文化服务中心和图书馆文化馆总分馆制建设，建立布局合理、覆盖社区园区、惠及全民的公共文化设施网络。2017 年，佛山市出台《佛山市关于推进区级文化馆图书馆总分馆制建设的实施方案》。各区因地制宜出台了相应的建设方案，加快推进总分馆制建设。截至 2018 年 5 月，佛山市普遍建立起图书馆文化馆总分馆制，建成图书馆总分馆主馆 5 个、分馆 36 个、服务点 350 个，文化馆总分馆主馆 5 个、

---

① 佛山出台基本公共文化服务标准［EB/OL］.［2022-05-31］.http://www.wenming.cn/syjj/dfcz/gd/201605/t20160505_3337973.shtml.

分馆 34 个、服务点 117 个，成效显著。

（5）公共图书馆创新实践。政策保障机制、资金扶持机制让佛山地区公共图书馆事业发展蓬勃向上、亮点不断。"智能文化家""佛山阅读联盟""佛山公共文化设施联盟""佛山市图书馆法人治理结构改革""移动智能图书馆""佛山'领读者'"等创新性项目汇集成佛山地区公共图书馆服务的浩瀚星河，而邻里图书馆项目就是其一。

第三节　邻里图书馆项目的发展历程

邻里图书馆项目起步于 2018 年，从一个业务创新项目到规模化发展，从第 1 家到第 1000 家，从市民的犹疑到逐步认可，从团队初建到品牌管理中心成立，从市馆运作到联合图书馆体系共同推广，历经 180 多位馆员共同努力，走过四年非凡历程。本节从第一家邻里图书馆诞生开始，阐述邻里图书馆项目的几个重要节点，纵览项目发展历程。

一、第一家邻里图书馆的诞生

2018 年初，佛山市图书馆发布年度工作计划，提出"实施'四大创新举措，九项基本任务'，在新时代呈现新思想，以新思想创造新成果，进一步完善公共图书馆服务体系，以新作为迎接新时代"的总体工作思路。邻里图书馆项目就是"四大创新举措"之首。项目实施总体思路是通过制定参与激励制度、家庭主体的遴选规则，引入公平竞争和绩效考评机制等，向家庭提供阅读资源与活动支持，并鼓励家庭阅读资源参与社会共享。那些热爱阅读、热心公益的家庭将成为未来邻里图书馆网络的一员。人们可以走进这些邻里图书馆借阅图书；此外，邻里图书馆还可以积极开展亲子阅读、阅读分享会等活动，在促进知识交流的同时有效推动社区融合。

在此工作思路下，佛山市图书馆于 2018 年初成立了项目组，召开项目启动会议进行部署：细化规则，明确邻里图书馆家庭的招募条件及其权利与义务；梳理项目组织管理架构，按运作流程与职能分为八个小组；筹备宣传推广，制作宣传视频、宣传册、海报，准备新闻通稿。首批邻里图书馆家庭是从图书馆的热心读者中招募产生的，有佛山阅读联盟主题读书会的成员，也有资深读者粉丝。招募通知一经发出，项目组很快就迎来了第一个报名者刘先生。他是一位信息技术从业人员，家里有两个女儿，正在筹划打造一个具有学习氛围的家庭空间。刘先生家中有场地、有书架，但图书数量有限，且缺少阅读氛围。本次招募恰好切中了他的需求。他把自家邻里图书馆命名为"'小星星'邻里图书馆"，并在申请表后附上了一篇小记。项目组对照招募条件，通过了刘先生的申请，第一家邻里图书馆诞生了。

以书为伴，以邻为友——"小星星"邻里图书馆记

书籍是人类知识与智慧最基本的传播载体，邻里是人类生产与生活最贴近的社会关系，邻里图书馆以书为媒，将二者嫁接在了一起，构建"以书为伴，与邻为友"的新时代新风。读书可以改变一个人的命运。作为一个从大山沟里的农村家庭走出来的放牛娃，我深知读书是一条通向成功最好走的路。我将自家邻里图书馆取名为"'小星星'邻里图书馆"，是希望书籍能够像小星星一样点亮小朋友心中的阅读之灯，也希望通过"小星星"邻里图书馆一个馆点燃邻里图书馆项目的燎原之火。

2018 年 4 月
"小星星"邻里图书馆

2018 年 4 月 21 日下午，"佛山韵律，书香怡城"全民阅读系列活动暨"2018 世界读书日·阅读大会"在佛山市图书馆启动。一场以佛山市图书馆为主会场，各区、镇街阅读力量积极参与的全民阅读盛宴正式开启。邻里图书馆项目是本次阅读大会的一大亮点。阅读大会期间，佛山市首批 20 家邻里图书馆正式挂牌，"邻里图书馆选书大会暨知识集市"同期举行，拉开了邻里图书馆项目的序幕。

二、实施"'千家万户'阅暖工程"

2018 年 5 月，邻里图书馆项目作为佛山创建国家公共文化服务体系示范区的亮点，升级为"'千家万户'阅暖工程"。品牌升级主要体现在项目理念上：一是注重开拓性与创新性，通过智能化管理、专业运营队伍建设、新颖的活动形式开拓业务版图；二是树立品牌价值，突出项目的公益性、社交互动性、促进和谐社区等特质，让品牌价值凸显。计划分两阶段推进：第一阶段是于 2018 年发展 500 家邻里图书馆，提供图书转借服务以及开展阅读推广活动，打造邻里图书馆智能管理平台，制定参与激励政策、科学管理制度、绩效考评机制等，通过馆内宣传、社会媒体宣传、网络宣传等多种形式，形成良好的社会阅读氛围；第二阶段是于 2020 年末发展邻里图书馆至 1000 家以上，服务 10000 个家庭，辐射超过 50000 个市民，助推全民阅读。

2018 年 8 月，《佛山市创建国家公共文化服务体系示范区领导小组办公室关于开展"千家万户"阅暖工程——邻里图书馆招募工作的通知》发布，标志着邻里图书馆项目正式作为创建国家公共文化服务体系示范区重点工作部署推进。9 月，佛山市图书馆制定《"千家万户"阅暖工程——邻里图书馆深化实施方案》，从"管理提升""保障升级""宣传推广"三大方面深化实施，邻里图书馆项目自此进入新的发展阶段。

三、技术平台上线

随着邻里图书馆项目规模的不断扩大，项目运营管理、服务效率方面的问题日益凸显，迫切需要一套信息化系统对邻里图书馆进行运营管理。2019 年开始，项目组开始构思建立一套基于移动互联网、人脸识别、移动微社交等前沿技术和互联网思维的邻里图书馆运营服务系统，旨在优化业务流程，为图书馆馆员、邻里图书馆馆长、邻里图书馆读者提供科学、规范、便利、快捷的管理和运营服务。2019 年 8 月，项目组编制方案并向佛山市政务服务数据管理局申报信息化项目。2020 年 5 月，信息化项目正式立项，获得建设资金。

2021 年 6 月 15 日，佛山市图书馆向五区图书馆发布《关于邻里图书馆小程序上线试运行的通知》，并通过微信公众号发布上线通知，标志着邻里图书馆小程序正式上线试运行，成为图书馆管理人员、邻里图书馆馆长和读者的智能化管理与服务平台。此外，在邻里图书馆的建设发展过程中，基于管理邻里图书馆家藏图书及撬动民间藏书资源的需要，还衍生了"易本书"家藏图书共享平台。

四、创建广东省示范项目

2018 年 8 月，佛山市迎来创建国家公共文化服务体系示范区终期验收，验收组认定佛山市创建工作各项指标达到优秀档次，创建成效显著。佛山市完善的公共文化服务体系为"'千家万户'阅暖工程——邻里图书馆"项目的实施和推广提供了良好的基础。2018 年 12 月，广东省文化和旅游厅、省财政厅发布《关于开展第三批广东省公共文化服务体系示范区（项目）创建工作的通知》，并发布创建标准。申报创建示范项目的条件为："公共文化服务体系建设基础较好；在某一方面积极探索并取得显著成效，对推动全省公共文化服务体系建设工作产生较大影响；具有较强的典型性、示范性，形成较为成功的经验和做法。"佛山市组织团队开始申报工作，从创新性、导向性、带动性、科学性四个方面介绍邻里图书馆项目，并进行了现场答辩。

2019 年 2 月，广东省文化和旅游厅发布《关于公布第三批广东省公共文化服务体系示范区（项目）创建名单的通知》，"'千家万户'阅暖工程——邻里图书馆"项目入选。佛山市成立了邻里图书馆示范项目创建领导小组，印发了《佛山市"千家万户"阅暖工程——邻里图书馆创建广东省公共文化服务体系示范项目工作方案》，提出了以下创建目标：结合邻里图书馆特色，坚持创新性、导向性、带动性、科学性的原则，在全市推广邻里图书馆，到 2020 年末，全市建成 1000 家以上邻里图书馆，服务 10000 个家庭，辐射超过 50000 个市民，搭建"图书馆＋家庭"的服务体系，推进全民阅读，共建书香社会；创建市民家里的图书馆，将公共文化服务的触角延伸到社会末端，精准对接家庭文化需求，实现公共文化资源的高效利用，鼓励社会家庭参与公共文化建设，促进邻里之间的知识交流，推动社会融合。该方案还提出了五大创建任务：加快邻里图书馆项目建设工作，覆盖五区"千家万户"；完善管理体制，建立长效机制；建立邻里图书馆管理平台，提升管理服务水平；发展一系列邻里图书馆阅读推广活动品牌；开展示范项目制度设计课题研究。

2019 年 5 月，佛山市文化广电旅游体育局（以下简称"市文广旅体局"）召开第一次示范项目创建领导小组工作会议，对创建工作整体安排、市区两级图书馆联动建设等重要事项进行决议。五区联动创建工作启动，搭建了"一个中心，五区联动，八大小组"的运营管理体系。以佛山市图书馆为中心，五区图书馆各自成立相应的邻里图书馆项目工作小组，共同开展招募、流通、管理、服务、宣传等工作。2019 年 9 月，邻里图书馆管理委员会成立，充分发挥成员馆在全民阅读、文化自治、民主管理等方面的作用。自此，邻里图书馆项目完成了从单打独斗走向区域联动，从市级项目走向省级示范项目的转变，在组织保障、政策保障、经费保障、资源调配上有了更有力的支撑，拥有了具有更强影响力、更广阔的展示平台。2021 年 10 月,广东省文化和旅游厅示范项目验收组对邻里图书馆项目创建的 16 个指标进行了逐一检查,认定邻里图书馆项目的创建工作各项指标达到"优秀"档次。验收组认为邻里图书馆示范项目创建工作呈现出以下特点:领导重视,政策保障有力;体制机制完善,运行有序;拓展服务体系,成效卓著;获国内外认可,带动有力。同时,验收组认为该项目具有以下创新亮点:创新公共图书馆服务体系建设机制,创新公共文化服务供给方式,创新全民阅读推广方式,创新文化志愿服务模式,等等。2021 年 12 月,项目获得广东省公共文化服务体系示范项目的授牌,成为项目发展历程中的一座崭新的里程碑。

五、申报国际图联国际营销奖

邻里图书馆项目在运行过程中把以下四点运营思路与营销策略贯穿始终:一是制度设计创新,通过设计运营规则让项目发挥实效;二是打造品牌,并统一标识,让项目具有辨识度;三是打通宣传渠道,联动开展宣传;四是注重效能,用市民认可度反映服务效益①。国际图联国际营销奖历来是图书馆界最有影响力、参与范围最广的奖项之一,旨在表彰富有创意并以成果为导向的营销项目以及各类倡议活动。2019 年 12 月,国际图联在官网发布申请 2020 年度国际图联国际营销奖的通知,截止时间为 2020 年 2 月 7 日。获知消息后,邻里图书馆项目组开始论证申报的可行性,并提交馆领导班子决议。在得到肯定答复后,项目组随即着手开展申报的相关工作:组建申报团队、设计口号、提炼品牌核心、撰写文本,最终提交了申报材料。

2020 年 7 月 22 日,国际图联公布了 2020 年国际图联国际营销奖的获奖名单,佛山市图书馆邻里图书馆项目在来自全球包括中国、美国、加拿大、法国、俄罗斯、德国等 29 个国家数十个项目的角逐中脱颖而出,荣获第一名。这是我国公共图书馆首次获得该奖项桂冠。同时,这也是佛山市图书馆在继2018 年摘得国际图联"绿色图书馆"桂冠后获得的又一个国际奖项。除了获得 3000 欧元奖金,佛山市图书馆还收到了国际图联世界图书馆和信息大会的邀请,请佛山市图书馆在会上向各国参会同人介绍开展邻里图书馆项目的先进

---

① 陈艳,曾思敏.邻里图书馆的营销探索[J].图书馆论坛,2021(4):21-26.

经验，讲述佛山阅读故事。本次获奖的信息引起《人民日报（海外版）》、"文旅中国"微信公众号、《南方都市报》、《佛山日报》等国家、省、市级新闻媒体的报道，受到市民的广泛关注，并登上"学习强国"平台。2021年8月，佛山市图书馆受邀在国际图联第86届世界图书馆和信息大会"如何使你的图书馆成为明星！在全球激发营销思维"分会场中进行获奖案例的展示，向全世界图书馆展示了佛山的魅力、佛山市图书馆的创新精神以及邻里图书馆项目创新的营销实践。

六、中央媒体组团报道

随着邻里图书馆项目的社会影响力不断扩大，项目受到社会的广泛关注。2019年12月，《人民日报》文化版头条推出大篇幅报道《佛山以家庭为单位，以邻里为纽带推广阅读——图书馆开在你家我家》，聚焦佛山市推广全民阅读、建设邻里图书馆的创新实践。2020年8月，《人民日报》、中国新闻社、《光明日报》、《中国青年报》、《工人日报》、《环球时报》以及《中国艺术报》等7家国家级媒体组成的记者采访团到达佛山，采访主题为"文化佛山　走向小康"。邻里图书馆项目是此行采访的重要内容之一。

采访团聚焦邻里图书馆的实践，通过实地采访发表了一系列文章，推广邻里图书馆项目的创新实践。2020年8月25日，《环球时报》英文版发表《邻里图书馆项目惠及佛山千家万户》（"Mini-Library Project Benefits Thousands of Families in Foshan"）；8月26日，《中国艺术报》发表《"把服务真正做到老百姓身边"——佛山市公共文化服务创新之举》；8月30日，中国新闻社发表《除了方便，佛山邻里图书馆还带来了什么？》；9月1日，《中国青年报》发表《住在图书馆》；9月2日，《光明日报》发表《邻里图书馆：让书香溢满左邻右舍》；9月23日，《工人日报》特稿版刊登《当图书馆来敲门》；12月8日，《中国日报》英文版发表《阅读让生活更美好》（"Reading for Better Life"）……众多媒体尝试对佛山市邻里图书馆项目的实践进行解读，挖掘众多鲜活的人物故事，讲述佛山市邻里图书馆的馆长们发挥聪明才智运营邻里图书馆、以书为媒影响社区文化氛围的经历。目前，全国各级媒体有关邻里图书馆项目的报道已超过1700篇。

七、建设首家市外邻里图书馆

四川省凉山州是佛山市对口帮扶地区。木里藏族自治县隶属四川省凉山彝族自治州，是全国仅有的两个藏族自治县之一。从 2016 年开始，佛山市与木里藏族自治县两地通过帮扶结对开展了全方位、多层次、宽领域的扶贫协作，取得了丰硕成果。经过多方共同努力，2019 年 10 月，木里县实现脱贫"摘帽"。以此为契机，佛山市与木里县进一步加强交流，优势互补，共谋发展，助力木里县巩固脱贫攻坚成果。为进一步满足木里县人民的文化生活及阅读需求，佛山市图书馆计划把邻里图书馆模式引入木里县，发动社会力量供给公共文化服务，通过佛山市与木里县开展的邻里图书馆合作共建，提升木里县群众在改革开放、扶贫攻坚政策下的获得感、幸福感。

李群星是木里县的一名企业家，其在县城附近开设了一家名叫"格兜"的农家乐，这里不仅提供藏餐，还进行佛山金绣艺术作品展示。农家乐周边是一片廉租房，几百户低收入家庭居住此地。那里的孩子们闲暇无事就会到农家乐里玩。李群星常常寻思："如果在这里安装一些书柜，摆上一些书，就可以给孩子们提供一个学习和阅读的地方。"李群星的想法得到众人的支持。在广东（佛山）对口凉山扶贫协作工作组、佛山市文广旅体局、佛山市图书馆等多方努力下，"木里群星"邻里图书馆获赠 200 册图书，于 2020 年 11 月 5 日落成。此名之意为希望阅读的光芒像群星一样在木里县闪烁，照亮木里县人民的人生[①]。"木里群星"邻里图书馆成为首个设在佛山市外的邻里图书馆，证明了邻里图书馆项目的示范性、可复制性。

八、制定地方标准

邻里图书馆项目启动以来，佛山市图书馆逐步探索以制度设计方式，把实践中取得的最新经验转化为制度成果，形成支撑邻里图书馆项目建设工作的制度政策、工作标准和工作机制。佛山市图书馆先后制定了《邻里图书馆建设及服务规范》《邻里图书馆绩效考核管理办法》《邻里图书馆管理委员会章程》等

---

① 首个佛山市外"邻里图书馆"落地四川省凉山州木里县 [N].佛山日报,2020-11-27（A10）.

规章制度，促进邻里图书馆项目标准化和规范化发展。2021 年 3 月，佛山市市场监督管理局发布《关于征集 2021 年佛山市地方标准制修订计划项目的通知》，公开征集 2021 年佛山市地方标准制修订计划项目。佛山市图书馆将邻里图书馆项目提交申报。2021 年 7 月，《邻里图书馆建设及服务规范》被纳入 2021 年佛山市地方标准制修订计划项目，完成期限为 2022 年 11 月。邻里图书馆项目被纳入地方标准建设，标志着项目的制度建设、工作机制具备了一定的基础。本次标准的制定将进一步促进项目运行规范化、制度化、专业化、标准化。

九、开展理论研究

邻里图书馆项目在开展丰富实践的基础上，加强学术研究，强化理论支撑，以理论指导实践。一是开展制度设计课题研究：项目组以"社会力量推进全民阅读——佛山市'邻里图书馆'公共文化服务创新研究"为课题开展制度设计研究和学术研究，形成系列学术研究成果；"公共图书馆家庭阅读推广模式研究——以佛山市'邻里图书馆'为例"获得中国图书馆学会 2018 年阅读推广课题立项，并顺利结项。二是发表学术论文：2021 年 4 月，《图书馆论坛》发表邻里图书馆专题文章 6 篇，从项目的缘起、路径、成效、创新要素、营销实践、阅读推广、家藏图书流通服务设想等方面对邻里图书馆项目进行了探讨。邻里图书馆项目也引发了业界的研究兴趣，截至 2022 年底，有关该主题的学术论文有近 20 篇。

第二章 邻里图书馆项目的运作机制

邻里图书馆项目的运作机制是指邻里图书馆在运营过程中，人力、财力、资源、制度、技术等方面的具体实施方式，以及这些方式如何协调各个邻里图书馆之间的关系，使之有效联系起来，更好地发挥作用。经过四年的探索与实践，邻里图书馆项目形成了一套行之有效、标准规范的运作机制，推动邻里图书馆项目各项相关工作高质高效、可持续发展[①]。本章从邻里图书馆项目建设过程的项目运作这一角度切入，从机制建设、资源保障和技术支撑三方面论述佛山市图书馆在邻里图书馆项目建设过程中的具体实践。

第一节 邻里图书馆项目的顶层设计

邻里图书馆项目不是简单的传统图书馆服务项目，而是佛山市图书馆业务模式的创新实践，涉及图书馆工作多个方面的有机统筹、结合。该项目能够取得如此建设规模、成效和社会影响力，离不开科学的顶层设计和高效的运营管理模式。

一、运营管理制度

（一）目的与意义

图书馆制度是指一系列被制定出来的用以规范图书馆人的行为规则、守法程序和图书馆伦理道德体系[②]。制度规范是邻里图书馆项目发展的重要保障和

---

① 佛山市图书馆 . 从"终点"到"起点"——广东省佛山市邻里图书馆项目创新实践纪实 [J]. 文化月刊,2019（10）:112-114.

② 丁玉霞 . 制度主义视野下的图书馆制度创新 [J]. 图书馆建设,2008（12）:92-95, 100.

有力支撑。为了提高邻里图书馆项目的服务效能和管理效益，促进项目持续发展，不仅要解决项目推进过程中的具体问题，更需要建章立制，将完成当下建设的迫切任务与项目的长远发展结合起来，出台有针对性的制度，形成支撑邻里图书馆项目建设工作的制度政策、工作标准和工作机制，使项目建设工作的开展能有所遵循，避免出现无序和混乱现象。

邻里图书馆项目是一个大型的团队性运作项目，对于执行具体工作任务的馆员而言，不可能仅仅依靠个人的自觉，必须有赖于规定清晰的责任范围，以及合理的工作流程，使按章办事、按章操作成为馆员的自觉行动，明确每个岗位的责任与权利，有共同遵守的工作规程和行为准则，减少沟通成本，提高效率。对于邻里图书馆而言，项目制度只有符合绝大多数项目参与者的共同利益诉求，才能激发其积极性，促进其实现自我组织、自我运行和自我管理。

（二）出台制度规范

在邻里图书馆项目建设过程中，管理水平的高低，取决于公共图书馆配套制度是否合理、完善，执行力如何。为了促进邻里图书馆项目标准化和规范化发展，佛山市图书馆出台了一系列相关制度，包括《邻里图书馆建设及服务规范》《邻里图书馆绩效考核管理办法》《邻里图书馆管理委员会章程》《示范项目过程管理规定》《示范项目经费管理制度》等，在具体操作流程上，充分考虑流程的科学性和规范性。项目组从邻里图书馆家庭招募至绩效考核都订立了相关规则，使运营有章可循，监管项目实施的全过程，强化制度执行。面向邻里图书馆制订的规则包括《邻里图书馆申请声明》《邻里图书馆合作协议》《绩效规则》《佛山市图书馆读者办证协议》等。

（三）典型制度概述

1.《邻里图书馆建设及服务规范》

《邻里图书馆建设及服务规范》规定了邻里图书馆项目的相关术语与定义、建设原则、资源建设要求、服务提供标准、服务管理要求、考核与评价标准。在定义上，邻里图书馆是以家庭为单位建立的，面向亲朋好友、左邻右舍和特定人群免费开放，提供文献阅览、文献借阅、阅读活动等服务，纳入公共图书馆服务体系的公益性民间图书馆。在建设原则上，强调邻里图书馆提供公开、平等、免费的阅读推广服务，自愿参与、自我管理、自我服务，遵循志愿服务原则，主动服务社区居民，具有社区文化交流空间功能。在双方职责上，公共图书馆应在文献资源和数字资源方面达到相关建设标准，并对邻里图书馆的场地、设备配置和标识提出基本要求；邻里图书馆则应提供免费开放、阅览外借、信息咨询、阅读推广等服务，在公共图书馆的指导下配备服务人员做好文献组织和服务档案管理工作。在绩效考核上，公共图书馆应对邻里图书馆的考核评价做出规定。2021年7月，《邻里图书馆建设及服务规范》被纳入2021年佛山市地方标准制订计划，安排在2022年底前推进完成。

2.《邻里图书馆绩效考核管理办法》

《邻里图书馆绩效考核管理办法》制定了简明的邻里图书馆绩效考核方法和合理的量化指标，主要涉及邻里图书馆的图书转借和开展阅读活动的任务指标和计分方法。公共图书馆易于执行，各邻里图书馆也易于操作。定期开展对各邻里图书馆的绩效考核，是邻里图书馆项目的一项阶段性总结工作。绩效考核的主要内容为邻里图书馆转借图书数量、开展活动场次、活动参与人数、服务读者人次等指标。邻里图书馆只有达到一定的分数要求，方可续约，继续享受公共图书馆给予邻里图书馆的优惠政策。绩效考核对邻里图书馆持续开展服务，保持活跃度具有明显的促进作用。在2018年度、2019年度、2020年度、2021年度，佛山市图书馆通过考核，发掘了一批优秀的邻里图书馆。它们以其在阅读推广活动中的突出表现，获得星级邻里图书馆荣誉，起到较好的示范作用，是其他邻里图书馆学习的榜样。

3.《邻里图书馆合作协议》

《邻里图书馆合作协议》（以下简称《协议》）规范了公共图书馆与邻里图书馆的行为。其中简明阐述了项目背景和基本内容，规定了甲乙双方的权利和义务以及考核续约问题，并且对双方的违约责任做了说明。在合作协议中，甲方为邻里图书馆，乙方为佛山市图书馆或各区馆。《协议》明确邻里图书馆处于主导地位，是项目实施的实际践行者。将邻里图书馆作为甲方，反映了公共图书馆对邻里图书馆家庭主体地位的认可和重视。公共图书馆作为乙方，与甲方邻里图书馆是服务与被服务的关系，主要为邻里图书馆提供图书资源以及活动场地等优质服务，以专业知识指导邻里图书馆开展图书流通转借、阅读推广活动等，帮助甲方完成协议规定的义务，促进其有效建设和长足发展。

《协议》明确了邻里图书馆家庭的权力和义务，以及任期年限和违约责任等。邻里图书馆家庭主要有以下四方面权利：一是为邻里图书馆命名，即让邻里图书馆家庭以自己喜爱的名称冠名；二是自行决定服务对象，包括但不限于邻居、亲人、朋友等；三是获得权限为借阅200册书、还书期限为365天的借阅证；四是获得官方授牌，可在乙方提供的馆舍开展阅读活动。《协议》同时规定邻里图书馆家庭应履行的必要义务，如任期最少为1年，免费为亲朋好友、左邻右舍提供图书借阅服务，年图书转借次数不少于30册次，自行组织阅读分享活动每年不少于3场，共获得60分以上的积分，参与乙方组织的年度考核评优活动，等等。

二、组织管理架构

组织管理架构是指一个组织管理运作的整体结构。邻里图书馆要想科学、有效地运作，需要在管理及业务等诸多因素影响下，在内部组织资源、流程管理、业务开展及落实等方面搭建完善、高效的项目组织架构。邻里图书馆项目运作组织架构的本质是为了实现项目的战略目标而进行的分工与协作。组织架构的设计受到政策、内外部环境、发展目标、创建周期、技术应用、组织规模、人员素质等因素的影响，因此，制定可以使项目稳步推进的组织架构尤为重要。合适的组织管理架构能促进邻里图书馆合理协调各种资源，快速进入良好的建设状态，持续、平稳地运行，如期推进，最终实现既定目标。

在2018年4月的"世界读书日"，佛山市图书馆正式启动邻里图书馆项目。该项目一直受到佛山市文广旅体局的关注和支持。2019年2月，"'千家万户'阅暖工程——邻里图书馆"项目获得第三批广东省公共文化服务体系示范项目创建资格，创建周期为两年。邻里图书馆项目从由佛山市图书馆主导升级为由政府部门主导。佛山市委市政府高度重视邻里图书馆示范项目创建工作，在市文广旅体局的统筹下，该项目在创建初期就建立了指导、管理和业务多层级相结合的组织管理架构。市文广旅体局将邻里图书馆项目创建工作列入2020年佛山市改革项目以及《佛山市公共文化服务体系高质量发展行动计划（2019—2022年）》重点实施项目，从政策层面上推动项目建设。

（一）示范项目创建领导小组

"'千家万户'阅暖工程——邻里图书馆"示范项目创建领导小组的成立，标志着邻里图书馆项目创建工作进入了规范化管理、有序化推进的状态。示范项目创建领导小组由市文广旅体局局长担任组长，市文广旅体局、市图书馆、各区图书馆相关领导等 11 人为主要成员，负责统筹、领导和协调创建工作。邻里图书馆示范项目创建领导小组明确了创建目标、任务和工作进度安排，强化了资金保障，在项目活动、宣传等方面予以支持，以切实推进邻里图书馆一市五区全覆盖。市文广旅体局定期组织召开示范项目创建阶段会议，总结现阶段的工作成效，部署下一阶段的工作；定期召开工作推进会与督导调研，研究和解决创建工作中的具体问题；审议、决策有关重大制度、措施、项目方案；出台《佛山市"千家万户"阅暖工程——邻里图书馆创建广东省公共文化服务体系示范项目工作方案》，绘制出示范项目创建的路线图和进度表，以高标准、高水平、高效率推进示范项目的各项工作。创建工作的展开使邻里图书馆项目明晰了发展方向，并得以在公共文化服务体系建设中发挥积极的作用。

（二）市区联合运营管理体系

随着邻里图书馆示范项目创建工作的深入推进，为推动邻里图书馆项目向全市五区发展，以促进公共文化服务均等化，需要发挥佛山市联合图书馆体系的力量，通过市、区两级图书馆联动开展邻里图书馆项目建设工作。在领导小组的指导下，佛山市图书馆搭建了"一五八"邻里图书馆项目联合联动运营管理体系，即"一个中心，五区联动，八大小组"，佛山市图书馆统筹成立邻里图书馆管理中心，组建八大工作小组，五区图书馆联动建设。"一五八"运营管理体系全面跟进邻里图书馆项目实施的各个环节，创建了"市—区—镇街"三级图书馆联动体系，协调推进项目发展，创造积极争先的良好氛围。

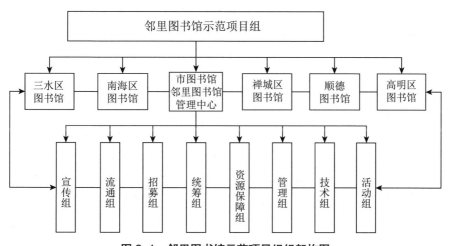

图 2-1　邻里图书馆示范项目组织架构图

（三）管理中心八大工作小组

佛山市图书馆成立邻里图书馆管理中心，组建统筹组、招募组、管理组、资源保障组、宣传组、技术组、流通组、活动组八大工作小组，各司其职，共同协作，全过程实现闭环管理，使得邻里图书馆项目的各项具体业务顺利开展，管理效益得到提升。

1. 八大工作小组职责

在项目实施过程中，佛山市图书馆把邻里图书馆项目建设工作作为全馆重点工作，分解项目建设任务，动员全馆力量投入其中，所有部室积极参与，参加人数占全馆总员工的80%以上，是佛山市图书馆动用人力最多的项目之一。统筹组是管理中心的核心枢纽，负责项目发展规划，协调各组开展工作，推进示范项目创建指标落实，统筹经费使用，解决项目实施过程中遇到的问题。招募组负责招募喜爱阅读的家庭加入邻里图书馆项目，并深入学校、社区招募推广，扩大邻里图书馆项目的规模。管理组的主要任务是组建邻里图书馆微信管理群组，解答邻里图书馆馆长们在运营和服务中遇到的各种问题；负责统计每月绩效，跟踪各馆建设和服务开展情况。资源保障组负责提供个性化资源供给服务，以满足邻里图书馆借阅图书和开展活动的需求。宣传组承担项目的宣传推广工作，通过多方宣传提高邻里图书馆的社会关注度，通过众多媒体报道项目成果，树立邻里图书馆的品牌形象。技术组负责邻里图书馆项目信息化系统建设，为邻里图书馆项目运营管理提供技术支持，借助现代信息技术推进邻里图书馆项目智慧服务平台建设。流通组负责提供协助读者借还书、办证、签约、领取牌匾等一线服务。活动组的主要任务是组织、策划邻里图书馆系列活动，打造活动品牌，指导邻里图书馆开展阅读推广活动。

2. 项目运作模式

佛山市图书馆于2011年提出"项目立馆"的办馆理念，至今已十年有余，其间通过理念更新，推动实践创新，将需要在特定时间内完成的学术研究、技术开发、业务提升、读者活动等目标任务策划为具体的项目，组成部门内部或跨部门的项目小组完成既定目标。佛山市图书馆在"项目立馆"的办馆理念和"服务活动化，活动品牌化"的服务理念指引下，建立了"南风讲坛""蜂蜂故事会""品读佛山""数字图书馆""佛图群英会"等品牌，开展了一系列品牌项目活动。截至2021年12月，全馆累计立项约1040个，总参与超过2万人次，馆员参与率达 100%。"项目立馆"的办馆理念在业务发展和激发员工内在动力上发挥了重要作用，馆员们出色完成了众多重要项目和任务。佛山市图书馆借此锻炼出一支高素质的专业人才队伍，创建了一系列优质服务品牌，树立了良好的服务形象。

邻里图书馆项目的运营沿用了佛山市图书馆项目管理的工作模式，八大工作小组对标具体任务，组建以工作任务为中心的项目团队，运用以往开展项目工作的经验，把统筹规划、招募工作、技术开发、资源保障、服务咨询、宣传推广、活动开展等各项工作打包为项目，制定项目目标、预期成效、实施计划、人员分工和经费预算等，按计划、分步骤完成分项工作。

3. 指定部门接棒运营

经过各项目组四年的努力，邻里图书馆项目取得了长足发展，积累了丰富经验，逐步走向成熟。邻里图书馆项目于 2021 年正式过渡为佛山市图书馆的常规业务，八大工作小组完成阶段性创建任务，转由体系建设部接手具体运营事宜。由体系建设部负责项目具体工作，既肯定了邻里图书馆项目在公共图书馆服务体系中发挥的作用，也进一步明确了邻里图书馆是公共文化服务体系末梢这一定位。作为公共图书馆服务体系一部分的邻里图书馆，其新阶段的工作重点为：重新统筹全馆人力、资源，探索未来可持续发展路径，共同推进邻里图书馆项目可持续、高质量发展；对原有的组织架构予以优化重组，建立稳定、有效的管理体系，促使邻里图书馆项目实现从量到质的转变，积极提升服务效能；从业务发展、宣传推广、品牌建设发展中寻找新的突破点，持续提升邻里图书馆品牌在国内外的影响力。

（四）五区图书馆工作小组

佛山市联合图书馆体系建设自 2004 年启动以来，成员馆已遍布佛山一市五区。截至 2021 年 12 月，佛山市联合图书馆成员馆共计 391 家，包括普通成员馆、智能图书馆、民宿图书馆、粤书吧和馆外借阅点。2019 年，佛山市图书馆携手佛山市各区图书馆，依托佛山市联合图书馆体系的力量，在全市范围内推广邻里图书馆项目，推广工作遍及全市的各个角落。

佛山市五个区级图书馆均已建立邻里图书馆工作机制，并由区图书馆馆长牵头，成立相应的邻里图书馆工作小组。各区馆根据邻里图书馆项目建设要求和相关文件制定本馆实施方案，明确具体建设任务和责任，根据馆情和人员配置情况，发挥区公共图书馆资源、人员、专业优势，组织各馆精英，共同推进邻里图书馆项目落地。五区公共图书馆共约 100 人直接或间接参与了邻里图书馆项目的宣传、招募、流通、管理和服务等工作。区总馆为各区邻里图书馆的发展中心，充分发挥总分馆制优势，广纳阅读家庭加入，共建设邻里图书馆 180 余家，涌现出"阳光阅读""阅暖万家""春风习习"等优秀邻里图书馆。在五区图书馆通力合作下，邻里图书馆项目延伸到社区、公益机构和家庭，实现"市—区—镇街"三级图书馆合力推进邻里图书馆项目创建的大格局，加强了邻里图书馆示范项目创建力度，项目创建工作得以快速开展，辐射效应和带动效应显现。

（五）邻里图书馆管理委员会

在佛山市图书馆、各区图书馆的组织和邻里图书馆的支持下，首届佛山市邻里图书馆管理委员会（以下简称"管委会"）于 2019 年 9 月成立，成员包括 9 名邻里图书馆馆长代表，以及 2 名佛山市图书馆馆员代表。管委会推选产生了首届邻里图书馆管委会主任，并通过了《邻里图书馆管理委员会章程》。2021 年 10 月，管委会选举产生了第二届管委会委员，由 7 位市、区图书馆业务代表和 8 位邻里图书馆馆长代表组成。

管委会承担管理与执行双重职责，秉承"共建 共治 共享"的理念，打造自治共享模式，发挥其"协调、谋划、督促、反馈、协作"五大管理职能。管委会支持公共图书馆的决策，行使决定权；配合开展项目宣传、活动组织和实施，凝聚社会家庭力量，在成员馆建设、读者阅读需求、全民阅读推广等方面提供宝贵意见以及帮助；保障成员馆对邻里图书馆工作的知情权、参与权和监督权，推进邻里图书馆的民主决策和科学管理，促进邻里图书馆可持续、高质量发展[①]。

（1）协调。管委会协调公共图书馆与成员馆间的关系，增进双方相互理解和信任；协调公共图书馆的人财物与邻里图书馆无缝对接，把资源真正落实到邻里图书馆中去。管委会发挥邻里图书馆在全民阅读、文化自治、民主管理等方面的作用，是公共图书馆、邻里图书馆和读者之间沟通与互动的桥梁和

---

① 屈义华,黄佩芳.佛山市邻里图书馆项目:缘起、路径与成效[J].图书馆论坛,2021（4）:5-9.

纽带[①]。

（2）谋划。馆长们发挥其不同职业领域的专业优势、个人智慧、人脉资源和对邻里图书馆推广的热情，群策群力，策划活动、组织培训，助力邻里图书馆组织更加丰富多彩的主题阅读活动，惠及更多的市民。管委会积极挖掘各邻里图书馆特色，打造"品牌示范"邻里图书馆，提高活动的影响范围。

（3）督促。管委会督促公共图书馆配套相关资源，开展大型活动，落实各项优惠措施，同时督促各邻里图书馆按照协议的要求开展图书分享和组织活动。馆长们从自身做起，自我约束、自我完善、自我提升，充分体现榜样的力量，从而带动每家邻里图书馆发挥公共文化服务体系末梢的作用。

（4）反馈。管委会作为公共图书馆、邻里图书馆和读者三方沟通的桥梁和纽带，积极听取三方意见和建议并反馈，为邻里图书馆项目的发展建言献策，形成改进、完善邻里图书馆项目建设的具体办法。

（5）协作。馆长们参与邻里图书馆项目管理，协助公共图书馆解决其他邻里图书馆和读者的问题和困难，树立"主人翁"意识，发挥"智囊团"作用，协同推进邻里图书馆融入公共图书馆服务体系。

三、项目运营模式

邻里图书馆是以家庭为单位建设的可对外服务的微型图书馆，通过在家庭建立公共图书馆的服务节点和中转站，把公共图书馆的服务通过千家万户输送到社区的各个角落，促进邻里之间的知识交流，推动社区融合，最终达到共建和谐社会的目标。佛山市图书馆在邻里图书馆项目的推进过程中也产生了新课题、新业务——家藏图书流通项目。这两个项目的运营模式科学、合理且各具特色，保证了二者之间的良性互动与发展，可有效提高整体服务效能。

（一）邻里图书馆项目运营模式

1.服务对象

邻里图书馆项目的服务对象有两个：一是邻里图书馆家庭，即一市五区图书馆发动和招募的邻里图书馆。申请加入邻里图书馆的准入条件极为友好，包

括愿意提供公益服务、分享图书，对邻居、亲人、朋友提供图书借阅服务和开展阅读活动，家中有一定的藏书，有放置图书的空间等，旨在发现和发展喜欢阅读和愿意分享的热心读者和家庭。二是邻里图书馆的读者，邻里图书馆以邻里关系为纽带输送阅读服务，除了为社交圈里的亲朋好友、同事同学和生活圈里的左邻右舍服务，也鼓励其走进社区、学校等场所，以书为媒扩展服务范围，为更多的读者甚至是陌生人服务，以延伸公共图书馆公益文化服务职能。

2. 服务内容

（1）馆藏资源服务。图书馆为邻里图书馆开通了专门的邻里图书馆证，借阅权限为 200 册图书，借书期限为 365 天，只限制每次最多外借 200 册图书，不限制借书次数，适用于佛山市联合图书馆成员馆通借通还的图书，实现"借书自由，还书自由"。邻里图书馆将借出的图书通过邻里图书馆小程序转借给邻居和亲朋好友，建立共同的阅读兴趣，形成阅读并分享的氛围。各邻里图书馆的组织者家庭不仅增加了自身的阅读量，还通过服务惠及邻居和亲朋好友，图书馆馆藏资源通过邻里图书馆中转站的作用下沉到各家庭，再通过共享辐射到更多家庭。

（2）开展阅读推广活动。阅读推广活动是图书馆读者服务工作的重要内容，开展阅读推广活动也是邻里图书馆必须履行的义务之一，每年至少组织阅读分享活动 3 场次。组织形式多样的活动可以提高邻里图书馆的活跃度，激发邻里图书馆投身阅读分享的热情，拉近邻里之间的感情。邻里图书馆举办的小型阅读活动相比图书馆举办的阅读推广活动形式更加多元，场地更加灵活。图书馆借助邻里图书馆的力量将阅读推广活动渗透进家庭、社区、学校等场所。

3. 服务方式

（1）自助服务。佛山市图书馆开发了邻里图书馆小程序，移动端的应用体验感良好，可供邻里图书馆自助完成图书管理、活动管理、读者管理、图书借还、在线办证等基本服务，节约了时间成本、交通成本和人力成本，契合当今人们普遍使用移动网络的习惯。如在转借的过程中，邻居和亲朋好友没有开通图书馆借阅证的可以进行线上办证，在线迅速开通借阅功能，马上进行转借图书操作。

（2）个性化服务。邻里图书馆可以根据自身的具体情况，自主安排服务时间，不受图书馆服务时间的影响；可以根据兴趣爱好，自主选择符合自我需求和分享需求的文献资源；可以发挥特长和创意，自行组织亲朋好友、邻居、同学、同事等，利用家庭空间、图书馆或者公园等室外空间开展借阅和分享活动。

4.考核机制

佛山市图书馆统筹组和管理组根据《邻里图书馆绩效考核管理办法》的要求，每个月对邻里图书馆的借阅情况和开展活动情况进行统计。一年内邻里图书馆应达到一定分值才可继续享受邻里图书馆权利，分值未达标则要求在一定时间内完成任务，否则图书馆会启动退出机制。年度分值也作为年终考核评优的参考，总结邻里图书馆一年的成绩，评选星级邻里图书馆，树立标杆，为其他邻里图书馆提供经验和借鉴。

（二）家藏图书流通项目运营模式

1.运营平台

家藏图书"云流通"功能模块是邻里图书馆小程序的重要组成部分，同时也是一个可独立运营的平台。邻里图书馆小程序里兼容了"馆藏图书"和"家藏图书管理"两大功能模块，邻里图书馆馆长可以通过小程序借阅、转借、管理公共图书馆馆藏图书，也可以上传、流通、管理自家的藏书。家藏图书共享平台简称"易本书"，专注家庭藏书的上传、分享、管理等，非邻里图书馆家庭的普通读者也同样可以便捷地上传家里的藏书并进行分享。

"易本书"平台包含多个功能，包括"手机刷脸一键注册""账号管理""上新""藏家书排行榜""猜你喜欢""好书推荐""发现好书单""家藏书书目库建设管理""我的家藏书""读者个性化标签""图书推荐频道""大数据实时监控系统""大数据可视化系统""客服中心"等为读者提供一站式服务。

2.家藏图书管理

书目数据是图书流通的数据基础，为了保证上传至系统的家藏图书的质量，保证书目数据的准确性，佛山市图书馆制定了《家藏书上传协议》，主要规定了家藏图书上传原则、下架规则、上传问题图书的处理、图书审核原则、图书状态设置等。一是上传的图书暂时要求是国内的正式出版物。建立家藏图书书目库，同时建立违禁图书书目库，禁止上传违禁图书。二是读者上传的图书如果是佛山市联合图书馆书目数据库有书目数据的则通过扫描 ISBN 即可上传，无需审校。三是读者上传的图书如果是佛山市联合图书馆书目数据库没有数据的，只需读者采用简要的轻量化编目方式，即正确填写书名、作者、ISBN、出版社、出版时间、分类号、页数、价格等 8 个主要信息，上传封面、版权页等图片后，由图书馆工作人员人工审核后即可发布。

3. 家藏图书服务

家藏图书流通项目是佛山市图书馆的流通新业务，与公共图书馆的馆藏图书流通不同。馆藏图书流通，读者以公共图书馆为中心借书、还书，图书以公共图书馆为中心向读者发散。而在家藏图书的流通中，各个家庭都是中心，中心点可无限多，相互交叉为服务对象。《家藏图书流通规则》厘清了家藏图书的流通权限，使家藏图书能够遵循设定的图书权限在各家庭间顺利流通。家庭藏书的管理和流通主动权掌握在持有者手里，因此系统设置了"可漂流"、"可借阅"、"可赠送"和"不外借"四种状态，根据图书所有权人或分享或个人展示的意愿选择流通状态。"可漂流"是指持有者借出后经由读者把书向下一个读者传送，不断地将书漂流到不同的读者手中，除非上传者召回图书，否则无需归还；"可借阅"是指在家庭之间流通图书的情形，从所有者处借出后，在 60 天借阅期限内应将图书还回到所有者手中；"可赠送"指持有者愿意将书赠送给需要它的人，赠送成功后处置权归受赠者所有；"不外借"状态指该图书仅供展示，不对外借阅，方便藏书家管理自家藏书。图书持有者享有对所持图书修改流通权限和主动下架的权利。借书过程中，图书若出现破损、丢失、出现违禁等情况，借书人可进行下架申请。家藏图书流通渠道与图书馆馆藏图书流通渠道有较大的区别，可采取面对面交接和快递方式进行图书的流通。

4. 运营团队

为了推进"易本书"平台的上线和服务开展，佛山市图书馆组建了"易本书"项目团队，全面跟进平台需求设计、系统建设与测试、运营推广等所有环节。项目团队成员督促、推进本部门负责的相关任务，解答部门员工在平台使用、运营等方面的疑问，及时向部门员工传达项目的重要动态。在核心成员的带领下，各部门组成运营团队，全馆积极投入人力，分工协作完成既定各项工作任务。

第二节　邻里图书馆项目的资源保障

在邻里图书馆项目从单馆项目上升为多个馆协作、多种力量参与共建的全市性宏大工程的过程中，人力、财力、物力等方面资源保障尤为重要。本章第一节在组织架构部分已对"一五八"联合联动运营管理体系的人力资源如何保障邻里图书馆项目的运营做了总结与分析，本节则重点阐述如何从文献和数字资源、活动和空间资源、财政支持与投入三方面保障邻里图书馆项目的有效运作。

一、文献和数字资源

（一）馆藏图书资源配置

佛山市公共图书馆的图书资源非常丰富，广受邻里图书馆家庭认可，为邻里图书馆的图书流通提供了有利条件。2021 年，佛山市联合图书馆累计馆藏纸质文献约 1464 万册 / 件，入藏文献学科覆盖率 100%，图书总流通量为693 余万册次。大量的文献储备能满足邻里图书馆的基本阅读需求，2019 年、2020 年图书馆新增藏量均接近 150 万册 / 件，2021 年新增文献 190 余万册 / 件，有力保证了新书上架服务的开展。佛山市联合图书馆体系内大部分藏书资源共建共享，实现了通借通还，方便邻里图书馆选择就近成员馆享受借还图书服务。截至 2021 年 12 月，邻里图书馆家庭累计从联合图书馆借书超过 37.1 万册次、转借图书 13.4 万册次，实现了微小的个体无法完成的宏大任务。

佛山市图书馆在联合图书馆单馆中的书刊藏量最多，截至 2021 年 12 月，累计馆藏纸质文献量约为 348 万册 / 件，文献流通量为 160 余万册次，年度新增图书约 24 万册 / 件，社会科学类新增文献占比 84.94%，自然科学及综合类新增文献占比 15.06%。新增藏量最多的学科依次为文学（I）、历史地理（K）、文科教体（G）、艺术（J）、哲学（B）、经济（F），文献外借量最多的学科依次为文学（I）、文科教体（G）、艺术（J）、历史地理（K）、工业技术（T）、经济（F）。文献入藏量与文献外借量最多的学科中有五项相同，匹配度高，基本与邻里图书馆借阅的种类相匹配。

佛山市图书馆于 2019 年 6 月面向邻里图书馆开展的"邻里图书馆家庭参与状况问卷调查"显示，92.45% 的受访者认为加入邻里图书馆有助于孩子的阅读成长。2021 年 6 月，佛山市图书馆再次通过市、区两级公共图书馆设立的邻里图书馆微信群发放《邻里图书馆家庭参与情况调查问卷》，统计结果显示，邻里图书馆家庭拥有 1—2 个 0—14 岁的小孩的比例占被调查家庭的89.89%，说明邻里图书馆家庭亲子阅读需求占比高。2015—2020 年，佛山市图书馆年均购书经费达千万元，少儿类图书经费和普通成人图书经费的比例在3 : 7 至 4 : 6 之间，外文图书采购倾向于国外和港澳台版少儿绘本，因而少儿图书每年新增量大、储备充足，能够满足家庭亲子阅读的需求，受到邻里图书馆家庭的青睐。当个别馆的少儿图书供不应求时，佛山市图书馆会通过调拨的方式，支援该馆一批少儿图书，解决图书资源分布不平衡的问题。

（二）新书借阅和预借服务

1. "知新阅易"新书借阅服务

佛山市图书馆自 2011 年起与书店合作开展"你选书，我买单"读者自主采购借阅服务；2013 年"你选书，我买单"服务以"佛山市图书馆新书借阅点"的形式落户书店；2020 年 7 月"你选书，我买单"服务升级为"知新阅易"新书借阅服务，不断满足读者阅读新书和对线上服务的需求，打造一个读者直接参与图书馆文献采访的服务平台。读者可借图书范围由新书借阅点的图书扩展到整个门店的图书，大大增加了可选择的新书种类和数量。"你选书，我买单"服务和"知新阅易"新书借阅服务社会反响热烈，2016 年至 2021 年12 月，读者从书店共借出新书、新碟 22.7 万册 / 件，其中，在"知新阅易"新书借阅服务中共有 1.48 万人借阅新书、新碟 4.4 万册 / 件。"知新阅易"新书借阅服务采用"线上下单 + 线下借阅"和现场选书借阅两种模式。在开展专项活动期间，邻里图书馆家庭可一次性借阅 50 册图书；其他服务时段，邻里图书馆家庭可自行前往书店选择新书。"知新阅易"新书借阅服务得到邻里图书馆家庭的普遍认可，激发了邻里图书馆家庭的阅读兴趣，各家庭通过"知新阅易"新书借阅服务自主采购并建立适合本馆的馆藏资源，深度参与图书馆的馆藏资源建设。

2. "知书达里"预借服务

佛山市图书馆建设了藏量达 40 万册图书的预借专用库，依托线上预借服务平台和线下智能预借书库，精选读者喜爱的和近年来出版的新书，推出"知书达里"预借服务，为邻里图书馆借阅公共图书馆馆藏资源提供了"线上＋线下"结合的便捷途径。预借书库运用 RFID 技术进行管理，40 万册图书全部完成了定位，定位准确率达 99.2%。邻里图书馆家庭只需在"知书达里"预借服务平台里查找到心仪的图书即可下单，图书馆通过第三方物流公司，可以及时将图书快递到读者手中，精准对接用户需求，服务覆盖全市五区。"知书达里"预借服务上线后，截至 2021 年 12 月，处理订单 1.2 万单。在疫情防控期间通过"无接触"配送这一便民服务，在特殊时期保障了邻里图书馆家庭仍具备充足的阅读资源。

图 2-2　"知新阅易"和"知书达里"的 LOGO

（三）个性化资源定制服务

1. 选书大会

佛山市图书馆充分考虑邻里图书馆的潜在需求，搭建丰富多样的图书借阅和展示场景。在 4·23 世界阅读日、庆祝佛山市联合图书馆成立十五周年活动、"邻里图书馆嘉年华"等重大活动期间，佛山市图书馆均举办了邻里图书馆现场选书活动，邀请中外文图书供应商来馆，集中展示最新出版的图书和近年来市面上最受关注的热门图书，供邻里图书馆家庭和广大读者挑选。一般读者可借 5 册新书，邻里图书馆家庭则可享受 50—200 册的新书借阅服务福利。

在寒暑假期间，为了方便中小学生借阅新书，选书大会的活动被安排在书商卖场里进行。四年来，佛山市图书馆共计开展了5场次邻里图书馆家庭线下选书大会活动，为350多家邻里图书馆提供1.6万余册新书。选书大会活动有助于优化公共图书馆馆藏建设，也突显了邻里图书馆家庭自己选择图书的权利以及个性化馆藏建设特色，深受邻里图书馆家庭的追捧。

2. 点单式服务

为了丰富各家邻里图书馆的图书资源，满足不同读者的个性化阅读需求，佛山市图书馆推出图书点单式服务。由邻里图书馆家庭填写心愿书单，每家邻里图书馆家庭最多可点单10种书。选书书单提交后，采编人员在最快时间内完成书单上图书的采购和编目加工工作，并通知馆长们前来办理借阅手续。通过点单式服务，共计2400余册新书来到170余家邻里图书馆家庭中。

3. 推荐书目

在充分调查和了解邻里图书馆借阅需求的基础上，佛山市图书馆还推出了邻里图书馆推荐书目，精选50种文学、历史、经济、科普、少儿类新书、好书供邻里图书馆家庭挑选，并加快所选图书的采购、出库速度。对于邻里图书馆家庭提供的书目和图书馆推荐的书目，邻里图书馆及其读者的反响都非常热烈。

（四）家藏图书进入流通

佛山自古崇文之风鼎盛，读书氛围浓厚。《2020年佛山市阅读情况调查报告》显示，佛山家庭平均藏书量为115.4本，这是一笔巨大的文化知识财富。相对于图书馆集中的、有限的场地和有限的资源来说，广大家庭分散的空间和可挖掘的资源都是无限的。基于藏书家庭文化结构不同以及购置图书费用的考虑，这部分图书的类型多、内容精，图书质量较高。然而，家藏图书本身具有分散性、封闭性、私密性，这导致大部分家藏图书处于闲置状态，以至于其价值无法得到充分利用。在邻里图书馆项目运营过程中，将家藏图书社会化利用，参与流通分享的模式无疑是一个新方向，不仅能够实现社会闲置资源再利用，还可以丰富公共图书资源，实现读者共享图书资源的愿望。佛山市图书馆为了促进社会图书资源最大化利用，将家庭藏书纳入图书馆流通体系，为图书馆有限的馆藏资源加载家庭藏书无限的资源，为公共文化服务的资源保障开启了一种利用社会化资源的新模式。

佛山市图书馆在2021年4月上线了"易本书"平台，邻里图书馆通过"易本书"平台可分享的图书，既有公共图书馆的藏书也有家藏图书。佛山市图书馆通过线上宣传、线下地推等多渠道推广、多方合作的方式，让更多市民知晓和利用"易本书"平台；通过多种激励机制让市民的闲置图书流动起来；通过"藏书管家"服务帮助读者分类、整理、上架家庭藏书，培训读者掌握图书整理的基本技能，让市民逐步在自己家里建设起图书馆。截至2021年12月，"易本书"平台访问量达53万余人次，平台使用量达5.2万人次，上传家藏图书1.9万册，完成转借图书的成功订单为4400余单。家庭藏书纳入流通，开启"图书馆＋家庭资源"共享新模式。

（五）推出家庭阅读书单

家庭阅读对少年儿童的成长影响深远，是培养儿童阅读兴趣的关键。公共图书馆开展书目推荐服务，对少儿的阅读内容和阅读技巧给予正确的指导，有利于少儿亲近书籍，培养阅读兴趣，进而使其在阅读中快乐成长[①]。家庭阅读推荐服务应有针对性地为家庭选择质优、经典的，适合于家庭阅读、亲子阅读的图书。

自邻里图书馆项目实施以来，佛山市图书馆见证了邻里图书馆家庭对阅读的喜爱和对知识的渴求。资源保障组根据邻里图书馆借阅情况，并结合佛山市图书馆近几年本馆的借阅排行榜，当当、京东、豆瓣等各大购书网站销售排行榜以及"文津图书奖""茅盾文学奖"等图书评奖活动情况，推出《2021年家庭阅读书单》。该书单推荐了近年出版的不容错过的适合家庭阅读的好书书目30种。文学类图书《你当像鸟飞往你的山》，社科类图书《我心归处是敦煌：樊锦诗自述》《这里是中国》《苏轼十讲》，自科类图书《人体简史：你的身体30亿岁了》，低幼类图书《每个人都重要》，少儿类图书《中国共产党一路走来》《波普先生的企鹅》等进入榜单。该书目推荐的图书兼具时效性、人文性、可读性、亲子共享性，适合不同年龄层阅读。通过引导邻里图书馆借阅或采购这些图书，可以慢慢培养邻里图书馆家庭家庭成员的阅读兴趣，逐步建立家庭个性化藏书。家庭阅读书单将继续推出，形成邻里图书馆特色书单。

---

① 朱骅杰.美国公共图书馆少儿推荐书目分析及启示［J］.图书馆工作与研究,2017（12）:124-128.

（六）数字资源宣传推广

除了纸质图书，资源保障组还积极向邻里图书馆推广佛山市联合图书馆数字资源共建共享平台的数据库，为项目发展提供品类丰富、形式多样的数字资源保障。引进的少儿类数字资源有"中少快乐阅读平台""绘声绘色课堂""才智小天地""知识视界""中华诗词"等，包括电子报刊、绘本阅读、启蒙知识视频、科普探索视频、传统文化音频等多种形式的资源。此外，资源保障组还开展了"亲子阅读，答题有奖"邻里图书馆数字阅读互动等线上活动；开展"欢乐英语"邻里图书馆专场数字资源阅读互动活动；在邻里图书馆选书大会现场设置数字资源展示及体验区，线上、线下联动，全面系统地介绍各种数字资源，引导邻里图书馆开辟多种阅读资源途径。

（七）借书量和借阅期限

邻里图书馆家庭最基本的需求是借阅图书，加入邻里图书馆项目即可享受邻里图书馆专属借书权限等个性化服务。邻里图书馆借书证的单次借书权限为200册，借期长达365天。家庭成员可以同时拥有个人借书证，借阅权限为20册，最长借期为60天。如一个四口之家加入了邻里图书馆项目，理论上同时借书可最多达280册，以打造和建立微型家庭图书馆，满足家庭成员的阅读需求和邻里之间的分享需求。

二、活动和空间资源

（一）系列品牌活动

佛山市图书馆和各区图书馆定期开展面向邻里图书馆家庭的系列专题阅读推广活动，包括"你选书，我买单"现场选书大会、绘本剧表演、"蜂蜂故事会"、音乐会、电影观影、少儿绘本分享等专场活动，为邻里图书馆之间的切磋学习与交流提供机会，使其建立友好互动关系。系列活动的开展可以激活邻里图书馆家庭的活力，形成良性的竞争氛围，提高其参与阅读推广的积极性，增强其归属感，得到各邻里图书馆家庭的积极响应和参与。2019年8月举办的"邻里图书馆暑假嘉年华"和2021年9月举办的"阅爱阅暖——邻里图书馆三周年（2018—2021）嘉年华"，活动精彩异常，有"邻里图书馆选书大会""暑期少儿编程创意营""'童爸童妈'培训班""绘本剧表演""邻里图书馆之夜""图书人物cosplay红毯秀""才艺大联欢""我最喜爱的图书短视频推荐"等，进一步增强了邻里图书馆的凝聚力。截至 2021 年 12 月，图书馆已打造"邻里图书馆嘉年华""家庭阅读季""'邻'距离微电台""阅文化创意活动"四大品牌活动，以丰富多彩的系列化、特色化、创新性活动推进邻里图书馆项目品牌建设。

（二）阅读推广培训

邻里图书馆的成长有赖于公共图书馆的不断培育，更有赖于各邻里图书馆自我学习能力的提升。只有经过大量实践，邻里图书馆才能担负起有效开展阅读推广的重任。自邻里图书馆项目开展以来，佛山市图书馆为了培养邻里图书馆馆长们的服务意识和阅读推广能力，邀请了少儿文学、亲子阅读、社科文史、外国文学等不同领域的阅读推广专家，定期为邻里图书馆馆长举办各类阅读推广活动方面的专业培训，包括"'童爸童妈'培训班""文化志愿者培训""阅读推广人培训"等。培训可弥补普通家庭在文化活动内容策划、活动宣传推广、活动现场管理等方面存在的不足。公共图书馆应着力把自身服务读者的经验传授给邻里图书馆家庭，增强其家庭成员对阅读的兴趣和对阅读推广的使命感，提升邻里图书馆馆长的综合素质和业务水平，促使邻里图书馆真正成为家庭阅读推广的中坚力量，提升邻里图书馆的服务水平。

（三）展示体验空间

佛山市图书馆打造邻里图书馆情景展示空间——邻里图书馆体验空间，宣传推介邻里图书馆示范项目，展示邻里图书馆阅读与交流的美好氛围，让公众认识、了解进而喜欢并最终加入邻里图书馆项目。体验空间位于佛山市图书馆主馆一楼大堂一隅，休闲阅读空间沿着楼梯延伸。读者进入大堂即被邻里图书馆的各种元素吸引。展示空间以打造共享式"家庭阅读空间"为设计初衷，空间布局和装饰颇具"家"的温馨，兼具书香氛围。展示空间有复式两层，分为藏书区、阅览区、活动区、电子阅读区，空间内陈列着关于家庭教育、亲子阅读、个人提升等方面的近 800 册图书。该空间是集邻里图书馆馆容馆貌展示、阅读、沙龙交流、活动开展等为一体的文化体验与社交空间，让读者可以沉浸式、近距离体验邻里图书馆的魅力。

（四）公共图书馆空间

邻里图书馆除了利用家庭空间和寻找其他场地开展活动，还可享受佛山市图书馆提供的馆舍资源。市图书馆的玩具馆、电影馆、音乐馆、故事屋、蜂蜂剧场、读者沙龙、报告厅等活动场地免费向邻里图书馆开放。各邻里图书馆可根据活动类型、规模提前预约合适的场地和时间，自行策划、宣传、组织个性化活动，借助图书馆成熟的场地条件和阵地服务吸引参与者。驻场活动不仅提高了图书馆场地的使用率，还增加了邻里图书馆活动的受众人群，吸引更多潜在用户了解邻里图书馆，了解如何开展阅读推广活动，激发公众加入邻里图书馆项目的热情。例如，"通通"邻里图书馆将活动进驻佛山市图书馆祖庙路分馆，定期开展科学普及、绘本共读、手工制作等主题活动，所有读者均可参加，形成良好的阅读氛围。除了进驻佛山市图书馆馆舍，还有一些邻里图书馆选择进驻智能图书馆、读书驿站、智能文化家等图书馆基层服务点，有效激活了基层阅读空间。

（五）特色示范点

随着项目的不断推进和服务效益的显著提升，涌现出了一批优秀的邻里图书馆，它们在图书借阅和服务活动开展方面独具特色。为了引导邻里图书馆向个性化、专业化发展，佛山市图书馆根据"个性化、系统性、推广性"原则，策划并打造了"成长启航""创意科普""表演艺术""生活美学""多元发展"五大邻里图书馆特色阅读圈，培育了10家邻里图书馆成长为典型邻里图书馆示范点。佛山市图书馆邻里图书馆项目活动组根据每家邻里图书馆的自身特色，有针对性地为其策划不同的成长方案，包括活动策划指导、图文宣传协助、专题馆藏建设等，支持它们改善阅读空间环境，强化主题特色，提升文化氛围和服务效能。经过公共图书馆与各邻里图书馆的共同努力，打造了亲子阅读主题、儿童成长主题、创意编程主题、海洋科学主题、绘本演绎主题、阅读剧场主题、花艺主题、陶艺主题、百科启蒙主题、自然阅读主题等10个主题阅读邻里图书馆。这10个典型示范点形成了良好的示范带动效应，调动了其他邻里图书馆参与品牌活动的积极性，进而一起开展主题多样、形式新颖、精彩纷呈的阅读推广活动，进一步提高了邻里图书馆的社会影响力。

三、财政支持与投入

（一）人力资源

邻里图书馆项目是全市性重点项目，从项目策划到具体实施、运营和管理都需要公共图书馆投入人力资源。"一五八"运营管理体系对邻里图书馆项目提出了人员方面的要求，佛山市图书馆以及各区图书馆联合动用图书馆馆员180 余人参与邻里图书馆项目建设工作。图书馆馆员投入了大量的时间、精力进行统筹管理、动员招募、技术开发、活动开展、宣传推广、流通管理、资源供给等。

（二）文献和数字资源

佛山市和五区财政持续划拨专项经费用于佛山市联合图书馆文献资源和数字资源建设。截至 2021 年 12 月，邻里图书馆借阅图书 37 万余册次，涉及图书购置经费超过千万元。其中，邻里图书馆家庭通过邻里图书馆选书大会和点单式服务约购置 1.84 万册新书，"知新阅易"新书借阅服务约购置 4.4 万册图书，共支出约 250 万元。佛山市图书馆投入 25%—30% 的资源购置总经费用于佛山市联合图书馆数字资源共建共享平台建设，共建设 60 余个数字资源。另外，各馆在各自的微信公众号上也投入了相应经费，共配置了 50 余个数据库方便读者使用，大部分数据库可以满足邻里图书馆馆长及其家庭成员的需求。

（三）技术开发和运营

在邻里图书馆项目建设初期，佛山市图书馆自主研发了以图书转借为主要功能的管理系统。为满足不断增加的邻里图书馆的运营需要，佛山市图书馆积极申报信息化项目，争取市财政资金的支持，以迭代邻里图书馆的技术应用，进而提升读者的服务体验。邻里图书馆运营服务系统和"易本书"平台的开发，均得到佛山市政务服务数据管理局划拨的用于技术研发的专项经费支持。

为了邻里图书馆示范项目创建工作的顺利开展，创建工作领导小组强化了资金保障，以争取更多财政经费的支持，2020 年、2021 年获得广东省财政划拨专项资金和佛山市财政下达专项配套资金支持，用于制度设计研究、宣传推广、品牌打造、活动开展、示范点建设。成功创建示范项目后，邻里图书馆项目仍需在原有的基础上提质增效，进一步强化管理体制、服务效能、技术支撑、宣传推广、品牌建设等方面工作，特申请了 2022 年邻里图书馆示范项目创建工作预算经费。

第三节　邻里图书馆项目的技术支撑

近年来，国内公共图书馆发展迅猛，图书馆主动接受先进的技术理念，紧随信息化、数字化发展步伐，推动新技术在图书馆服务和工作中的应用，涌现出很多创新性项目。本节论述信息技术在邻里图书馆项目发展建设过程中发挥的作用。

一、需求促进技术应用

（一）政策驱动

技术创新是图书馆事业发展和公共文化服务体系构建的重要驱动力[①]。信息技术进步促进了图书馆业务发展，是图书馆实现规模化服务、网络化服务和创新理念的重要工具。《中华人民共和国公共图书馆法》第八条指出：国家鼓励和支持发挥科技在公共图书馆建设、管理和服务中的作用，推动运用现代信息技术和传播技术，提高公共图书馆的服务效能[②]。《中华人民共和国国民经济和社会发展第十四个五年规划和 2035 年远景目标纲要》第十六章指出：推进线上、线下公共服务共同发展、深度融合，积极发展在线课堂、互联网医院、智慧图书馆等，支持高水平公共服务机构对接基层、边远和欠发达地区，扩大优质公共服务资源辐射覆盖范围[③]。《佛山市国民经济和社会发展第十四个五年规划和 2035 年远景目标纲要》第十章指出：应持续开展全民阅读活动，促进市民好读书、读好书，营造全市良好文化文明氛围[④]。公共图书馆必须与信息技术同步发展，才能与时俱进地为广大人民群众提供更优质的服务。

佛山市图书馆以"建设读者满意的图书馆"为目标，依靠人工智能技术手

---

① 刘晓清. 图书馆技术创新变革与研究 [J]. 国家图书馆学刊,2018（4）:85-89.

② 中华人民共和国公共图书馆法 [M]. 北京:法律出版社,2018:5.

③ 中华人民共和国国民经济和社会发展第十四个五年规划和 2035 年远景目标纲要 [EB/OL].[2022-05-31].http://www.gov.cn/xinwen/2021-03/13/content_5592681.htm.

④ 佛山市国民经济和社会发展第十四个五年规划和 2035 年远景目标纲要 [EB/OL].[2022-05-31].http://fsdr.foshan.gov.cn/gkmlpt/content/4/4795/post_4795294.html#88.

段，加速新型基础设施建设落地应用。例如，充分利用家庭阵地建立邻里图书馆，构建融合人、资源、空间三要素的智慧服务体系，实现智能化向智慧化的跨越式发展。

（二）服务驱动

得益于互联网和信息技术的发展，佛山市图书馆诸多创新性服务项目纷纷落地，推动着图书馆业务工作的探索与实践，如：牵头建设联合图书馆，实现了一市五区"统一标识、统一平台、统一资源、分级建设、分级管理、分散服务"的服务模式；将图书资源纳入佛山市联合图书馆自动化管理系统，共建共享、通借通还，佛山市五区的读者全部被纳入联合图书馆体系，充分享受资源与服务，各级图书馆的服务效能因为联合图书馆体系的建设与发展得到极大的提升。然而，联合图书馆也有其局限性：公共图书馆服务往往辐射到读者个人便难以再扩散，读者成为图书馆服务的一个"终点"。而打破"终点"的限制，把"终点"变为另一服务的起点，是提升图书馆服务效能的利器之一。佛山市联合图书馆体系建设为邻里图书馆图书流通分享打下了坚实的技术基础，但是，深化图书馆流通服务，还需要更多技术创新作为支撑，以便把各邻里图书馆作为一个个服务下沉的节点。

服务需求是技术研发的原动力。当前，图书馆的多项服务已从单一的 PC 端走向 PC 端和移动端。手机等移动设备已成为人们日常生活的必需品之一，读者获取资源的途径逐渐增多，图书馆必须跟上技术迭代，使读者更加便利地获取资源。为此，佛山市图书馆积极开发移动端的应用，通过微信公众号、微信小程序、APP 等把图书馆的多项服务，如书目查询、读者证相关服务、借阅信息查询、手机转借、数字阅读等集成到移动设备上，建立一个"移动的图书馆"，使图书馆的服务突破时间、空间、资源的限制而随时随地、无处不在。佛山市图书馆借助新技术推动资源、服务、管理各方面升级转型，创新服务模式，从阵地服务迈向"线上、线下相结合"，进一步提升服务效能。在佛山市图书馆信息化工作背景下，邻里图书馆家庭开展服务方面的需求、读者使用方面的需求、图书馆管理方面的需求等，对项目的技术升级均提出了迫切要求。

（三）运营驱动

截至 2021 年 12 月，邻里图书馆已发展至 1330 家，累计从联合图书馆借书超过 37.1 万册次、转借图书 13.4 万册次，举办活动达 1731 场次，共服务读者 5.7 万人次，借还和转借图书册次、活动场次以及使用邻里图书馆的读者量越来越庞大。邻里图书馆服务运营面不断扩大，出现了家藏图书分享、新业务管理等方面需求，迫切需要解决运营过程中产生的新问题——如何提升系统处理庞大数据的能力？如何提升系统整合资源和各种功能模块的能力？如何提升公共图书馆综合管理能力？如何解决家藏图书管理新的业务增长点问题？这些问题的解决势必需要依靠技术，如此才能推动业务进一步发展，以达到更大的服务成效。具体可以从以下五方面入手。一是转变服务方式，把以图书馆为服务中心转变为以邻里图书馆家庭为节点发散至其他家庭"末梢"，节约服务时间，消除空间限制。二是构建覆盖范围广的服务网络，以邻里关系为纽带输送阅读服务，通过小程序为亲朋好友、左邻右舍提供图书借阅服务和阅读推广活动，推动服务渗透到市、区、镇街，促进阅读推广的资源和活动下沉。三是提供个性化服务，畅通公共图书馆供给端和邻里图书馆需求端双向渠道，依托多种数据挖掘和分析技术，对读者行为信息进行智能化加工、处理、整合和反馈，产生读者行为偏好数据，实现智能推荐，让邻里图书馆所提供的服务更加精细化、人性化和便捷化。四是打造以全媒体技术为支持的阅读推广模式，通过小程序搭建一个邻里图书馆之间、邻里图书馆与读者间的微社交平台，培养具有高黏性的邻里文化社群，释放社群阅读用户的集体智慧。五是构建全民共享的阅读共同体，公共图书馆、邻里图书馆和读者共同维护家藏图书资源，以家藏图书的流通分享，促进各方互动。

二、搭建邻里图书馆服务平台

（一）实现基本服务功能

在邻里图书馆运营的探索过程中，为了实现邻里图书馆各项服务功能，佛山市图书馆从需求出发，利用现代信息技术逐个解决邻里图书馆项目出现的问题。一是自主研发了以"图书转借功能"为核心的邻里图书馆管理系统，方便馆藏图书在邻里图书馆与其服务对象间流转，促进邻里图书馆图书"活起来、动起来"，让每一家邻里图书馆都变成一个微型的公共图书馆。二是为了避免尚未注册成为读者的潜在用户无法借阅邻里图书馆提供的图书，佛山市图书馆推出"网上办证服务"。这些潜在用户通过手机刷脸即可办证，成为联合图书馆的注册读者，享受邻里图书馆的借阅服务。三是研发"知书达里"图书预借服务和"知新阅易"新书借阅服务。邻里图书馆家庭及读者均可通过线上与线下结合的方式借阅图书馆馆藏资源和合作书商卖场的新书，提高了图书馆馆藏图书利用率。

（二）开发智慧运营服务系统

佛山市图书馆把邻里图书馆项目数字化建设列为重点工作，以多方需求为导向，开发功能完备的邻里图书馆运营服务系统，以提供更加精细化、人性化和便捷化的公共文化服务，为邻里图书馆项目运营提质增效。该系统嵌入微信、网站等门户平台，对接佛山市联合图书馆自动化管理系统，将邻里图书馆纳入图书馆服务体系，实现邻里图书馆图书通借通还，同时具备更完善的邻里图书馆馆长和读者智能化管理和服务能力。邻里图书馆运营服务系统对接相关管理系统，集合了佛山市图书馆统一身份认证系统、手机转借、刷脸办证、线上签约、智能荐书、活动发布、活动签到、客服咨询、大数据可视化、大数据实时监控统计等功能，打造"信息与资源汇聚、管理与服务融合、线上与线下互通"的特色公共文化服务新模式。运营服务系统功能清晰，易于操作，一部手机即可完成办证、签约、借还等操作。系统后台还采用健全的多馆分级管理制度，佛山市图书馆为高级管理员，对邻里图书馆运营服务系统进行全局管理、维护、完善，其他成员馆管理本馆的相关业务。

（三）系统建设思路与体系架构

1.运营服务系统建设思路

在邻里图书馆项目建设过程中，佛山市图书馆运用SWOT分析法，即S（Strengths，优势）、W（Weakness，劣势）、O（Opportunities，机会）和T（Threat，挑战），对邻里图书馆运营服务系统所处的情景进行全面、系统、准确的研究，以便充分利用图书馆资源、人才、专业优势（见表2-1）。通过邻里图书馆运营服务一体化的设计与规划，可以构建一个关联整合的信息系统和有机集成的支撑环境。此外，还应将邻里图书馆运营服务系统纳入佛山市图书馆应用软件生态，从而为用户提供个性化的贴心服务，并为该系统提供协同共治、可靠性高、可持续发展的建设思路。

表 2-1 SWOT 分析表

优势	机会
1. 积累了邻里图书馆运营服务系统创新与持续发展的需求； 2. 具备垂直分工、水平整合的应用软件生态环境； 3. 拥有大量具备计算机知识的复合型人才	1. 信息技术的快速发展，助推图书馆服务创新和拓展； 2. 佛山市政府大力支持，邻里图书馆运营服务系统获得佛山市信息化建设专项经费
劣势	挑战
1. 缺乏有效的监督管理； 2. 缺乏人机协同、多元共建的服务运作流程	1. 基于新信息技术的集成与运用； 2. 个人隐私与图书资产保护； 3. 评估与预警系统风险

系统建设思路蕴含了四大理念：一是大共享的理念。系统既包括普通读者、邻里图书馆馆长、藏书家借阅行为、参与度的共享，又包括用户分级管理、图书管理、活动管理、绩效管理和书目库管理等邻里图书馆运营服务管理的共享，是横跨人和图书两大主体的管理工作的大共享。二是大集成的理念。2018 年以来，佛山市图书馆初步建成了垂直分工、水平整合的应用软件生态。系统需覆盖图书馆的现有内部系统和商业外部系统，体现了系统内外集成化的大集成理念。三是大数据的理念。系统同时涉及图书馆内外部数据，体现了大数据的体量大、类型多等典型特点，隶属大数据的范畴。其中，图书馆内部数据主要包括基础数据、业务数据、管理数据、行为数据等，外部数据主要包括行业数据、图书综合评价数据等。四是大管理的理念。管理包括两方面，一方面是邻里图书馆馆长、藏书家对亲朋好友及图书的管理；另一方面是五个区级图书馆对其发展的邻里图书馆进行考核管理，市图书馆对五个区级图书馆执行邻里图书馆工作机制进行监控管理以及市图书馆对藏书家进行激励管理。通过规范业务管理、强化过程控制，提升邻里图书馆运营服务管理以及服务业务运营、辅助决策支持水平，可以实现邻里图书馆项目的价值增值。

2. 邻里图书馆运营服务系统架构

平台建设是基于移动互联网、AI 人工智能、大数据分析、区块链等信息技术新建的四层架构信息平台。系统架构包括展示层、应用服务层、平台服务层和基础设施层，如图 2-3 所示。

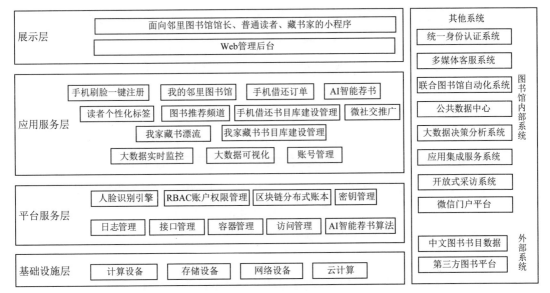

图 2-3　邻里图书馆运营服务系统架构图

（1）展示层。展示层是面向用户呈现的最终服务组合封装的方式和结果，由对用户友好的小程序前端和统一的管理后台提供支撑[①]。小程序基于微信平台，有成熟的框架、组件等工具，开发周期更短且流程更简单；无须安装，用户可以通过扫码等方式在微信上直接打开；无须卸载，用户用完之后小程序会自动隐藏，无须再进行其他操作；对于相同的查询支持多级缓存，信息获取的效率更高。

（2）应用服务层。应用服务层参照微服务架构构建，具有独立部署、动态扩展、快速迭代等优势，可使开发者在短时间内构建高可部署性、高可扩展性、高安全性的应用。该层涵盖"手机刷脸一键注册""账号管理""我的邻里图书馆""手机借还订单""AI 智能荐书""读者个性化标签""图书推荐频道""手机借还书目库建设管理""我家藏书书目库建设管理""我家藏书漂流""微社交推广""大数据实时监控""大数据可视化"等功能。"手机刷脸一键注册""手机借还订单""大数据实时监控""大数据可视化"等功能都是在微服务架构上实现的轻应用，均可以单独测试、部署和发布，作为独立入口对

---

①　阳玉堃,黄椰曼.基于 SWOT 定量分析方法的微信小程序在图书馆应用的战略分析——以用户信息行为为视角 [J]. 新世纪图书馆,2018（7）:54-60.

接到微信平台上，具有更简洁、更可靠、更易于理解、更利于维护的特点，在此基础上更容易组织各种场景下的个性化应用开发。

（3）平台服务层。平台服务层通过模块化、松耦合的微服务形式，实现更完整、更合理的邻里图书馆运营服务应用场景覆盖。平台服务层包括人脸识别引擎、RBAC（Role-Based Access Control）账户权限管理、区块链分布式账本、密钥管理、日志管理、接口管理、容器管理、访问管理、AI 智能荐书算法等核心模块，这些核心模块和今后逐步扩展的其他模块（如虚拟书架、个性化书标打印、基于视觉的图书盘点等），能够在邻里图书馆运营服务系统建设的过程中不断扩大适用范围，尽可能全面地解决实际问题。同时，每一模块都可以单独形成开发标准，供应用服务层参照调用，使系统的标准化程度与可替换程度不断增强。

（4）基础设施层。基础设施层提供构建系统的软硬件设施，既包括计算设备、存储设备、网络设备、云计算等基础支撑硬件，也包括提供区块链数据存储、计算及传输，人工智能的虚拟化安全计算，微服务等面向新技术的运行环境。此外，还覆盖了系统建设过程中全部的操作系统、数据库、中间件等基础软件。基础设施层既是邻里图书馆运营服务系统建设的基础，也是佛山市图书馆软件生态建设的基础。

三、构建"区块链＋家藏图书"共享平台

（一）共享平台的技术思路

家藏图书共享平台的建设目标是把家庭藏书纳入流通系统，盘活家庭藏书资源，更好地帮助读者获取资源、分享资源、服务其他读者，在实现推广家庭阅读、促进知识交流、推动社区融合的同时，也为公共图书馆服务供给主体多元化助力。佛山市图书馆建设的吸纳个人读者的自有藏书平台——"易本书"，在保障个人读者对于自有藏书去向知情权的同时，还应维护意识形态的正确性。这对将家藏图书纳入公共图书馆服务体系提出了审核和溯源机制的需求。实现公共图书馆馆藏和邻里图书馆家庭等用户的私人藏书双管齐下的流通模式，需要解决家藏图书在流通管理中存在的运营、信用、意识形态、图书唯一性、个人信息保密等问题，形成实用的、可操作性强和可信度高的业务流

程①。区块链技术具有去中心化、开放性、独立性、安全性等特征，与图书馆提供的智慧服务中面临的数据量庞大、交互类型复杂、传递速度快的现实问题相适应。以区块链技术为底层支撑技术，以区块链理念为智慧服务困境的突破口，可以助力图书馆智慧服务在管理体制、机构库建设、知识交易服务模式上的转变②。

在技术应用上，"易本书"平台凭借区块链技术在分布式记账、共识机制、智能合约等方面的优势，保障家藏图书安全地进入社会文化资源领域，解决服务主体与对象之间的约束机制、信用安全等问题，形成与图书馆中心化服务模式并行的、去中心化的全社会自我服务模式。从区块链应用的角度来说，"易本书"是一个基于区块链技术实现的家藏图书分布式记账系统。它实现了读者上传图书，借还图书的流通，读者主动下架图书，图书自然破损下架等关键环节，以及因图书性质变更等原因引发的召回下架环节等关键信息加密上链登记——这是每个关键业务环节的"证据"。区块信息向公众开放并可保存作为追溯凭证，达到社会力量参与图书馆服务项目的不可否认性，具有可追溯性和不可篡改性，保障了平台运营的高可靠性。同时，"易本书"平台围绕这套核心机制，实现读者账户管理，读者家藏书库管理，家藏图书流通监控和数据统计。

区块链技术保障了家藏图书共享平台的可信任性，又在很大程度上确保了参与用户信息的完整性，保障了读者的藏书权益。"易本书"平台依靠区块链技术建立了家藏图书借还系统的完整流程，重点解决了图书审核后的可追溯问题，以及读者间点对点的图书借还问题，依托广泛的读者群体，有效地去中心化。这样既提高了家藏图书的有效利用率，也减轻了公共图书馆管理的工作量和管理难度。

（二）开发家藏图书云流通平台

2020年初，佛山市图书馆启动了"邻里图书馆运营服务系统"项目，为解决邻里图书馆家藏图书管理及撬动民间藏书资源，主导研发了基于区块链技术的家藏图书共享P2P网络平台——"易本书"，在国内率先实现家藏图书

---

① 黄百川.基于区块链技术的家藏图书流通平台研究[J].图书馆论坛,2021（4）:10-14.

② 陈小平.区块链技术在图书馆智慧服务中的应用研究[J].现代情报,2018（11）:66-71.

和公共图书馆馆藏全社会公益性流通。"易本书"平台汇集了家庭藏书资源作为公共图书馆文献资源的有力补充，是邻里图书馆项目运营中服务的外延和升级，成为邻里图书馆项目发展过程中创新的服务增长点。该平台创建了连接读者藏书资源、阅读、分享服务的家藏图书流通场景，盘活家藏图书资源，增加社会可用公共文化资源的总量，打破公共图书馆馆藏边界，实现全社会家庭藏书的共享与流通，提高图书获取效率，满足市民阅读需求。

"易本书"平台在服务模式上定位于"网络平台、公益运作、盘活资源、服务佛山"，既是实体图书馆的线上延伸，又突破了图书馆在资源与时空上的限制，让分散在千家万户的闲置图书重新流动起来，建立文化的自我生长机制。在服务理念上，"易本书"平台破解当前公共文化服务供需矛盾，大大提高公共图书馆可用于流通的文献数量，缓解公共图书馆图书资源不足的问题，改善以公共图书馆为中心的流转模式下业务复杂、流转延时、流转成本高的问题，提高流通效率，节约社会成本。

（三）基于区块链实现的目标

家藏图书进入公共流通领域，分散于各个家庭的图书发挥了知识资源的共享作用，是社会资源的有效利用和可持续利用。利用区块链技术的分布式数据存储、点对点传输、共识机制等特点，家藏图书云流通平台可实现馆藏图书和家藏图书统一管理、家藏图书书目库自主建设等功能目标。

1. 馆藏图书和家藏图书统一管理

兼容馆藏图书与家藏图书，实现统一管理。将公共图书馆馆藏图书与家庭藏书整合在同一平台上，既可以进行图书馆馆藏图书的通借通还和转借服务，也可以在邻里图书馆家庭、读者等用户间让家藏图书流通起来。

2. 家藏图书书目库自主建设

实现家藏图书书目库的自主建设与管理。家庭藏书由邻里图书馆家庭或读者等用户上传图书，建立自己的小型图书馆书目数据库。确定图书的流通权限（"可漂流""可借阅""可赠送""不外借"），享有随时下架和召回的权利。实现书目导入、书目数据编辑，分类管理私人藏书。邻里图书馆和读者等用户共同参与家藏图书书目库建设，共建宏大的社会大藏书资源体系。

3. 个性化智能推荐

通过大数据学习算法实现面向读者的个性化阅读推荐。可自定义阅读喜好的个性化标签，系统自动推荐匹配同类标签的图书，智能荐书，以此帮助读者从海量图书资源中精准定位想要阅读的图书，提升家藏图书的借阅量、流通量。

4.家藏图书流通点对点传输

实现家藏图书在读者与读者、读者与机构间的点对点传输（见图 2-4）。家藏图书在邻里图书馆之间、邻里图书馆与读者之间、读者与读者之间实行点对点全流通模式，用户间充分交流，释放了家藏图书的总体服务效能。

5.积分激励机制

构建积分激励机制，激励参与家藏图书书目库建设、家藏图书流通、微社交互动等的用户。积分作为邻里图书馆年度考核评优和续约计分的依据，也可兑换礼品、服务（见图 2-5）。

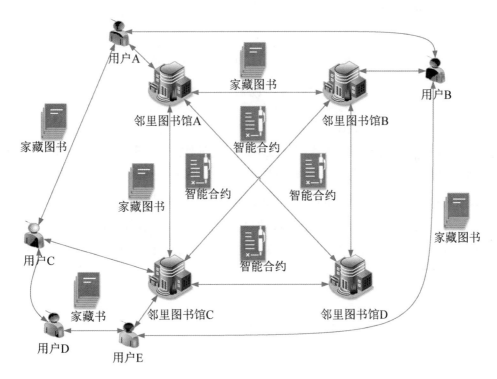

图 2-4　点对点传输的家藏图书流通图

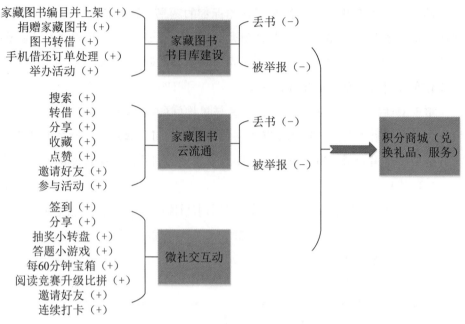

注：（+）代表增加积分，（-）代表扣除积分

图 2-5　积分激励机制图

6.大数据分析和监控

通过大数据分析以及人工智能技术进行实时监控，实现对邻里图书馆、家藏图书服务数据的动态统计监控，管理和监控邻里图书馆的运营状态。业务大数据的直观化、可视化，提高了信息交互的效率。公共图书馆和邻里图书馆可以深入、细致、精准地了解用户的行为习惯、喜好等，辅以需求反馈机制，精准决策，让公共文化服务配送"供其所需"，从而提高公共文化的服务效能和群众满意度。

第三章　邻里图书馆项目的营销实践

营销，是指企业或组织通过各类手段使用户对项目产品或服务形成认知的过程。一个项目的成功与否，营销至关重要。邻里图书馆项目运行以来，营销思维贯穿始终。邻里图书馆项目于 2020 年荣获国际图联国际营销奖第一名，即是对佛山市图书馆营销理念的最佳认可。本章概述图书馆营销相关理论，对国际图联国际营销奖进行分析与总结；探讨邻里图书馆项目的营销定位、策略选择以及实施执行的做法、经验，以期为图书馆行业的营销实践提供思路和借鉴。

第一节　图书馆营销概述

"营销"（Marketing）本质上是指某一组织为满足顾客而从事的一系列活动。这一概念虽是现代营销学的重要概念，但"营销"已逐渐被其他行业包括图书馆行业接受和应用。随着营销学理论和实践的不断发展，信息技术，特别是互联网媒体的更迭换代，营销越来越被图书馆界重视，目前已成为图书馆管理的重要内容之一。

一、营销与图书馆营销

现代营销学之父菲利·科特勒（Philip Kotler）等认为，市场营销是一个普遍的社会活动，不仅仅是产品和服务，个人、组织和思想也是营销的内容，营销的思路可以扩展至多种组织[①]。1977 年，科特勒在《非营利组织营销学》

---

　　① KOTLER P，LEVY S. Broadening the concept of marketing[J]. Journal of marketing，1969（1）:15–33.

（*Marketing for Non-Profit Organizations*）中描述了包括图书馆、博物馆在内的非营利性组织的营销策略、营销计划等，并预言很可能在十年内，大部分第三部门①将理解和认可营销理念②。到了20世纪80年代末，正如科特勒所言，营销思想在非营利组织中已经被广泛传播和应用，越来越多的非营利组织通过运用组合性营销改善了组织绩效③。

2004 年，美国营销学会（American Marketing Association，AMA）将营销定义为"是一种组织职能，是为组织自身及利益相关者利益而创造、传播、传递客户价值，管理客户关系的一系列流程"。新定义肯定了"以关注顾客价值为核心"的导向，强调了与顾客的互动④。根据上述概念可以发现，营销是一种理念，也是一种手段；是一种组织职能，也是一种创造活动。营销具有以满足用户需求为导向、以发展用户关系为方法、以追求组织和用户的最大效能为目的的特点。

市场营销的核心是"以顾客为中心"，这与图书馆"以用户为中心"的服务理念不谋而合。随着非营利组织对于营销理论的认同和广泛应用，图书馆和图情专家也意识到营销方式是改善图书馆服务质量、提高图书馆社会地位的重要手段。肯德里克（Kendrick T.）认为，图书馆营销指"找出用户的内在动力，并且根据用户需求提供产品和服务；提供高度差异化服务，而非以不变应万变的同质化服务……这种推广服务将吸引非用户前来使用，提高已有用户的忠实度，并且影响他们（非用户和已有用户）对图书馆的态度与观念"⑤。国际图联于2010 年出版的《公共图书馆服务指南》指出，图书馆应有交流、营销、推广政策，将"公共图书馆的营销"定义为：营销不仅仅是广告、销售、说明或是促销，营销是一个根据用户需求和欲望设计产品和服务，以用户满意为

---

① 第三部门指不以营利为目的，注重解决和处理种种社会问题的，独立于第一部门（政府）和第二部门（企业）的其他所有组织的集合。

② 张浩如. 图书馆营销研究 [M]. 北京：国家图书馆出版社，2017：3

③ 郭国庆，汪晓凡，李屹松. 非营利组织体验营销的特征及组合策略研究 [J]. 当代经济与管理，2009（3）：17-21.

④ 康俊. AMA 新时期的市场营销定义 [J]. 现代营销（学苑版），2005（6）：64-66.

⑤ KENDRICK T.Developing strategic marketing plans that really work：a toolkit for public libraries[M]. London：United Kingdom：Facet，2006：9.

目的的可靠和真正的系统方法①。图书馆营销是图书馆的组织职能和战略选择，是指图书馆借助营销理论，重视用户价值，关注用户需求，面向不同用户选择不同的营销策略，主动提供恰当的产品和服务，与用户建立长久、稳定的互动关系。

二、图书馆营销研究现状

研究发现，图书馆营销发展历程大致可分为三大阶段：一是营销理论的引入阶段；二是营销理论付诸实践的发展阶段；三是互联网带来的繁荣阶段②。与我国图书馆界相比，西方图书馆界较早关注图书馆营销。1977年，国外学者开始讨论营销原则和技术在图书馆和信息服务的设计和运营过程中如何发挥更大价值③。1988年，《图书馆服务营销》（*Marketing Library Services*）正式创刊。1989年，美国公共图书馆协会成立公共图书馆营销部。1997年，国际图联成立管理与营销委员会，专门负责图书馆营销理念与实践的研究。2001年开始，图书馆学术会议出现营销学、营销与质量管理评价、营销理论等理论探讨和研究，推动了营销理论在全球各国图书馆界的研究和应用。

我国的图书馆营销研究始于20世纪90年代。1993年，中国科学技术信息研究所召开"图书馆和信息服务机构营销政策国际研讨会"。与会专家认为，图书馆只有采用营销办法，才能把注意力放到用户需求上，向用户提供优质的服务。同年，国内第一篇关于图书馆营销的论文发表，图书馆营销的概念和理论开始进入我国图书馆学研究视野④。目前，这一研究领域主要集中在以下方面。

一是图书馆营销理论研究。营销自被引入图书馆学界后，其定义和范畴

---

① International Federation of Library Associations and Institutions（IFLA）. IFLA public library service guidelines[S/OL].［2021-09-25］. https://www.degruyter.com/document/doi/10.1515/9783110232271/html.

② 戴咏梅,翟晓娟.高校图书馆营销现状和发展策略研究［J］.图书馆杂志,2020（11）:53-60.

③ OLDMAN C. Marketing library and information services the strengths and weaknesses of a marketing approach[J]. European journal of marketing,1977,11（6）:460-474.

④ 魏金平.图书馆服务营销与推广文献研究［J］.农业图书情报学刊,2012（10）:102-105.

一直被业界讨论。李超平论述了营销和宣传推广的关系，认为宣传是营销的一部分①。陈超认为，营销是战略规划的一部分，将其纳入战略规划之中去研究②。肖鹏指出，图书馆营销不仅是宣传推广活动，还涵盖了品牌建设、用户调查、公共关系、筹款、志愿者工作等多方面的工作体系，强调构建战略营销管理模式的重要性③。陈清等在阅读推广视角下，提出图书馆营销的变革方向④。

二是图书馆业务营销研究，包括信息服务、基础服务、情报服务等方面。在图书馆的业务工作中，信息营销是被较早关注的领域之一。刘昆雄认为，图书馆要实施信息营销，其核心和本质就是发现信息用户，挖掘信息需求⑤。基础服务是图书馆的根基，孔德利认为，服务营销是图书馆服务的立足之本，服务营销要以读者需求为出发点⑥。谢岩岩则基于市场细分对国家图书馆立法决策服务的营销实践进行了分析⑦。

三是图书馆营销策略研究，包括服务营销策略、品牌营销策略、组合营销策略等。此类研究多结合经典的营销理论，如 4P（Product, Price, Place, Promotion）营销理论、4C（Customer, Cost, Convenience, Communication）营销理论、7P 营销理论来讨论公共图书馆和高校图书馆的营销策略；或是通过具体案例，如清华大学"爱上图书馆"、厦门大学"圕·时光"等国际图联国际营销奖获奖项目进行概述分析、经验总结。谈大军等对英国图书馆与情报专家学会设立的"营销优秀奖"进行介绍和分析，认为该奖项的评审标准体系由营销的目标群体、营销目的与计划、营销内容、营销原则、营销策略和营销

① 李超平. 公共图书馆宣传推广与阅读促进 [M]. 北京：北京师范大学出版社，2013：54.

② 陈超. 公共图书馆的战略营销管理 [J]. 图书馆论坛，2002（5）：113-115.

③ 肖鹏. 重新认识图书馆营销：概念拓宽与战略升级 [J]. 高校图书馆工作，2014（6）：3-7.

④ 陈清，范并思. 阅读推广视域下的图书馆营销变革研究 [J]. 图书馆学研究，2020（18）：80-83，92.

⑤ 刘昆雄. 信息营销及其在图书馆的实现基础 [J]. 图书馆理论与实践，2005（5）：4-6.

⑥ 孔德利. 服务营销与图书馆基础服务 [J]. 图书馆工作与研究，2006（6）：89-90.

⑦ 谢岩岩. 基于市场细分的国家图书馆立法决策服务营销策略分析 [J]. 国家图书馆学刊，2019（2）：25-31.

评价构成，为我国图书馆营销发展提供借鉴[①]。张靖等以公共图书馆以及图书馆专业组织的 50 份战略规划文本为研究对象，发现当前图书馆战略规划中存在的问题，讨论在面向"十四五"或"2030 的新战略规划"中图书馆的营销体系构建策略[②]。

四是图书馆媒体融合营销。媒体融合背景下，媒体营销策略也成为学界讨论的热点。有研究讨论图书馆网络营销，从微博、微信、短视频制作、短视频平台等角度，探索图书馆营销现状与存在的问题。王雁行通过对我国 47 家（副）省级公共图书馆的实证调查研究，分析全媒体环境对图书馆营销的影响，并提出相应策略[③]。马骥等对加拿大、新西兰等国外图书馆社会化媒体营销的成功案例进行分析，从营销计划和营销策略两个层面提出对我国图书馆社会化媒体营销的启示[④]。

五是图书馆营销质量研究。张敏等结合复旦大学图书馆营销活动，提出从营销活动目标、营销活动效果、营销活动方案包括过程、宣传、成本等方面进行图书馆营销评估[⑤]。张汝昊等从效能视角构建图书馆营销评估体系[⑥]。李晓隽等认为，营销思维可以评价图书馆阅读推广效用，并根据营销组合 4P 概念和营销周期理论，对阅读推广活动的内容、过程、效用进行评价[⑦]。

总体来说，当前的图书馆营销研究已由理论研究走向实践总结和指导，涌现出越来越多的实践案例研究。调研发现，图书馆营销实践大概分为以下几种类型：①活动宣传型营销。此类营销围绕活动而开展，即图书馆为宣传其策划的各类读书活动，包括展览、讲座、故事会、读书会等，利用海报、宣传栏、

①　谈大军，房宣伊.英国图书馆与情报专家学会"营销优秀奖"分析及启示[J].图书情报工作,2017（10）:81-86.

②　张靖,任佳艺.战略规划中的公共图书馆营销[J].图书馆论坛,2022（2）:1-13.

③　王雁行.全媒体时代的我国图书馆营销现状与发展对策——以对我国 47 家（副）省级公共图书馆的实证调查研究为视角[J].图书与情报,2016（4）:77-82.

④　马骥,汪然.国外图书馆社会化媒体营销案例分析[J].图书馆工作与研究,2021（6）:55-60.

⑤　张敏,王乐.图书馆营销活动的评估方法研究[J].图书馆建设,2010（9）:80-83.

⑥　张汝昊,吴鸣.基于效能视角的图书馆营销评估方法体系构建[J].图书馆学研究,2018（23）:20-29.

⑦　李晓隽,谢蓉,董岳珂.营销理念下图书馆的阅读推广评价路径[J].大学图书馆学报,2021（3）:105-113.

网站、社交媒体等渠道进行的活动预告、活动总结等。②服务提升型营销，即为新服务上线推出的各类宣传活动，如借阅权限升级、刷脸办证、快递借书服务、年度阅读账单、图书转借开展的线上、线下宣传。③媒体曝光型营销，即利用媒体的公信力和影响力，在报纸、电台、电视台、网站等平台宣传图书馆的服务和资源，在全社会营造阅读氛围。④资源共享型营销，即图书馆与公共空间开展资源合作，如在地铁、书店、商场内，通过张贴宣传海报、布置借还书机、协同开展活动、共建图书馆等形式，提升公众对图书馆的知晓度和使用率。在研究方法上，主要通过案例分析法对图书馆的营销内容、策略、目标、措施以及营销工具的运用进行剖析。在研究特点上，从借鉴市场营销做法到探索图书馆营销路径，基本走出原先的"宣传推广"层面，向组合营销和深度营销转变。

三、国际图联国际营销奖

国际图联是国际图书馆界最具权威性、最有影响力的非政府的专业性国际组织。为加强全球图书馆营销交流，2002 年，国际图联开始设立国际营销奖，面向各国图书馆征集营销案例，旨在表彰组织实施富于创意并注重应用效果的营销项目或活动的图书馆及其他信息机构。该奖项的设立有利于倡导图书馆积极开展营销活动，搭建各国图书馆营销经验交流分享互动平台。评委会依据各国提交项目的创新创意以及营销策略的选择实施，评选出 10 个最富有创意的项目，并对前三名进行表彰。国际图联国际营销奖现已成为国际图书馆界知名度和参与度都非常高的一个奖项[1]。

截至 2022 年，国际图联国际营销奖共举办了 19 届（偶有年份未颁奖），我国 19 家图书馆荣获了该奖项，其中清华大学图书馆、北京科技大学图书馆分别获得 2012 年、2017 年的第一名。2020 年，佛山市图书馆的邻里图书馆项目荣获国际营销奖第一名，这是我国公共图书馆公众服务项目首次获奖，对我国公共图书馆管理与营销的影响具有里程碑式的意义[2]。

---

① 聂华.营销作为图书馆转型重要驱动力的意义和作用——国际图联图书馆营销奖回顾暨第十八届营销奖解析[J].大学图书馆学报,2020（6）:5-11,18.

② 范并思.公共图书馆营销理念与实践的重大突破——"邻里图书馆"荣获"IFLA国际营销奖"一等奖评析[J].图书馆论坛,2021（4）:1-4.

表 3-1　2002—2022 年国际图联国际营销奖获奖项目汇总（前三名）

年份	图书馆	国家	项目名称	项目描述
第一届 / 2002 年	休斯敦公共图书馆	美国	"读者卡计划"	通过 3 年的营销活动提高青少年图书馆借书证的办证率和使用率
	卡尔加里公共图书馆	加拿大	"重新发现图书馆"	以电视的广告宣传方式促使那些不来图书馆的人回到图书馆、拥抱图书馆
	纽约市皇后区法拉盛图书馆	美国	"新馆开放及其推广"	法拉盛图书馆新馆建成，利用开放日开展一系列宣传推广活动
第二届 / 2003 年	巴塞罗那图书馆联盟	西班牙	"文学之旅"	通过短途旅行活动，包括访问参观著名作家故居及就近的图书馆，进行文学阅读和推广
	朱拉隆功大学图书馆	泰国	"了解电子资源"	提供毕业论文的全文数据库，并利用营销方式提高图书馆数据库的使用率
	纽曼大学图书馆	英国	"我们有你需要的新闻"	创办《图书馆时报》以传递图书馆信息和知识，在用户和图书馆之间建立链接
第三届 / 2004 年	伊斯兰学院图书馆	澳大利亚	"我来，我看，我读"	项目主要面向移民儿童，旨在促进该群体的阅读能力和计算机使用能力
	克拉舍宁尼科夫研究图书馆	俄罗斯	"精神疗愈"	图书馆向老年人、残疾人等弱势群体推广阅读疗愈
	西非稻米中心	科特迪瓦	"西非稻米发展中心的最新信息"	为国家农业系统研究人员提供最新信息

续表

年份	图书馆	国家	项目名称	项目描述
第四届 / 2006 年	斯派克尼瑟公共图书馆	荷兰	"我们想念你"	通过发送明信片等一系列活动，鼓励新老用户使用图书馆，并与图书馆建立长久的联系
	魁北克省公共图书馆	加拿大	"跟随潮流"	使用可循环使用的宣传资料来宣传图书馆
	卡斯蒂利亚－拉曼恰图书馆	西班牙	"公共图书馆：无需敲门"	通过理念宣传和服务宣传，培养用户积极利用图书馆的意识，邀请用户进入图书馆
第五届 / 2007 年	塔尔图大学图书馆	爱沙尼亚	"夜间图书馆和妈妈学生"	为满足学生需求，图书馆延长开放时间至晚上，并为有孩子的学生提供婴儿照看服务
	扎达尔公共图书馆	克罗地亚	"流动图书馆"	为受战争影响的农村地区的儿童和老年人提供流动图书馆服务
	圣克鲁斯环西社区图书馆	秘鲁	"集市上的阅读"	图书馆馆员到集市上为儿童及成年人办理图书馆证并提供图书借阅服务
第六届 / 2008 年	中西部公共图书馆	澳大利亚	"你完成功课了吗？"	利用在线课堂，以4—12岁学生为目标群体提供辅导家庭作业服务
	里士满公共图书馆	美国	"无时无刻、任何地方都可学习：每天阅读"	为促进社区扫盲工作而开展的图书馆卡和图书馆推广运动
	卡尔加里公共图书馆	加拿大	"拥有图书馆卡的人是最优雅的人"	利用多媒体进行为期6周的宣传活动，旨在鼓励市民激活、使用借书卡
第七届 / 2009 年	国家图书馆管理局	新加坡	"去图书馆吧"	有针对性地对不同用户群组推广数字资源服务

续表

年份	图书馆	国家	项目名称	项目描述
	雷克瑟姆市议会	英国	"快乐每一天——重新发现图书馆"	通过服务品牌化塑造图书馆新形象，鼓励用户使用图书馆
	阿尔伯塔公共图书馆	加拿大	"阿尔伯塔运动——图书和超越"	利用多种方式塑造图书馆新形象，向公众宣传图书馆里不仅仅只有书
第八届／2010年	印度商业学校学习资源中心	印度	"全局信息观察体系"	提供一种名为"全球信息监视"的定制服务，以信息产品线的方式为用户提供专业的资料和统计数据
	盖尔渡登区公共图书馆	美国	"故事通道：让孩子和书籍一起生活"	青少年自编自导创作阅读故事主题的视频，鼓励用户享受阅读带来的乐趣、热爱阅读
	卑尔根大学图书馆	挪威	"图书馆魔术——卑尔根大学图书馆的展示"	通过制作一个有趣的、令人振奋的视频，介绍图书馆的资源与服务，激发学生利用图书馆的兴趣
第九届／2011年	国家医学图书馆	德国	"学科搜索门户整合计划"	推出了两个检索门户：MEDPILOT 和 GREENPILOT，实现了兼顾传统和创新的整合式信息交流
	埃德蒙顿公共图书馆	加拿大	"对埃德蒙顿公共图书馆的品牌塑造——从研究到实现"	对图书馆系统的形象进行重塑，并最终在2010年推出埃德蒙顿公共图书馆新品牌，加强与用户的互动
	佐治亚理工大学图书馆	美国	"迷失在书架中"	为研究型图书馆开办的第一个摇滚广播节目，在每周五中午更新

续表

年份	图书馆	国家	项目名称	项目描述
第十届/ 2012年	清华大学图书馆	中国	"爱上图书馆"	以视频和游戏的方式引导大学生使用图书馆
	滑铁卢大学图书馆	加拿大	"图书馆徽章运动"	推出13款反映多个图书馆地理位置的富有创意的徽章，共发放2.3万枚徽章，以视觉标识来宣传图书馆
	卡斯顿尼农村图书馆	俄罗斯	"全村一起读"	在558名居民居住的边远小村落开展阅读活动，制订一整年的活动计划，为儿童、老人等不同群体设计不同的活动
第十一届/2013年	塔尔图大学图书馆	爱沙尼亚	"会说话的课本"	招募学生志愿者阅读书籍，满足盲人或弱视学生在学习或考试中的需求
	萨斯卡通公共图书馆	加拿大	"从馆藏到联系"	通过征集图书馆用户以及捐助者的意见，研发出图书馆新标识，加强图书馆与社区的联系
	哈卡斯共和国少年儿童图书馆	俄罗斯	"阅读是个好习惯"	将儿童图书馆定位为文化休闲场所，面向7—17岁的儿童和青少年进行图书馆宣传推广
第十二届/2014年	吉里马亨图书馆	捷克	"电车图书馆"	与公共运输公司合作，通过电车上的图书馆以及周边产品、活动等形式宣传图书馆
	健康科学图书馆	加拿大	"准备……行动！营销活动"	图书馆工作人员制作了3部时长为90秒、有趣而有效的视频来推广图书馆服务

续表

年份	图书馆	国家	项目名称	项目描述
	国家图书馆委员会	新加坡	"全民信息素养提升运动"	宣传信息素养概念，通过图书馆培育民众的信息素养
第十三届/2016年	温哥华公共图书馆	加拿大	"灵感实验室"	为培养用户创造力，打造空间、媒体、数字资源一体化，专门用于创造和协作的创客空间
	厦门大学图书馆	中国	"圕·时光"	为每个学生建立"个人图书馆档案"，记录他们在图书馆的点滴，提升他们对图书馆的"情怀感"，增加图书馆的知名度
	阳光海岸图书馆	澳大利亚	"图书馆快闪"	组织6次快闪行动，提高用户对图书馆、对阅读的兴趣和喜爱
第十四届/2017年	北京科技大学图书馆	中国	"读书天"	以鼓励学生写书评的形式，让学生爱上阅读、爱上图书馆
	上海图书馆	中国	"开放数据2016应用开发竞赛"	搭建"家谱知识库数据服务平台"，向社会征集家谱创意，吸引公众关注家谱文化
	武汉图书馆	中国	"'微天堂'真人图书馆"	通过角色塑造、以人为书，让学生们在"读人"的同时，读懂"真人之书"背后的人生哲理和生活经验
第十五届/2018年	纽约公共图书馆	美国	"2017年纽约公共图书馆青少年图书逾期费豁免"	免除青少年用户的借书证逾期违约金，重新激活"睡眠用户"

续表

年份	图书馆	国家	项目名称	项目描述
	弗卡吉尔市图书馆与档案馆	新西兰	"与图书馆同行"	开展社交媒体营销，让营销走进年轻用户群体中，同时图书馆员通过拍摄写真来吸引大量用户
	萨格勒布国立大学图书馆	克罗地亚	"来自萨格勒布的问候"	创造门户网站，为不熟悉图书馆的用户提供数字化服务
第十六届/2019年	不列颠哥伦比亚大学	加拿大	"数字涂色书活动"	为用户提供一种有趣的互动方式来参与丰富图书馆馆藏
	万塔市图书馆	芬兰	"点亮小型图书馆"	通过数字墙的方式面向地铁用户营销图书馆数字资源
	阳光海岸图书馆	澳大利亚	"故事座位"	图书馆在公园设置10个"故事座位"，邀请家庭参与，将户外生活方式与阅读融合在一起
第十七届/2020年	佛山市图书馆	中国	"邻里图书馆：打造更紧密的共享未来社区"	通过"图书馆＋家庭"的运作模式，让图书资源、阅读服务直接进入社区、民众中间，促进邻里关系的和睦，激活公众的阅读兴趣
	大维多利亚公共图书馆	加拿大	"改变你的想法"	使用综合性的品牌战略，打破人们对大维多利亚公共图书馆的传统印象
	穆尔西亚公共图书馆	西班牙	"他们居住于此"	通过幽默的方式引导用户反思，激发用户的求知欲，改变用户对图书馆的传统印象

续表

年份	图书馆	国家	项目名称	项目描述
第十八届/2021年	莫纳什大学和宾夕法尼亚州立大学图书馆	澳大利亚/美国	"绝世珍本烹饪"	两个图书馆合作，邀请参与者烹饪其馆藏中的特色食谱并发布到社交媒体上来吸引公众
	济南图书馆	中国	"泉城书房——'快递小哥'驿站"	以泉城书房为服务阵地，基于快递员的阅读需求，为他们提供文献信息和阅读服务，打造市民身边可移动的复合图书馆
	爱尔兰图书馆	爱尔兰	"仔细看看你的图书馆"	这项全国性活动通过鼓励每个人"仔细看看"现代和富有创新性的图书馆服务，来宣传爱尔兰的各个公共图书馆
第十九届/2022年	亚拉图书馆	澳大利亚	"我们为下一章节做好了准备，帮助我们写出来"	这个项目将数字资源和纸质资源相结合，以一种非传统的拓展方式，激发用户的有效参与
	北京大学附属小学图书馆	中国	"点亮图书馆"	活动以"图书馆"为学习主题，通过五类主题游戏，提升学生的信息素养，建立起其与图书馆的情感链接
	查塔努加公共图书馆	美国	"我们在这里成长"	通过举办精心策划的活动，强调现代公共图书馆提供广泛服务的重要性

四、国际营销奖典型案例

（一）"我来，我看，我读"

该项目获 2004 年国际图联国际营销奖第一名。该项目是澳大利亚伊斯兰学院图书馆策划实施的，主要面向不适应当地学习环境的移民儿童，旨在提升他们的阅读兴趣、阅读能力和计算机使用能力。项目主要分四步推进：第一步，收集移民儿童及其父母的需求。在调研过程中，伊斯兰学院图书馆发现移民儿童及家庭存在不了解图书馆功能及活动、没有形成自主阅读习惯等问题。基于这些信息，伊斯兰学院图书馆制定了有针对性的项目方案以帮助移民儿童适应图书馆。第二步是细分用户群体。根据需求不同，伊斯兰学院图书馆将目标群体分为移民儿童、普通小学生以及移民儿童家长。第三步是选择组合性的营销策略，策划设计服务内容，利用活动、网络宣传、激励比赛等方式，吸引目标群体参与活动。第四步是对项目进行评估。伊斯兰学院图书馆开发了多种评估方式，检验项目是否达到预期成效，并在收到反馈意见后及时改进。该项目营销计划科学、系统、规范，营销理念贯穿项目的始终，在国际图联公开出版物中被评价为"杰出的营销"[①]。

（二）"圕·时光"

该项目获 2016 年国际图联国际营销奖第二名。"圕·时光"中的"圕"字是"图书馆"三个字的合并写法，这一个字可代表"图书馆"三个字，由我国图书馆学家杜定友先生创造。项目取名"圕·时光"，传达出图书馆既是藏书馆舍又是灵魂栖所的概念。该活动是厦门大学图书馆为每一个毕业生准备的毕业礼物，项目团队通过收集整理每一个毕业生的图书馆使用记录，如阅读记录、进馆次数、最喜欢的座位、论文题目等数据，制成专属于个人的影像阅读账单。2013 年至今，每一年的"圕·时光"主题稍有不同，但始终保持"文艺清新"的整体风格。简洁明快的主题、清新欢快的设计、动人温馨的文案，加之专属于自己的阅读数据，众多毕业生对厦门大学图书馆的这一创意点赞、好评，他们纷纷通过个人微博、微信等平台，进行社交分享和传播，进一步提升了项目的知名度。目前，"圕·时光"已成为厦门大学的品牌项目，每一个毕业生都可以永久登录"圕·时光"，回顾自己的"圕故事"。

（三）"他们居住于此"

该项目获 2020 年国际图联国际营销奖第三名[②]。该项目由西班牙穆尔西亚

① 杨丽娟,徐建华,张雨浓,等.溯源 IFLA 国际营销奖理念：系统营销[J].图书馆学研究,2021（8）:24-31.

② IFLA.IFLA press reader international marketing award winners 2020[EB/OL].[2022-05-31].https://www.ifla.org/news/ifla-pressreader-international-marketing-award-winners-2020/.

公共图书馆实施，通过幽默和令人深思的营销方式塑造图书馆形象，目的在于消除人们对图书馆的刻板印象，并激发用户的探索之心和求知欲望。项目运用镜像游戏的形式，图书馆馆员进行角色扮演，扮作摇滚歌手"猫王"、好莱坞女演员贝特·戴维斯、哲学家米歇尔·福柯、小说家大卫·福斯特·华莱士等艺术名人和文化学者，并将项目活动照片上传到照片墙（Instagram）等平台。馆员扮演的造型幽默、夸张、另类，这种富有创意又夺人眼球的宣传方式，迅速吸引了众多年轻读者的注意力。这种强势植入、再造图书馆形象的直观方式，能够让用户第一时间记住画面信息，快速达到营销效果。该项目从创意到表现形式都是图书馆营销案例的一匹反传统黑马①。

（四）"绝世珍本烹饪"

澳大利亚的莫纳什大学和美国的宾夕法尼亚州立大学图书馆合作开展的"绝世珍本烹饪"项目获得 2021 年国际图联国际营销奖第一名②。两家大学图书馆合作开展竞赛，在各自的网站上发起倡议，邀请学生参加两校组织的"珍本烹饪比赛"。赛前，两家图书馆整理各自馆藏中的特色食谱，并将其提供给参与者，鼓励参与者制作出特色食物并发布到社交媒体上，活动时间是 2021 年 9 月 4 日至 12 日。参赛作品最多的大学可获得烹饪大赛总冠军奖杯。在疫情防控期间，这个项目通过烹饪和美食，为读者送去慰藉和温暖。此外，这个由两个不同国家的大学图书馆合作举办线上比赛的案例，也为图书馆活动的开展提供了不一样的营销思路。

第二节　邻里图书馆项目的营销定位

营销是根据用户的需求和欲望设计产品和服务，以用户满意为目的的系统、方法和实施路径。邻里图书馆项目营销是一套系统的营销流程，包括明确营销目标、确定目标群体、分析营销环境、选择营销策略、开展营销活动等程序。

---

① 聂华.营销作为图书馆转型重要驱动力的意义和作用——国际图联图书馆营销奖回顾暨第十八届营销奖解析[J].大学图书馆学报,2020（6）:5-11,18.

② IFLA.IFLA press reader international marketing award winners 2021[EB/OL].[2022-05-31].https://www.ifla.org/news/ifla-pressreader-international-marketing-award-winners-2021/.

营销定位是营销实践的基础，包括市场定位、目标定位、群体定位等。本节将围绕邻里图书馆项目的营销目标、目标群体、营销环境展开分析。

一、明确营销目标

营销目标是指对营销活动取得成果的期待值。目标的明确，意味着将项目的理念和任务具体化，确定在一个时期内营销活动所要达到的水平和成效。营销目标应具有重点突出、主体明确、内容协调、指标量化、操作可行的特点。

邻里图书馆项目的创意产生于 2018 年初，计划三年内在佛山市建成 1000 家邻里图书馆，服务 10000 户家庭，由此取名"'千家万户'阅暖工程——邻里图书馆"项目。2019 年 2 月，邻里图书馆项目获得第三批广东省公共文化服务体系示范项目创建资格。根据项目创意和内容，项目组将邻里图书馆营销目标分为以下几个层面：用户层面、社会层面和图书馆层面。

在用户层面，该项目吸纳 1000 个家庭建设邻里图书馆，盘活市民家庭藏书资源，帮助邻里图书馆为其服务对象提供图书借阅、活动开展、志愿服务等公共文化服务。通过阅读构建新型邻里关系，实现用户与图书馆的深度链接。在社会层面，该项目联合社会力量，寻求政府资助和社会关注，传递全民阅读理念，倡导全民阅读。在图书馆层面，该项目以佛山市图书馆为主导，联合佛山市联合图书馆成员馆以及各类公共文化空间，多途径、多方式向公众进行宣传，搭建"图书馆＋家庭"的阅读体系，在图书馆、家庭、社会之间打造阅读生态圈。

二、确定目标群体

邻里图书馆项目对核心用户群体的定位也经过了仔细的考量与设计。邻里图书馆项目具有多重属性，"阅读""家庭""儿童"是该项目的关键词。2018年，佛山市图书馆开展的阅读调查显示，改善家庭阅读氛围、培养儿童阅读习惯、获取免费资源和个性化的服务、加强与社区居民的联系成为公众的主要需求。因此，项目组将目标群体定为万千家庭以及所有的社会成员，特别是儿童家庭和未充分享受到图书馆服务的人群。

家庭阅读是最基础的社会阅读，是全民阅读的重要一环。阅读需要从娃娃抓起。因此，儿童和家庭是项目最核心的营销目标用户群，只有吸引其加入邻里图书馆项目或参与邻里图书馆提供的服务和活动，才能持续推进项目发展。未充分享受到图书馆服务的人群，他们可能远离公共图书馆或对公共图书馆缺乏了解，平时较少有机会享受图书馆的资源和服务。通过加入邻里图书馆项目或前往社区内的邻里图书馆，他们就可以便利地利用图书馆资源，参与图书馆活动。出行困难的残障人士和老人也是邻里图书馆项目的潜在用户群，他们无需外出或远行，在社区内、邻居家就可以便利地获得公共图书馆资源，参加公共图书馆开展的文化活动[①]。

联合社会力量也是邻里图书馆项目的营销目标之一，共青团、妇联等政府部门和组织机构，也是项目的目标群体。通过提高项目质量、宣传推广项目内容，打造有影响力的阅读推广项目，获得政府和其他社会机构的关注，可以争取到更多政策、经费支持，促进合作，推动项目深入、持续发展。

三、分析营销环境

营销环境是指与营销活动有潜在关系的内部环境因素和外部环境因素的集合。外部环境因素包括图书馆面临的机会和风险，如政治、经济、技术、文化环境；内部环境因素包括图书馆营销资源的优势和劣势，如图书馆的人员结构、机构设置、政府主管单位等。项目组根据 SWOT 分析方法，对邻里图书馆营销环境分析如下，见表 3-2。

面对以上环境，项目组从 WO 策略、ST 策略、SO 策略和 WT 策略角度提出应对举措，主要有：一是将项目列入图书馆年度规划，纳入战略管理层面，作为年度重点工作，集中图书馆人力物力开展项目，提升项目服务效能。二是申报省公共文化服务体系示范项目，同时申报各级奖项和项目，尽可能多地获取政府机构资金扶持，并划拨资金用于营销专项。三是成立营销团队，即八大组中的宣传组，由馆内有宣传推广、品牌管理经验的人员组成，并与统筹组、招募组和活动组等保持密切沟通，联合推进营销工作。四是借助微博、微信、抖音等新媒体平台，联合行业和社会力量，与五区图书馆、市公共文化设施联盟单位等联动营销，与市、省、国家级媒体合作，吸引报道关注。五是加快邻里图书馆技术运营服务系统建设，研发小程序，方便用户参加项目。

---

① 陈艳,曾思敏.邻里图书馆的营销探索[J].图书馆论坛,2021（4）:21-26.

表 3-2　邻里图书馆营销环境 SWOT 分析

	内部环境	
外部环境	优势（S） 1.佛山市联合图书馆持证读者率高，有众多热爱阅读的社会团体和个人，用户群体广泛； 2.佛山市图书馆团队有品牌营销和项目管理经验，易于调动馆内力量参与； 3.佛山市图书馆社会形象良好，读者满意度高	劣势（W） 1.属于创新项目，未有成功模式借鉴； 2.项目周期长，目标群体广，投入大，不确定性多
机会（O） 1.政府主管单位支持； 2.社交平台创造沟通平台； 3.与上百家联合图书馆成员馆、佛山市公共文化设施联盟、学校、镇街社区展开合作； 4.媒体机构重视合作	SO 策略 1.积极申报省公共文化服务体系示范项目，同时申报各级奖项和项目，争取政策和资金支持； 2.成立营销团队，确定营销目标和营销策略，落实营销计划； 3.联合行业和社会力量，与五区图书馆、市公共文化设施联盟单位等联动营销与市、省、国家级媒体合作	WO 策略 将项目列为年度重点工作
挑战（T） 1.图书馆预算限制； 2.邻里图书馆技术平台研发面临挑战	ST 策略 提升邻里图书馆项目服务效能，争取更多的财政预算	WT 策略 加快邻里图书馆运营服务系统建设

第三节　邻里图书馆项目的营销策略

对营销所处的内部环境因素和外部环境因素进行扫描分析，有助于制定合适的营销策略。营销策略是营销的手段和工具，主要包括基于产品内容的 4P 策略、基于用户需求的 4C 策略以及以关系营销为核心的 4R（Relevancy，Reaction，Relation，Reward）策略等。结合图书馆实际，经过慎重选择，邻里图书馆项目采用 4P 营销策略，分别对应邻里图书馆的营销内容、运营成本、宣传手段、推广途径四项工作内容。

一、产品策略

产品是 4P 营销理论中的重点要素，产品内容和质量对营销效果会产生至关重要的影响，因此必须明确"能为用户提供什么产品"的问题。邻里图书馆项目营销的服务内容即"用户参与项目可以享有的权利"，主要包括五部分：一是享有更高级别的借阅权限。根据佛山市联合图书馆借阅规则，普通读者一次可借阅 20 册图书，借期为 30 天，可续借一次；而每个加入邻里图书馆的家庭可借阅 200 册图书，借期为 365 天。二是享受公共图书馆提供的点单式服务和资源推荐。配合项目实施，公共图书馆不定期开展"点单式"选书、举办选书大会、编制家庭阅读推荐书目、数字资源推介等服务，提供邻里图书馆所需的纸质图书和数字资源。三是享受公共图书馆提供的阅读活动和阵地资源。邻里图书馆馆长可预约在包括智能图书馆、智能文化家、读书驿站等在内的联合图书馆成员馆中开展活动，同时也可享受邻里图书馆专场活动和阅读推广培训等。四是获得自家邻里图书馆命名权和官方授牌。加入邻里图书馆项目的家庭可自主命名自家的邻里图书馆，并获得官方授予的独家牌匾。这大大增强了这些家庭的参与感和荣誉感。五是获得公共图书馆的宣传。项目中的邻里图书馆家庭既是服务的享受者，也是服务的提供者。公共图书馆应在官方网站、微博、微信等平台上，向公众宣传邻里图书馆项目，宣传项目参与者。

二、价格策略

作为非营利性组织，公共图书馆本身提供的服务是免费的。但对于用户来说，享受公共图书馆提供的服务需要耗费一定的机会成本。因此只有当用户认可享受服务的获益大于机会成本时，才乐意接受这项服务，愿意承担机会成本。邻里图书馆项目遵循"免费、公益"的公共图书馆服务理念，不向用户收取任何费用。邻里图书馆开在家庭中，为左邻右舍和亲朋好友提供快速的图书借阅、阅读分享和信息服务，满足部分用户个性化、特殊化的阅读需求，减少了用户到公共图书馆的时间成本、交通成本和阅读成本。整个项目运作过程中所涉及的经费均由佛山市图书馆承担，包括文献资源和数字资源采购经费、宣传推广经费（涉及海报、画册、视频等宣传物料制作，品牌标识设计制作，媒体渠道合作，主题展示空间建设等费用）、技术平台开发和运行维护费用、阅读活动经费、绩效考核评估费用等。

三、渠道策略

项目组打通直接渠道和间接渠道，借助技术平台，构建起"线上＋线下"立体化的营销格局。佛山市图书馆主导项目进展，同五区图书馆一样，也承担起招募、管理、服务邻里图书馆的职责。直接渠道是指佛山市图书馆直接宣传、招募、管理和服务各邻里图书馆；间接渠道是指佛山市图书馆通过五区图书馆和镇街图书馆建立多个邻里图书馆项目分站，各自招募、管理和服务辖区内的邻里图书馆[①]。佛山市图书馆作为统筹中心统筹营销进展，设计项目标识、制作宣传海报、拍摄宣传视频、推送招募微信；五区图书馆分别建立营销团队，有序跟进营销工作。另外，项目获得政府单位支持和行业支持，扩大营销推广覆盖面，通过官方机构的公信力，提升项目知晓度和满意度。

四、促销策略

促销策略包括宣传推广手段和营销活动。在宣传手段上，采用线上、线下相结合的方式进行。线上推广利用官方微信、微博、短视频账号等，发布招募信息、宣传项目内容、播放项目成效视频等，同时在佛山市图书馆网站建立了"邻里图书馆"专题栏目，全面展示项目内容。线下推广指在公共图书馆、社区、学校、公园开展的现场招募，例如，佛山市图书馆打造的邻里图书馆主题展示空间，即以沉浸式体验的招募方式激发用户加入邻里图书馆项目的典型。此外，项目组还与本地电视台、电台、报纸等媒体合作，同时加强与省、国家级媒体合作，进一步提升邻里图书馆项目的知名度。阅读活动也是促销策略之一，配合节日节点，策划开展邻里图书馆"阅读夏令营""家庭阅读季""新春嘉年华"等大型活动，可以有效为项目宣传造势，提升项目影响力。

---

① 陈艳,曾思敏.邻里图书馆的营销探索［J］.图书馆论坛,2021（4）:21-26.

第四节　邻里图书馆项目的营销实施

营销实施是将营销思想转变为行动和现实的过程，实施环节将营销目标和方案变为具体的营销行动，决定着营销的最终成效。邻里图书馆项目的营销实施包括制定营销方案、塑造品牌形象、拓展营销渠道、孵化品牌活动等。

一、制定营销方案

具体的营销方案是实现营销目标、落实营销策略的行动指南。邻里图书馆项目的统筹组和宣传组根据项目所处的不同阶段，配合项目创建的时间要求，合作制订了整体宣传计划和各年度宣传方案。方案中对项目目标进行了拆解，将其分为多个子目标，结合项目时间节点，确定每个子目标的主要负责人和参与人员、任务分工和经费预算。除了常规的营销内容，还强调在寒暑假、4·23世界读书日、邻里图书馆数量突破1000家、示范项目验收等重要时间点，策划推进各项营销活动。

营销团队方面，依托示范项目创建领导小组，一市五区图书馆的负责宣传业务的馆员代表成立宣传组，合作推进宣传营销工作。其中，市图书馆承担领导、统筹职能，由10余人组成，从构思创意、海报设计、视频拍摄剪辑到新媒体平台运营均有专人跟进。在项目实施过程中，宣传组与统筹组、招募组和活动组等保持密切沟通，及时掌握最新工作进展，联合推进营销工作。

项目团队鼓励全员参与营销，在馆内营造营销文化。项目团队强调邻里图书馆项目的营销理念和内容，对馆员进行邻里图书馆项目的业务培训，增强他们对公共图书馆和邻里图书馆创新业务的认知和了解，调动馆员积极性，鼓励其全程全面参与营销进程。5位馆员在自家建立了邻里图书馆，为亲朋好友、左邻右舍提供服务，并作为志愿者，积极参与该项目的答疑解惑工作。

二、塑造品牌形象

VI视觉识别系统是识别某一组织区别于其他机构的标志之一，是传播产品理念、建立知名度、塑造品牌形象的快速便捷之途，包括项目中英文名称、宣传口号、LOGO等。邻里图书馆英文名称为N-Library。这一名称包含两重含义：其一意为Neighbourhood Library，即在邻里身边，并为其开放服务的图书馆；其另一意为Numberless Library，寓意无数的图书馆用数不尽的创意服务无限多的市民[①]。邻里图书馆诞生之初，对广大市民来说是一个新鲜事物，如何让市民关注、了解是摆在营销团队面前的第一道难题。调研发现，儿童和家庭是项目的核心群体，项目团队最终选择以"亲子阅读""家庭阅读"为切入点，将"阅读有伴、友爱相邻""耕读传家、以文会友""让阅读成为家庭新时尚"等直击主题的话语作为宣传口号，向市民传达邻里图书馆理念。

邻里图书馆LOGO以金色为主色调，采用镂空设计，整体造型由"书卷"图形及"邻里""图书馆"字体构成，寓意一纸书卷将邻里连接。项目名称"邻里图书馆"采用书法体，与LOGO中的印章元素共同彰显书香氛围。同时设计制作签字笔、水杯、帆布包、U盘等系列文创产品，向公众派发。为丰富传播媒介，佛山市图书馆牵头制作了宣传海报、招募小册子、两周年宣传画册以及多个宣传视频，在全市各阵地空间和线上平台推出。这种集中制作、分散投放的方式，在节省成本的同时，也进一步塑造了邻里图书馆项目的整体形象。

图 3-1　邻里图书馆的 LOGO 和文创产品

---

① 陈艳, 曾思敏. 邻里图书馆的营销探索 [J]. 图书馆论坛, 2021（4）:21-26.

三、拓展营销渠道

在整个营销程序上，营销渠道可能是变化度最高、涉及面最广的部分。从最开始的文字告示、海报画册，到微博、微信等新媒体平台，营销渠道始终处于不断变化的状态，各营销路径呈现百花齐放之态。项目组打通传统和新媒体营销渠道，依托多网点的营销网络，搭建多元营销格局，进一步提升品牌辐射力和影响力。

在阵地宣传方面，项目组依托佛山市联合图书馆体系和佛山市公共文化设施联盟，在全市300多家公共图书馆及市级文化馆、博物馆、体育局、科学馆、青少年文化宫、儿童活动中心等设施场所展示宣传海报、播放宣传视频，并与广佛地铁公司合作，在地铁上循环播放招募广告。在线上宣传方面，佛山市图书馆以及区级、镇街级图书馆利用各自的官方网站、微信和微博、短视频平台，推送邻里图书馆的各类消息。以佛山市图书馆为例，截至2022年底，微信公众号粉丝39.87万人，累计发布"邻里图书馆"主题相关文章105篇次，累计点击量超过30万人次；微博粉丝5万人，发布有关"邻里图书馆"的信息75则，累计浏览量超过35万人次，形成了较有影响力的线上宣传攻势。

图3-2 邻里图书馆主题展示空间

佛山市图书馆在一楼服务大厅建立邻里图书馆主题展示空间，占地面积约

60平方米。展示空间的入口处悬挂着"五星级邻里图书馆"名称吊饰，空间内配置沙发、茶几、会客桌、电视、照片墙等温馨元素，备有家庭教育、亲子阅读、个人提升等方面的800册图书。该空间用于进行邻里图书馆家庭招募、举办小型沙龙和阅读活动，已成为邻里图书馆项目展示交流、活动开展的重要平台。

四、孵化品牌活动

品牌活动是营销的重要内容和渠道。项目组立足项目特色，研发多类型阅读活动并塑造品牌活动。佛山市图书馆联合五区图书馆，在寒暑假打造开展"暑期夏令营"、"家庭阅读季"及"新春嘉年华"等活动。疫情防控期间，利用新媒体平台，开展"'邻'距离微电台""居家抗疫　阅享美好"阅读打卡活动，累计超过200家邻里图书馆参与。目前，邻里图书馆项目已形成"邻里图书馆嘉年华""家庭阅读季""'邻'距离微电台""阅文化创意征集"四大品牌活动。

为了提升邻里图书馆馆长的综合素质和业务水平，一市五区公共图书馆对邻里图书馆馆长开展技能培训，包括"'童爸童妈'培训""文化志愿者培训""阅读推广人培训"等专业培训课程，鼓励支持邻里图书馆馆长发挥才能与个性，积极开展阅读活动。2020年，佛山市图书馆打造邻里图书馆项目的10个示范点，以"个性化、系统性、推广性"为遴选标准，从1000家邻里图书馆中甄选出10家，对其进行服务特色强化、活动策划指导、文化装饰升级，将其打造为"亲子教育""传统文化""旅行文化""生活美学""创意艺术"五大特色阅读活动。项目团队扶植发展每家邻里图书馆的自有品牌活动，如"小橘灯下"邻里图书馆的"童读书绘"、"永无岛"邻里图书馆的"云朵姐姐故事会"等，累计开展活动500多场次，涌现出"云朵姐姐""闹闹妈""好友营伍哥"等多位优秀阅读推广人。

第五节　邻里图书馆项目的营销启示

经过四年多的运作，邻里图书馆项目已成为佛山市图书馆的品牌项目，成为业界关注的家庭图书馆创新案例，展现出持久的品牌活力。通过对其营销实践进行分析可以发现，定位精准、营销到位、管理规范等多重因素带动了邻里图书馆项目的营销实践和良好效果。本节旨在对邻里图书馆营销实践进行总结概括，为行业提供借鉴和参考。

一、纳入战略规划

严密的顶层制度设计、科学适宜的运行机制和有效可控的管理体制是构建完善的公共图书馆服务体系和保障体系的关键要素[①]。一个好的营销项目，应该从图书馆发展战略规划的高度出发，融合全馆以及多方资源力量倾力打造。邻里图书馆项目在创建之初就获得了佛山市文化广电旅游体育局、佛山市图书馆的大力支持，成立了以市文广旅体局局长任组长，市文广旅体局、市图书馆、五区图书馆相关领导为主要成员的示范项目创建领导小组，领导和统筹协调创建工作[②]。在佛山市政府的高度重视下，邻里图书馆项目被列入"2020年佛山市改革项目"以及《佛山市公共文化服务体系高质量发展行动计划（2019—2022年）》重点实施项目，建设千家邻里图书馆的目标被写入政府规划。该项目还获得了佛山市委宣传部、妇联等单位的关注和扶持。2018年至2021年，邻里图书馆项目均被列为佛山市图书馆重点工作。以上战略规划的指引，使邻里图书馆得到了社会各界的关注以及政策、资金、媒体方面的资源投入。

二、提炼品牌核心

一个项目营销成功，首先要具备创新性，独一无二的品牌核心能够使一个项目从营销市场中脱颖而出。邻里图书馆项目重点关注单个家庭以及邻里连接，重视家庭的价值和角色，强调家庭的主观能动性。可以说，邻里图书馆项目在不同的背景下有多重身份：从项目的综合程度来看，它是一个图书馆的服务品牌；从主要服务方式来看，它是一个阅读推广活动品牌；从参与主体来

---

① 梁亮,冯继强.公共图书馆服务体系建设保障要素探讨——以"大杭州"等公共图书馆服务体系建设为例[J].图书情报工作,2014（4）:29-34.

② 张萌.邻里图书馆在公共图书馆服务体系建设中的创新要素[J].图书馆论坛,2021（4）:15-20.

看，它是一个家庭阅读推广品牌；从核心受益人群来看，它是一个少儿活动品牌[①]。与其他家庭阅读实践相比，邻里图书馆的服务模式尤为特别：市民家庭在公共图书馆的指导和帮助下，将公共图书馆的藏书资源"搬进"自己家中，建立起一家家微型公共图书馆，通过开展借阅服务和阅读活动，为左邻右舍、亲朋好友提供服务。邻里图书馆项目以家庭阅读、亲子阅读为纽带，逐渐在社区中建立起"来我家图书馆"和"到邻居家图书馆"的思维观念，增进了社区居民之间的交流互动。

图书馆营销要想稳健而持续地推进，向家庭强调品牌的价值主张尤为重要。价值主张是指通过对用户真实需求的深入描述，明确什么对家庭来说是有意义的。在营销过程中，邻里图书馆项目团队为家庭列举项目优点、宣传项目核心、突出共鸣点，站在家庭视角，对家庭参加项目的价值点进行了重点宣传；另外，还对家庭在项目投入、运营困难以及奖惩机制等方面的顾虑进行了详细解答。

三、重视社交导向

家庭是营销的起点也是营销的终点。邻里图书馆项目的营销重视社交导向，强调家庭价值。在社会化媒体广泛应用的背景下，以社交关系为载体的社交营销也逐渐兴起。在项目运营过程中，图书馆和家庭之间、家庭和读者之间构建起阅读社群，在保持信息畅达、增进沟通交流的同时，满足用户个性化的阅读需求。项目建设之初，佛山市图书馆就建起邻里图书馆用户群，邀请所有邻里图书馆馆长加入，第一时间分享图书馆信息资讯、解答邻里图书馆馆长的疑问。目前，已有近1000个邻里图书馆馆长加入微信群。很多邻里图书馆馆长也建立起以亲朋好友、左邻右舍为主体的阅读微信群，随时在群里分享活动信息和阅读心得。部分"明星馆长"还拥有众多粉丝，在他们的带动下，周边的亲朋好友、左邻右舍也逐渐加入邻里图书馆队伍，实现了口碑推广和营销转化。读者登录邻里图书馆小程序和"易本书"平台，即可构建起自己的书读社群，与志同道合的书友互动。

项目团队特别在意家庭的参与度和自主性。邻里图书馆馆长可以自主命名自家图书馆，"园中葵""永无岛""小橘灯下""春风习习""桂庐"……一馆一

---

① 陈艳，曾思敏.邻里图书馆的营销探索[J].图书馆论坛，2021（4）:21-26.

名的背后是每家邻里图书馆的阅读故事和阅读心愿。项目组成立了邻里图书馆管理委员会，鼓励馆长们建言献策、表达需求和意见；鼓励邻里图书馆进行自我表达和风采展示，挖掘各成员馆服务特色，邀请邻里图书馆馆长参与画册编写、视频出镜，利用他们的"朋友圈"进行项目宣传；设立奖惩机制，对邻里图书馆所提供的服务进行考核评级并给予奖励，调动参与者的积极性；在馆内打造展示空间，既维护了现有的馆长用户群体，又通过沉浸式体验拓展潜在用户。

四、讲好图书馆故事

营销无处不在，营销已成为图书馆业务管理的重要一环。图书馆服务是在营销，图书馆馆员也是在营销，每一场活动是营销，每一次咨询也是在营销，邻里图书馆项目中的每一个行动都是一次营销展示。图书馆营销是一个系统工程，涉及图书馆、用户、政府、媒体等各方面。图书馆应做好自身工作，并时刻保持营销姿态，面向社会各界讲好图书馆故事。与传统"硬营销"的强制性、被动性相比，通过视频、活动等"软营销"的亲民互动，更易引发用户参与，激起用户共鸣，提升营销效果。2021年12月28日，佛山地铁2号线正式通车。佛山市图书馆将其中一趟列车打造为"书香专列"，以"图书馆，图什么"为主题，通过采用明亮的橙蓝色块、醒目简洁的标题、重复式的简短宣传语，向社会展现图书馆公益、免费、均等服务、锐意创新的形象；通过打卡拍照、留言赠礼物等形式，鼓励市民在微信平台留言自己与图书馆的故事、拍照打卡地铁专列并转发朋友圈。该活动受众达30万人次，为近年来佛山市图书馆影响最大的营销活动，在社会上营造了良好的宣传氛围。在此基础上，2022年4月，佛山市图书馆再次在地铁2号线策划了"爱上这座城　阅见全人生"打卡佛图4·23阅读主题专列活动，将读者在阅读中的书摘、感悟、照片等呈现在列车上，以拍照打卡和分享阅读心得等互动形式，加深人们对图书馆的认知和对阅读的热爱。

除了日常的营销工作，申报各类奖项也是营销活动的组成部分。申报过程本身就是一个不断发现问题、完善自我的过程，同时也是一个很好的学习营销理论、提升营销能力和展示营销成果的契机。邻里图书馆项目在国际图联的亮相和获奖，恰好证明了这一点。

第四章　邻里图书馆项目的创新要素

邻里图书馆既是家庭图书馆的一种新形式，也是社会力量参与公共文化服务和全民阅读的一种新模式，更是公共图书馆服务体系的新发展。本章论述邻里图书馆项目在公共图书馆阅读推广工作、家庭图书馆建设与发展模式、社会力量参与公共文化服务路径以及公共图书馆服务体系建设层级方面的创新实践。

第一节　创新公共图书馆阅读推广工作

开展阅读推广活动是邻里图书馆的重要功能，也是其最具活力的一部分。邻里图书馆馆长充分发挥其专业、特长和创造力，开展形式多样、内容丰富的阅读推广活动。本节在介绍国内外阅读推广和公共图书馆阅读推广概况的基础上，分析邻里图书馆阅读推广的要素创新和特色。

一、阅读推广发展概况

无论是从民族的发展壮大，还是从个人的成长来讲，阅读的重大意义和作用已不容置疑。阅读推广已成为很多国家推进全民阅读的主动行为和重要方略。阅读推广需要政策、资金、人力、资源等方面的保障，更需要采取有效的方法、渠道，以及可持续的活动和项目。

（一）国内外发展实践

阅读是教育、学习、信息传播、文化传承最重要的方式和途径，正因阅读如此重要，阅读推广已成为一个世界性的话题。国际上成立了多个有关阅读的行业组织，主要有联合国教科文组织、国际阅读协会、国际图书馆协会联合会、国际出版商协会、国际儿童读物联盟等，它们在引领世界阅读风尚方面发挥了重要作用。1995 年，联合国教科文组织第 28 届大会将 4 月 23 日定为"世界读书日"。每年的这一天，全球 100 多个国家都会举办各种各样的庆祝和图书宣传活动。很多国家都高度重视阅读推广，将全民阅读上升到国家战略或法律的高度。例如，美国国会于 1988 年通过了《阅读卓越法》（*Reading Excellence Act*）；2002 年出台《不让一个孩子掉队法案》（*No Child Left Behind Act*），专门就阅读问题制订了包括从学前班到小学三年级的"阅读优先"计划；2015 年出台《让每个学生都成功法案》（*The Every Students Succeeds Act*），重视每个孩子的阅读[①]。美国先后推出了诸如"美国阅读挑战""美国阅读项目""大阅读计划"等全国性项目，以期提高民众的阅读率，唤起其阅读意识。韩国政府于 1994 年颁布《图书馆及读书振兴法》，2006 年颁布了《读书文化振兴法》，该法规定每 5 年需制订一份读书文化振兴基本规划，迄今已出台了3 个五年计划。

　　我国也高度重视全民阅读推广工作。继 2014 年国务院政府工作报告中首次提出"倡导全民阅读"后，全民阅读连续 9 次被写入政府工作报告，上升为国家发展战略，并陆续出台系列政策措施推进全民阅读工作。2016 年，我国发布首个国家级"全民阅读"规划——《全民阅读"十三五"时期发展规划》；2020 年，中央宣传部印发《关于促进全民阅读工作的意见》。《中华人民共和国公共文化服务保障法》《中华人民共和国公共图书馆法》的出台为全民阅读工作提供了法律保障。各地政府也积极出台地方阅读法规，以促进阅读推广工作的有效开展。

　　阅读推广作为图书馆服务于阅读的一种方式，是现代图书馆的主流服务形态，是图书馆的重要职责和使命。1949 年发布的《公共图书馆宣言》指出，公共图书馆"必须将注意力置于下列重要活动：展览、书目、讨论会、讲演、课程、电影和个人阅读指导等"，明确了公共图书馆促进阅读的职责。国际图联作为世界图书馆界最具权威、最有影响力的非政府专业性国际组织之一，是图书馆界阅读推广研究和实践的先锋。国际图联出台了一系列标准规范指导遍布世界各地的成员国开展阅读推广工作，例如《公共图书馆服务指南》（*IFLA*

---

　　① 董雪敏,王颖纯,刘燕权.美国阅读推广政策的梳理及持续发展研究［J］.图书馆,2018（2）:63-68.

Public Library Service Guidelines）、《儿童图书馆服务指南》（*Guidelines for Children's Library Services*）等；发布系列专业报告，总结过去经验并指引未来发展方向，例如《全球愿景报告摘要》（*Global Vision Report Summary*）、《国际图联2019—2024战略报告》（*IFLA Strategy 2019—2024*）；提供实践"工具包"，方便图书馆馆员实施具体的阅读推广活动，例如《IFLA工具包：构建素养和阅读国家战略》（*IFLA Toolkit for Development National Literacy and Reading Strategies*）。各国公共图书馆也致力于推广阅读，形成不少具有广泛影响力的阅读推广活动品牌，例如，英国公共图书馆的"阅读起跑线计划"、美国公共图书馆协会发起的"一城一书活动"等。

国内公共图书馆阅读推广活动起步较晚，但发展迅速。从2003年开始中国图书馆学会负责承办每年的"全民读书月"活动，2005年中国图书馆学会把全民阅读推广写入《图书馆服务宣言》，同年成立"科普与阅读指导委员会"，2009年成立"阅读推广委员会"。中国图书馆学会通过持续开展"阅读推广人"培育行动、"书香城市（社区）"评选活动、"全民阅读基地"评选活动、"阅读推广优秀项目"评选活动等，推动国内公共图书馆阅读推广工作蓬勃发展。2018年实施的《中华人民共和国公共图书馆法》为国内公共图书馆开展阅读推广工作提供了权威法律保障，并且明确了具体实施要求（见表4-1）。2020年末，全国共有公共图书馆3212个，全年共为读者举办各种活动150713场次，参加人次9279.33万[①]。

表4-1　《中华人民共和国公共图书馆法》中"阅读推广"相关条款

条款	具体内容	解读
第三条	公共图书馆是社会主义公共文化服务体系的重要组成部分，应当将推动、引导、服务全民阅读作为重要任务	规定阅读推广是公共图书馆的重要任务之一
第三十三条第三款	公共图书馆应当免费向社会公众提供下列服务：（三）公益性讲座、阅读推广、培训、展览	规定公共图书馆阅读推广应当免费

---

① 中华人民共和国文化和旅游部.中华人民共和国文化和旅游部2020年文化和旅游发展统计公报［EB/OL］.［2022-05-31］.http://zwgk.mct.gov.cn/zfxxgkml/tjxx/202107/t20210705_926206.html.

续表

条款	具体内容	解读
第三十四条	政府设立的公共图书馆应当设置少年儿童阅览区域，根据少年儿童的特点配备相应的专业人员，开展面向少年儿童的阅读指导和社会教育活动，并为学校开展有关课外活动提供支持	规定了少年儿童是公共图书馆阅读推广的主要对象之一
第三十六条	公共图书馆应当通过开展阅读指导、读书交流、演讲诵读、图书互换共享等活动，推广全民阅读	明确了公共图书馆阅读推广的主要形式
第四十条	国家构建标准统一、互联互通的公共图书馆数字服务网络，支持数字阅读产品开发和数字资源保存技术研究，推动公共图书馆利用数字化、网络化技术向社会公众提供便捷服务	明确数字阅读产品也是公共图书馆进行阅读推广的路径之一

（二）发展趋势

随着国内外阅读推广工作的持续开展，社会阅读需求的不断变化，阅读推广也呈现出一些新的发展趋势。

第一，阅读推广主体多元化。阅读推广主体是指在全民阅读推广过程中承担主要责任与义务的社会组织或个人。他们分布在社会各个行业和领域，在全民阅读推广中分别担任着倡导者、组织者、实施者和支持者等不同角色。近年来，阅读推广主体呈现多元化特征：一是政府部门——顶层设计者。政府部门包括国家、各地宣传部门、新闻出版主管部门、文化主管部门、全民阅读领导小组等，它们通过协调各方资源，制定促进全民阅读的相关政策。二是图书馆——重要推动者。国家图书馆、公共图书馆、高校图书馆、儿童图书馆等各类型图书馆提供阅读空间、资源、服务和活动，是全民阅读推广的重要基地，是阅读推广工作最主要的组织者、实施者和推动者。三是出版界和书店——重要参与者。出版界和书店负责出版、销售图书，并开展图书推广活动，它们是阅读推广工作的重要参与者和责任承担者。四是民间阅读推广力量——重要补充者，包括各类公益性阅读组织、民间读书会、阅读推广机构和阅读推广人[1]。各类主体发挥其特长，团结协作，共建全民阅读推广共同体。

---

[1]　刘灵芝,陈书梅.全民阅读推广与书香社会建设主体责任解析[J].中国经贸导刊（中）,2020（11）:173-174.

第二，重视儿童群体。儿童是国家的未来，伴随着社会的发展、教育的改革，儿童阅读受到了越来越多的关注，国内外儿童阅读活动蓬勃发展。长期致力于全民阅读推广工作的徐雁教授提出："阅读推广的前途在少儿。"在很多西方发达国家，儿童阅读推广往往被作为国家的重点项目，由政府主导、国家领导人亲自推动。例如，克林顿政府于 1996 年发起"美国阅读挑战"（American Reads Challenge）运动，新加坡于 2001 年发起"天生读书种，读书天伦乐"（Born to Read，Read to Bond）活动，等等。国内儿童阅读推广起步较晚，但是越来越受到重视。2007 年 4 月，教育部和团中央将"国际儿童读书日"引进中国，每年的 4 月 2 日被设立为"中国儿童阅读日"，以此促进中国儿童阅读。中国图书馆学会将 2009 年定为"儿童阅读年"，将 2010 年定为"亲子阅读年"。《全民阅读"十三五"时期发展规划》把保障和促进儿童阅读作为全民阅读工作的重点，提出了"亲子阅读工程""书香校园建设""少儿阶梯阅读推广"等儿童阅读项目。目前，国内分级阅读概念开始逐步得到推广，阅读工作体现"儿童本位"的阅读推广理念，儿童阅读推广不断向专业化、多元化方向发展。

第三，多媒体阅读推广兴起。媒介融合趋势下阅读推广的方式更加多元，尤其是 2020 年之后，在新冠疫情影响下，线下活动受限，多媒体线上阅读推广形式备受关注。随着阅读习惯的改变，数字阅读越来越受欢迎。世界英语编辑网站发布的《2020 年世界阅读习惯报告》（*World Reading Habit in 2020*）显示，2020 年全世界电子书籍和有声读物的阅读量平均增加了 14%[①]。中国新闻出版研究院发布的《第十八次全国国民阅读调查报告》显示，成年国民人均每天手机接触时间达 100.75 分钟，互联网接触时长为 67.82 分钟，比 2019 年增加了 1.77 分钟。手机阅读和网络在线阅读成为成年国民数字化阅读的主要方式[②]。图书馆、出版机构、书店、民间机构等推广主体在阅读推广中积极借助微博、微信、抖音等多种媒介，不断创新阅读推广形式，线上推荐与线下活动并行，探索"互联网＋"的多种阅读推广模式。

---

① 郑钢. 2020 世界阅读报告出炉:疫情是如何改变人们的阅读习惯?[EB/OL].[2022-05-31].https://www.163.com/dy/article/G10T7V060516CMM2.html.

② 第 18 次全国国民阅读调查显示:成年国民综合阅读率达 81.3%[EB/OL].[2022-05-31]. http://www.gov.cn/xinwen/2021-04-23/content_5601693.htm.

（三）阅读推广案例

案例一：澳大利亚图书馆与信息协会的"在线故事时间"试点项目

2021 年初，澳大利亚图书馆与信息协会推出"在线故事时间"试点项目，为期一年。5 月 12 日，澳大利亚图书馆与信息协会发布该项目第一季度（1—3 月）报告指出，自该项目推出以来，已有 115 个图书馆（含 439 个分馆）加入其中，并为参与该项目的出版商、作者和插图画家带来逾 5 万美元的收入。在该项目中，出版商许可公共图书馆在"在线故事时间"活动中使用澳大利亚的图画书，作为回报，公共图书馆将以年度为周期订阅这些资源。在该项目推出之前，也就是澳大利亚在 2020 年因新冠疫情而实施封锁措施期间，许多父母都无法带孩子去图书馆参加线下"故事时间"活动，所以澳大利亚公共图书馆组织开展的"在线故事时间"活动大受欢迎。关于该项目的第一季度报告显示，参与的图书馆录制并上传至网络的视频超过 290 个，视频浏览量超 17000 次 [①]。

案例二：上海图书馆"微阅读·行走"活动

2015 年起，上海图书馆启动"微阅读·行走"活动，基于"微阅读"线上电子书阅读平台，整合社会资源、图书馆资源和读者需求，将人、空间、技术进行多重整合，为读者提供立体式的阅读推广服务。上海图书馆探索出"海派人文行走""非遗传承""另一种'阅读'"三种活动形式，构建了空间（阅读环境与实体建筑或场景）、人（图书馆、出版社、作者与研究者、社会机构等的多方参与）、技术（作为社交媒介的电子书平台）一体化的阅读推广新模式。该活动通过整合线上、线下资源，既推广了数字阅读资源，也通过"行走"串联起书本知识的实践，打卡实际的建筑空间，从而促进文旅融合。"微阅读·行走"活动不仅打破了阅读推广在空间和时间上的局限性，也让阅读推广服务增加了多元性、融合性和生动性 [②]。

---

① 澳大利亚图书馆的"在线故事时间试点项目"为该国图书行业创收逾 5 万美元[EB/OL].[2022-05-31].http://www.chinalibs.net/ArticleInfo.aspx?id=497258.

② 张莹.探索公共图书馆阅读推广的新模式——图书馆"微阅读·行走"实践[J].图书馆工作,2018（1）:37-40.

作为珠三角城市群核心区，广州、佛山产业互补性强、空间紧密、文化相通、人员往来密集。为进一步加强广州与佛山两地的文化交流，深度打造"广佛同城"理念，广州图书馆与佛山市图书馆于2019年联袂推出"广佛同城共读"活动，至2022年已持续开展了四年。该活动通过号召广佛两地市民共荐、共选"广佛同城共读"书籍，经过名人代言、大众投票和专家评审，最终评选出每年共读之书，并开展一系列线下活动，以加深读者对广州与佛山地域相连、历史相承、文化同源的理解，进一步推动两地全民阅读工作的开展。2019年、2020年、2021年、2022年共读图书分别为《岭南草木状》《老码头，流转千年这座城》《广州传》《赵佗归汉》，均是具有广府文化特色的图书。共读活动吸引了广佛两地读者的积极参与，专题推荐书架一借而空，每年候选书籍借阅量超过300册次，活动资讯点击量超百万次，取得了积极的社会效益。

二、邻里图书馆阅读推广实践

邻里图书馆项目也是一个公共图书馆阅读推广项目，它倡导、鼓励和支持社会家庭建设家庭阅读空间，成为社会阅读推广人，依托邻里纽带推广阅读，是公共图书馆阅读推广的重要创新。

（一）创新要素分析

阅读推广包括阅读推广的主体、对象、内容、活动等关键要素[1]。邻里图书馆的阅读推广具备以上关键要素，且实现了各要素的创新。

（1）阅读推广主体创新。作为公共图书馆实施的阅读推广项目，其主体一般为公共图书馆。邻里图书馆项目虽然由公共图书馆主导实施，但其阅读推广的主体不是公共图书馆，而是家庭。家庭由原本的阅读推广对象转变为阅读推广的主体，在阅读推广的过程中发起活动并承担主要责任与义务。

（2）阅读推广对象创新。公共图书馆阅读推广的对象应该是全体公民，是全方位、全覆盖的；而邻里图书馆的阅读推广对象为亲朋好友、左邻右舍，主要是该邻里图书馆家庭的熟人。邻里图书馆可自行选择服务对象，将阅读推广

---

① 张怀涛.阅读推广的要素分析 [J].晋图学刊,2015（2）:1-7,11.

对象局限在一定的范围内，这也让阅读推广内容更加精准。

（3）阅读推广内容创新。阅读推广内容是指在阅读推广过程中被推而广之的实质性内容。公共图书馆阅读推广资源一般为图书馆的馆藏文献资源和数字资源；邻里图书馆的阅读推广资源不仅有公共图书馆提供的文献资源和数字资源，也有邻里图书馆家庭的家藏图书资源，从而激活了民间闲置图书资源。无论是馆藏资源还是家藏图书都是邻里图书馆家庭根据自身和亲朋好友、左邻右舍的需求精心挑选的，具有针对性和优选性等特点。

（4）阅读推广活动创新。邻里图书馆举办的文化活动以"阅读"为出发点，内容丰富、形式新颖，呈现"阅读+N"模式，即"阅读＋分享""阅读＋手工""阅读＋比赛""阅读＋游戏""阅读＋旅行""阅读＋绘本剧""阅读＋直播"等[①]。邻里图书馆家庭可以根据自身及服务对象的需求确定活动内容，吸引有共同兴趣爱好的群体参与，使阅读推广活动更具精准性，也更接地气。

（二）阅读推广特色

（1）以邻里关系为纽带推广阅读。"邻里"是地缘相邻并构成互动关系的初级群体。邻里图书馆是以家庭为单位建设的小型图书馆，服务社区邻里。邻里图书馆项目鼓励家庭以开放包容的心态打开家门，以书为媒介，以阅读为纽带，促进邻里交往。同时也依托邻里关系，邀请邻居到家中开展一系列阅读推广活动。邻里间因阅读而热络，构建了社区新型邻里关系，促进社区融合。

（2）不断拓展阅读推广阵地。邻里图书馆阅读推广的主阵地是家里，但在邻里图书馆馆长求智求变的探索下，邻里图书馆的阅读推广阵地不断拓展，不仅局限于家庭空间：根据活动实施的需要，他们会带上书本，将阅读推广活动带到社区空间、户外草地、校园课堂和基层阅读空间等处。例如，"园中葵"邻里图书馆长期与居委会合作在社区邻里中心开展阅读活动；不少邻里图书馆与学校合作，将阅读活动带入课堂，譬如"永无岛"邻里图书馆定期在太平成远小学各班级开展阅读活动超过100场，其组织的"云朵姐姐故事会"成为备受该校学生喜爱的课外活动。邻里图书馆馆长也依托家附近的基层阅读空间，例如自助图书馆、读书驿站等开展阅读活动，有效激活基层阅读空间。公园草地也是邻里图书馆和读者们最喜爱的户外阅读场地之一，不少邻里图书馆馆长

---

① 孙燕纯,张惠梅.邻里图书馆的阅读推广[J].图书馆论坛,2021（4）:27-31.

都尝试在户外开展活动，在阅读中亲近自然。

（3）打造特色阅读推广品牌。项目开展四年以来，邻里图书馆逐渐形成一批独具特色的阅读推广品牌。首先，由佛山市图书馆和区级图书馆策划，面向邻里图书馆家庭打造了"家庭阅读季""阅读嘉年华""'邻'距离微电台""阅文化创意征集"四大品牌活动，每年定期举办，有效将邻里图书馆大家庭凝聚在一起。其中，2019 年夏季"阅读嘉年华"开展灯光帐篷阅读；2020 年冬季"阅读嘉年华"开展阅读闯关活动；2021 年夏季"阅读嘉年华"开展邻里文艺大联欢。首届"阅文化创意征集"品牌活动鼓励邻里图书馆对本馆品牌形象进行个性化 VI 设计，并形成系列文创产品。截至 2021 年 12 月底，邻里图书馆已开展阅读活动超过 1700 场次，其中不少邻里图书馆已形成了具有自我特色的阅读活动品牌（见表 4-2）。

表 4-2　邻里图书馆阅读活动品牌举例

馆名	阅读活动品牌	特色	品牌介绍
"梧桐花开"邻里图书馆	"文艺阅读+"	自然阅读	该阅读活动品牌线下以"阅读+N"多维方式，线上以经典美文亲子诵读方式开展创意分享活动，组织了"花园音乐会""阅读自然""山茶含笑等君来""古村探秘""登山远足"等创意趣味阅读分享活动，让身边的邻居、同事、朋友和同学在活动中慢慢感受到阅读的趣味和美好
"通通"邻里图书馆	"通通读书会"	阅读剧场	该阅读活动品牌秉持"让孩子爱上阅读"的理念，通过戏剧表演的方式，将语言艺术（中英文）、表演艺术、舞蹈、音乐等融合在一起，让孩子们对绘本及名著产生更加直观的感官印象，并加强对其的深刻理解
"永无岛"邻里图书馆	"云朵姐姐故事会"	绘本演绎	该阅读活动品牌以绘本故事为切入点，以"云朵姐姐故事会"为活动载体，面向 4—8 岁少年儿童及其家庭，带领他们感受绘本故事中图画的美，语言的风趣幽默，由浅入深地为大家解读绘本故事

（4）构建公益阅读社群。在阅读推广活动中，邻里图书馆构建了有共同阅读价值观的兴趣圈，使用户的个性化阅读需求得以满足。线下的活动建立以亲

朋好友、左邻右舍为主的阅读社群，线上则充分利用新媒体建立起"云社群"。不少邻里图书馆馆长建立了阅读微信群，随时在群里分享活动信息。"小橘灯下"邻里图书馆组建"小橘灯下交流群"，有群成员 130 余人；"书香"邻里图书馆通过"小打卡"微信小程序建立"书香伴你一千零一夜"圈子；"海""黎校""小飞鱼""梧桐花开""大谦世界""希缘"等邻里图书馆开通公众号记录阅读活动；"书香""乐读""园中葵""小橘灯下""通通"等邻里图书馆开通视频号，开展视频荐读；"永无岛""茶书""四点读书"等邻里图书馆利用抖音等直播平台开展故事会直播。邻里图书馆馆长们通过阅读社群培养用户爱阅读、爱分享、爱实践的习惯。

（5）培育阅读推广人队伍。1300 多家邻里图书馆在公共图书馆的引导、激励下主动地开展阅读活动，俨然成为一支充满活力的民间阅读推广人队伍。为提高邻里图书馆馆长们的阅读推广水平，佛山市图书馆和各区图书馆定期举办阅读推广培训班，帮助邻里图书馆馆长们学习、掌握开展阅读推广活动的技巧，四年来佛山市的公共图书馆开展各类阅读培训活动近 40 场。例如，佛山市图书馆在 2021 年 4 月 3—5 日举办"'蜂巢计划'邻里与绘本"培训班，邀请知名绘本作家毛毛阿姨，为邻里图书馆馆长们开展了 6 场绘本技巧培训活动，共计参加培训 350 人次。此外，图书馆还会推荐优秀的邻里图书馆馆长参加专业阅读推广人培训课程，以培养一批具有一定理论基础和实践能力的阅读推广人。

第二节　创新家庭图书馆建设与发展模式

邻里图书馆依托家庭建立家庭阅读空间，服务亲朋好友、左邻右舍，是家庭图书馆的一种模式，但又有其独特之处。本节梳理了家庭图书馆的起源、概念与类型，介绍公共图书馆在家庭图书馆建设方面的情况和案例，从内涵、发展模式和管理模式等方面对邻里图书馆创新家庭图书馆建设进行论述。

一、家庭图书馆的理论溯源

家庭是每个人接受教育的第一个场所，阅读是最好的家庭教育方式之一。

建设家庭图书馆是打造书香家庭的有效途径，自古以来受到读书人的青睐，在现代社会更是成为政府、公共图书馆和部分热爱阅读之人推广阅读的重要举措。

（一）起源

家庭图书馆最初起源于书房。有书便有书房。书房藏书量达到一定规模，则出现了藏书室和藏书楼。中国早在夏商周三代就有了"藏室""册府"等藏书的机构。古代的藏书楼大致可分为皇家或官府藏书、书院藏书、寺观藏书和私人藏书四大体系。家庭图书馆由私人藏书楼演变而来。我国古代私人藏书家聚书、藏书的首要目的是供自己阅读，具有"秘而不宣""藏而不用"的特点。但是各代也出现了一些辟出专室供众人借阅的私人藏书家，具有"储书供众""传布为藏""流通开放"的开放思想。例如，明末清初徐𤏡的红雨楼、国英的共读楼、孙衣言的玉海楼，以及清代丁雄飞的古欢社、陆心源的守先阁，等等①。

自1840年鸦片战争以后，西方的各种社会政治思潮被广泛地引入中国。其中，中国私人藏书楼也受到西方图书馆思想影响而逐步改变。1902年绍兴乡绅徐树兰独资兴办的古越藏书楼，是我国图书馆史上最早对公众开放、第一家具有近代公共图书馆特征的藏书楼。进入民国时期，许多实业家、海外华侨、学术文化名人兴办了一批高质量的面向社会开放的私人公益性图书馆，并且弃"藏书楼"之名而直接称之为"图书馆"②。这为家庭图书馆对社会开放奠定了基础。

20世纪，国内出现了建设家庭图书馆的提议。1924年，枫江撰文主张组建家庭图书馆；1929年1月28日，中华图书馆协会年会在南京召开，会上有提倡组建家庭图书馆的议案；1944年，杨剑花撰文《家庭图书馆的重要性及其设置》。实践方面具有代表性的有20世纪20年代的上海沈仲俊的家庭图书馆、30年代的梅必贤的家庭图书馆和韩古农的家庭图书馆③。民国时期，家庭图书馆主要以家庭教育、家庭氛围营造为主要目的，也会适当向亲戚、朋友开

---

① 马艳霞.古代私人藏书楼的开放实践、思想与影响[J].大学图书馆学报,2011（6）:113-118.

② 王子舟,吴汉华.民间私人图书馆的现状与前景[J].中国图书馆学报,2010(5):4-13.

③ 苏全有.论民国时期的家庭图书馆[J].山东图书馆学刊,2015（3）:9-13.

放。此后，因战争影响，我国公共图书馆和家庭图书馆的发展都受到极大的影响。20世纪八九十年代，农村兴起了学科学、学文化、学技术的热潮，在这种氛围下，涌现了一批农民自办的家庭图书馆，对村民免费开放，提供农业技术类书刊，注重为生产服务，为群众致富服务，也积极开展读书活动，丰富村民的文化生活。例如，武安镇冯庄村赵兰征家庭图书馆[①]、绥中县小庄子乡石官村刘锦宁家庭图书馆[②]、湘镇县高力板乡羊肠河村耿伯忱家庭图书馆[③]等。到了21世纪，在国家大力发展公共文化服务体系的背景下，公共图书馆得以快速发展。为推进全民阅读和家庭阅读，政府和公共图书馆参与建设的家庭图书馆开始出现，重庆、深圳、上海、扬州、温岭、佛山等多地因地制宜发展各具特色的家庭图书馆。

（二）概念

家庭图书馆虽然不是新兴事物，但国内对家庭图书馆的研究成果较少，尚没有统一的权威定义。乔杨认为，传统的家庭图书馆是指在家庭中收藏一定量的图书，供家庭成员阅读和周围人借阅，有专门陈列书柜或专用书房；而现代家庭图书馆是以纸质书刊为收集范围，并在一定范围内提供公开利用。他认为，家庭图书馆具有三个显著特征：在家庭场所存在，主要以一定数量纸质书刊资料为基础，产生一定的公益传播价值[④]。吴凤鸣认为，家庭图书馆是指向特定成员免费或收费开放，收集、整理、保存家庭收藏文献信息，可拓展博物收藏使命，并提供查询、借阅及相关服务，开展社会教育的小众文化设施[⑤]。王慧认为，家庭图书馆是指在政府有计划地组织引导之下，居民群众自愿参与，以志愿者家庭书房为主、政府资助为辅，建立互通有无、图书共享的网络机制，为本社区普通群众或一定范围内的特殊群体提供大众阅读或专业阅读的纯公益性质的小型便利图书馆[⑥]。

---

① 郓城县图书馆.赵兰征办家庭图书室四年结硕果[J].山东图书馆学刊,1985（2）:31-32.

② 杨福臻.正在蓬勃兴起的农村家庭图书馆[J].图书馆学刊,1984（3）:47-48.

③ 尹端章.方便山乡读者的家庭图书馆[J].图书馆学刊,1987（4）:50.

④ 乔杨.面向社区服务的家庭图书馆建设与发展[J].图书馆工作与研究,2017（1）:94-98,120.

⑤ 吴凤鸣.营建家庭图书馆路径研究[J].新阅读,2020（5）:23-25

⑥ 王慧.社区家庭图书馆建设探讨[J].图书馆研究,2016（3）:31-35.

从以上概念来看，家庭图书馆不同于家庭书房。家庭书房主要是个人和家庭收藏、阅读、研究和工作的空间，仅服务于家庭。而家庭图书馆在某种程度上具有图书馆的部分属性和功能，藏书可以供他人借阅，空间提供阅览、文化交流或文化活动使用。家庭图书馆可以说是私人图书馆和民间图书馆的一种，都是由非政府力量创办的图书馆。私人图书馆主要是由个人或多人创建的图书馆，对外服务或不对外服务，收费或免费；民间图书馆则是由非政府力量创办的公益性图书馆，主要包括个人、NGO、企业等创建的图书馆[①]。家庭图书馆与私人图书馆和民间图书馆最大的区别是，家庭图书馆依托家庭场所存在，而私人图书馆和民间图书馆的场所类型较为多样，不仅限于家庭。此外，民间图书馆的建设初衷是提供公益服务，而私人图书馆和家庭图书馆的最初目的是满足个人、家庭看书需要。

综上，家庭图书馆是指自愿在家庭空间设置专用书柜或书房，收藏一定数量的纸质书刊资料，供家庭成员阅读和在一定范围内提供免费公开利用，自主管理和服务的一种民间小型图书馆，具有图书收藏、阅读、借阅以及学习、交流等基本功能。

（三）类型

从现有实践来看，可以将家庭图书馆分为两种类型：个人自发建设的家庭图书馆和政府/公共图书馆参与建设的家庭图书馆。

个人自发建设的家庭图书馆一般始于个人、家庭藏书和阅读需求，家中形成一定规模的藏书，出于阅读共享和公益性的目的，将图书借阅给亲友、邻居或熟人，场地空间、设施设备、藏书资源、图书管理和服务等全部由家庭图书馆承担或主要由家庭图书馆承担，部分由他人（其他公益个人或社会组织）资助。

政府/公共图书馆参与建设的家庭图书馆由政府/公共图书馆力量参与建设，为其提供藏书资源、技术支持、设施设备、管理和服务指导、部分资金支持等其中一项或多项支持，以帮助家庭图书馆建设和运营。而场地空间、管理和服务还是主要由家庭来承担。较之个人自发建设的家庭图书馆，这类型家庭图书馆更强调公益性和开放性，服务的群体除了亲友、邻居或熟人，还会面向社区居民甚至陌生人提供服务。

---

① 王子舟.看民间图书馆之兴起[J].公共图书馆,2012（2）:2.

无论是哪种类型的家庭图书馆，都具有以下几种特征：一是非营利性，具有一定的公益性传播价值。家庭图书馆不以营利为目的，主要目的是满足自己和家庭的文化需求，同时为他人提供一些方便。二是没有固定的开放时间，由家庭和借书人协商确定时间。三是以纸质藏书为主，藏书种类和特色受个人和家庭的藏书、阅读喜好影响较大。四是公共性与私密性并存。家庭本身是一个私密场所，而家庭图书馆在一定范围内对外开放，为他人提供公益性文化服务，具有一定的公共性。五是管理缺乏专业性。家庭图书馆的管理人员主要是家庭成员，他们一般不具备图书馆管理专业知识，图书上架和管理都较为随意，即便由政府／公共图书馆参与建设的家庭图书馆可能会得到一定的管理指导，但其专业性与公共图书馆相比也较为不足。

二、公共图书馆与家庭图书馆建设

家庭阅读是公共图书馆推广全民阅读的主要方向。公共图书馆通过发起、倡导、支持家庭图书馆建设推广家庭阅读，拓展图书馆的社会阅读空间，为市民借阅提供了方便，也是推进全民阅读的有效举措。

（一）家庭阅读推广的实践

中国自古有"书香门第""耕读传家"的传统。倡导家庭阅读，建设书香家庭，是促进全民阅读，建设"书香社会"的重要途径。2013年4月，国家新闻出版总署印发《关于开展首届全国"书香之家"推荐活动的通知》，旨在提高全民阅读参与性、互动性、积极性，发挥先进典型的示范作用，真正将全民阅读活动推广到基层群众中。2014年，国家新闻出版广电总局部署"2014全民阅读"活动，首次提出"面向基层开展全民阅读'七进'活动"，即全民阅读进农村（牧区）、进社区、进校园、进军营、进企业、进机关、进家庭。近年来，全国各地每年开展全民阅读"七进"活动，家庭阅读推广工作持续推进。

在国家大力促进全民阅读，推广家庭阅读的背景下，公共图书馆作为重要公共阅读设施，是全民阅读的主阵地，是全民阅读和家庭阅读推广的重要推动者和参与者。《中华人民共和国公共文化服务保障法》和《中华人民共和国公共图书馆法》赋予了公共图书馆在全民阅读推广工作中的法律地位与职责。公共图书馆在推广家庭阅读方面做了很多工作，形式多样，包括亲子共读、书目推荐、阅读指导、书香家庭评选、发放"阅读书包"等。例如，深圳图书馆 2013 年创建了以推广经典阅读为主旨的新型阅读空间——"南书房"，每年研制并发布"南书房家庭经典阅读书目"；浦东图书馆与区妇联合作开展"阅读齐步走"社区阅读指导计划，实施"0—3 岁婴幼儿家庭阅读指导包"项目；香港公共图书馆常设"家庭读书会"开展亲子共读。2016 年，中国图书馆学会阅读推广委员会增设"图书馆与家庭阅读专业委员会"，旨在发挥图书馆促进家庭阅读的作用，让家庭藏书和家庭阅读成为现代文明家庭的重要支撑力量。

（二）家庭图书馆建设案例

家庭图书馆作为家庭阅读推广的一种重要形式，近年来逐渐走进公共图书馆的视野。国内一些地区的公共图书馆尝试探索由公共图书馆发起、社会家庭支持的家庭图书馆建设，并取得了一定的实践成效。2012 年，上海青浦区图书馆实施"家庭图书馆种子计划"；2013 年，重庆渝北区图书馆建设首批 20 家家庭图书馆；2014 年，深圳罗湖区实施"家庭图书馆计划"；2016 年，台州温岭图书馆实施"家庭图书分馆"计划；2018 年，佛山市图书馆启动"'千家万户'阅暖工程——邻里图书馆"项目。随后，东莞图书馆、绍兴图书馆、淮安市图书馆、金陵图书馆、兰州市图书馆、长春市图书馆、哈密市图书馆、扬州市少年儿童图书馆、宝安图书馆、襄都区图书馆等越来越多的图书馆开始家庭图书馆建设实践。

案例一：上海青浦区图书馆"家庭图书馆种子计划"

2012 年，上海市青浦区图书馆推出面向少儿的"家庭图书馆种子计划"，以培养青少年小馆长为出发点，力求通过少儿家庭阅读，让亲子阅读的种子播撒进每个家庭、走进社区。该项目的特色在于：一是招募并遴选一批具有热情和能力的小馆长，经过培训后上岗服务，他们的家庭应具备提供阅读和参观的条件。二是由优秀青年馆员深入家庭，与小馆长一起定制书单、设计书架、组织活动，帮助家庭图书馆走上轨道。三是为家庭提供一定的购书经费支持。青浦区图书馆 2012 年建设了 9 家家庭图书馆，2013 年建设了 10 家[①]。2021 年项

---

① 顾丹华.公共图书馆如何推广家庭阅读——以上海市青浦区图书馆为例[J].河南图书馆学刊,2015（8）:27-28.

目升级，在区妇联、区文旅局的支持下，启动第三届"家庭图书馆种子计划"，区图书馆、基层妇联、家庭三方共同签订项目合作协议书，在家庭内部打造自己的"小小家庭图书馆"的同时，由小馆长自己打造的社区服务箱也入驻各家庭图书馆所在社区[①]。

案例二：重庆渝北区图书馆"家庭图书馆"项目

2013 年，重庆渝北区图书馆在全市推广"图书馆＋家庭"阅读服务体系，2013 年建设首批 22 家家庭图书馆，到 2022 年 2 月突破 120 家[②]。其项目特色在于：一是自愿建设、自主管理，申请对象须为图书馆持证读者，家中有独立阅读空间，具备藏书 500 册以上，自主选购价值 300—1000 元的图书和期刊，由图书馆配送，之后自主管理和服务，并主动带动亲朋好友及小区居民阅读。二是建立一套运行制度，规范家庭图书馆的运行。三是组建家庭图书馆联盟，以区图书馆为主体，各家庭图书馆为成员，不定期地组织安排相应的读书交流会、阅读主题活动、读书讲座等，通过 QQ 群、微信群的建立，促进区图书馆与家庭图书馆之间的交流[③]。

案例三：台州温岭图书馆"家庭图书分馆"计划

2016 年，台州温岭图书馆启动"家庭图书分馆"计划，招募了首批 30 家家庭图书分馆。家庭图书分馆是由志愿者在自己的家里或机构中设立图书分馆，以"公共资源＋社会力量"的形式为街坊邻里和社会开展阅读服务的一种总分馆制模式。截至 2021 年，温岭已建成 400 家家庭图书分馆[④]。家庭图书分馆的特色在于：一是把家庭图书分馆作为总分馆制的有机组成部分，将其纳入

---

① 小小家庭图书馆营造全民阅读氛围 [EB/OL].[2022-05-31].http://mobile.epaper. routeryun.com/index.php/Home/Index/index/appkey/227/date/2021-07-09/advert/1/page/940981/t/1627115233.html.

② 渝北：建成 120 个家庭图书馆 让市民读书更便捷 [EB/OL].[2022-05-31].https:// baijiahao.baidu.com/s?id=1731251052019350677&wfr=spider&for=pc.

③ 张雪梅.依托公共图书馆建设家庭图书馆的创新探索——以重庆市渝北区家庭图书馆建设为例 [J].河南图书馆学刊,2016（9）:4-5,24.

④ 温岭上榜第一批省公共文化服务现代化先行县创建对象名单 [EB/OL].[2022-05-31].http://tz.zjol.com.cn/tzxw/202112/t20211226_23556394_ext.shtml.

公共图书馆借阅服务网络，与各级图书馆联通，实现图书通借通还。二是深入基层，以农村为主要阵地。建成的家庭图书分馆大部分在农村，有力地促进了城乡阅读服务均等化。三是制定一套管理制度，包括《家庭图书分馆建设与服务规范》《家庭图书分馆责任书》《家庭图书分馆借阅制度》《家庭图书分馆管理员岗位职责》等，由台州温岭图书馆提供业务指导、图书配送、专业培训、设备维护等各项服务[①]。

从现有的公共图书馆建设家庭图书馆的普遍实践来看，具有以下特点：在兴办主体上，公共图书馆主导与家庭自愿相结合；在资源配置上，民间资源与公共资源相结合；在管理方法上，自由灵活与规范评价相结合；在服务范围上，自我满足与适度公益相结合；在服务方式上，图书借阅与阅读推广相结合[②]。但目前，公共图书馆在家庭图书馆建设方面还存在以下问题：一是服务能力和范围有限。其原因有两个：①家庭图书馆本身场地有限，家庭成员非专业人员，此外还会受到家庭服务意愿和社区居民接受度的影响；②家庭图书馆未成规模，所产生的服务成效是有限的。二是信息技术应用水平不高。不少地区建设的家庭图书馆在开展管理和服务时依旧采用人工登记的方式，无论是对公共图书馆还是对家庭、读者来说都是非常不便利的。三是缺乏长期有效的内驱力。后期家庭图书馆内部容易缺乏持续服务动力，这会导致项目停滞不前、成效降低，甚至终止。

三、邻里图书馆项目的创新与实践

邻里图书馆项目由佛山市图书馆倡导发起，属于公共图书馆参与建设的家庭图书馆项目的一种类型。它具有家庭图书馆的基本特征，与其他公共图书馆发起的家庭图书馆项目有相似之处，也在实践中不断创新与发展，打造了独具特色的家庭图书馆发展模式。

（一）丰富家庭图书馆建设内涵

（1）邻里图书馆更具开放性。家庭图书馆依托家庭私人空间和部分藏书资

---

① 杨仲芝,陈海量.温岭家庭图书分馆建设:阅读服务体系和服务模式的创新[J].图书馆研究与工作,2018（11）:33-35.

② 乔杨.面向社区服务的家庭图书馆建设与发展[J].图书馆工作与研究,2017（1）:94-98,120.

源建立，由家庭成员进行日常管理和服务，对家庭的自主性依赖性强。家庭具有私密性，而家庭图书馆的公共性和私密性并存，公共图书馆参与建设的家庭图书馆更具公益性和开放性。佛山市图书馆开展邻里图书馆项目的初衷是建设一批更具开放性、公益性，能为周边邻里提供阅览、借阅和文化活动的家庭图书馆。因此，在规则设置上，佛山市图书馆对申请加入的家庭提出"愿意为邻居、亲人、朋友服务"的条件，以及对外提供借阅服务和开展阅读活动的义务，包括"每年组织阅读分享活动不少于3场、图书转借总量需达到30册次"的考核标准。这些在一定程度上要求和激励家庭积极敞开家门，使其自觉承担起家庭图书馆作为公益性服务空间的责任。在具体实践中，邻里图书馆的开放性不仅体现在打开家门，让邻居走进家中图书馆，还体现在将服务群体拓展到亲人、朋友，甚至陌生人，更体现在邻里图书馆家庭突破"家庭"这一物理范围局限，走出家门，将邻里图书馆的服务延伸到小区、社区、公园、学校等更多场所，让更多群众受益。

（2）邻里图书馆更具共享性。公共图书馆参与建设的家庭图书馆，往往能够得到图书馆的文献资源支持，与自家藏书资源共同形成家庭图书馆的馆藏资源，这些藏书共同成为家庭图书馆的服务基础。但大部分公共图书馆的管理系统只能对公共藏书的流通进行管理，无法将家藏图书纳入其中，因而家庭图书馆的家藏图书在管理和服务上也受到极大限制，共享的成效大大减弱。佛山市图书馆在邻里图书馆项目发展过程中，基于家庭藏书共享的需求，依托现代信息技术，主导研发了家藏图书共享平台——"易本书"，方便邻里图书馆家庭将自家藏书上传到平台，规范管理，对外展示，提供借阅、漂流和赠送服务，大大提高了家藏图书的共享性。

（3）邻里图书馆服务范围更广。正常情况下，家庭图书馆的服务范围较小，由家庭自主选择在一定范围内对外开放，自主选择服务群体，一般为亲朋好友、左邻右舍等。邻里图书馆最初也是这样设想的，即在小范围内产生阅读带动服务。但在具体实践中，邻里图书馆家庭充分发挥其能动性，将图书馆藏书和自家藏书带出家门，走进小区草坪、社区中心、户外公园、学校等场所，主动与社区居委会、学校老师、基层图书馆合作，联合开展服务和活动，发挥其在社区的阅读带动作用。更多的邻里图书馆家庭团结协作，发挥各自的特长，资源共享，联合开展活动，将邻里图书馆的服务范围和影响力进一步扩大。作为发起者、组织者和支持者的公共图书馆在资源、管理、服务、宣传、技术等方面给予了邻里图书馆大力支持，也让邻里图书馆的服务范围进一步延伸。

（二）体系化与个性化发展相结合

（1）体系化发展模式。家庭图书馆都是一个个独立的个体，个人自发建设的家庭图书馆对个人和家庭的要求比较高，其不仅独立承担藏书资源建设费用，在管理、服务和宣传方面也相当于单打独斗。而由政府/公共图书馆参与建设的家庭图书馆，对发起者的组织、管理、资源支持等方面能力要求比较高，因此，会适当控制家庭图书馆发展的规模。公共图书馆发起的家庭图书馆项目的规模一般被控制在几十、上百个，多则达到 400 个左右。佛山市图书馆发起的"'千家万户'阅暖工程——邻里图书馆"项目，最初计划便是走体系化、规模化发展模式，以发展 1000 家邻里图书馆为基础目标，让邻里图书馆遍布全市，形成家庭图书馆的服务体系，带动至少 10000 户家庭加入阅读队伍。佛山市图书馆也通过创新管理模式、加大资源投入、强化技术支持、加大宣传推广、健全激励机制等方式支撑起 1000 家以上邻里图书馆的持续发展。

（2）鼓励个性化发展。为了更好地管理和服务，公共图书馆往往会制定家庭图书馆相关管理制度，佛山市图书馆也不例外——制定了《邻里图书馆建设与服务规范》。家庭图书馆与政府建设的公共图书馆不同，它以各式各样的家庭为主体进行建设，百花齐放，凸显社会民间文化活力。因此，在标准化建设的基础上，佛山市图书馆鼓励、引导和支持邻里图书馆的个性化发展：在馆藏资源建设方面，给予家庭自由选择的权利，全市公共图书馆藏书自由借阅，举办专题新书选购大会，定制每家邻里图书馆的特色馆藏；在服务和活动方面，佛山市图书馆会适当引导邻里图书馆打造本馆特色，形成独立的品牌活动。例如，佛山市图书馆培育的 10 家邻里图书馆示范点，或亲子教育主题，或传统文化主题，或旅行文化主题，各有特色，每家邻里图书馆自行设计了自家馆的 LOGO，在馆藏、服务和活动方面都紧紧围绕自家图书馆的主题特色进行建设。

（三）创新家庭图书馆管理模式

（1）多级多馆联动。其他由公共图书馆发起的家庭图书馆项目，家庭图书馆的招募、管理和服务均由单馆完成，佛山市图书馆发起的邻里图书馆项目则不同：邻里图书馆项目虽然由佛山市图书馆发起，但是佛山市图书馆充分发挥了佛山市联合图书馆体系的"联合"作用，由"市—区—镇街"三级图书馆、多馆联动参与邻里图书馆项目建设，包括邻里图书馆项目的招募、管理、服务、宣传等工作。邻里图书馆俨然成为公共图书馆服务体系的一部分，这是家庭图书馆管理模式的一大创新。

（2）建立自治共同体。家庭图书馆是社会力量参与公共文化服务的方式之一。当一个地区的家庭图书馆发展得越来越多，形成一定规模时，如何更好地激发家庭图书馆内部活力，减轻公共图书馆的管理压力，就成为发起方必须考虑的事情。为进一步增强邻里图书馆工作的针对性和实效性，促进公共图书馆与邻里图书馆的紧密配合，发挥邻里图书馆在全民阅读、文化自治、民主管理等方面的作用，佛山市图书馆推动成立佛山市邻里图书馆管理委员会，承担"协调、谋划、督促、反馈、协作"的职能，打造自治共享模式。管理委员会成员由市、区图书馆业务代表和邻里图书馆代表组成，携手共同探索高效的管理机制。

（3）全过程信息化管理。不少地区家庭图书馆存在的普遍问题是信息技术应用水平不高，限制了家庭图书馆的服务能力。为进一步提高家庭图书馆自我管理、自我服务的能力，佛山市图书馆主导研发了面向邻里图书馆家庭和读者的两个系统——邻里图书馆小程序和"易本书"平台。邻里图书馆小程序具有刷脸办证、线上签约、图书借阅、活动管理、绩效管理、客服咨询、数据统计等功能，让邻里图书馆成为"麻雀虽小五脏俱全"的小型公共图书馆，不仅可以管理本馆的图书、活动，还可以管理本馆的读者，并与其他邻里图书馆互动。"易本书"平台则让邻里图书馆家庭实现自家藏书的信息化管理和共享。平台提供快递服务，方便读者一键下单，足不出户，图书快递上门。

第三节　创新社会力量参与公共文化服务路径

社会力量参与公共文化服务体系建设是文化发展的理性选择[①]，对发展公

---

① 王子舟.社会力量参与公共文化服务体系建设是文化发展的理性选择[J].图书馆杂志,2015（11）:11-12.

益性文化事业、满足人民群众日益增长的文化需求具有重要意义。邻里图书馆项目鼓励、引导家庭参与公共文化服务，是社会力量参与公共文化和公共图书馆建设的生动实践。本节介绍了社会力量参与公共图书馆建设的政策背景和主要实践模式，深入分析了邻里图书馆项目中社会力量参与的动机、做法和成效。

一、社会力量参与公共图书馆建设概况

图书馆是民主国家及政府为了保障公民知识权利而选择的一种制度安排[①]。"政府主导、社会参与"成为国内外现代公共图书馆事业发展的基本原则。《中华人民共和国公共图书馆法》以制度形式明确了我国公共图书馆事业的政府责任，政府应起主导作用，同时也鼓励社会力量参与公共图书馆建设。目前，对于"社会力量"这一概念并没有统一的定义。一般而言，社会力量主要是指各级政府和相关部门自身力量之外的其他力量，包括企业、公益机构、社会组织、个人等。

（一）政策背景

我国已基本形成"政府主导、社会参与、共建共享"的公共文化服务体系建设格局。党的十七届六中全会曾提出"引导和鼓励社会力量通过兴办实体、资助项目、赞助活动、提供设施等形式参与公共文化服务"。2015 年，中共中央办公厅、国务院办公厅印发的《关于加快构建现代公共文化服务体系的意见》确立了引导和鼓励社会力量参与的原则。在党中央、国务院的高度重视下，我国公共文化领域陆续出台了《关于做好政府向社会力量购买公共文化服务工作的意见》（2015）、《关于深入推进公共文化机构法人治理结构改革的实施方案》（2017）等多个政策，进一步完善社会力量参与公共文化建设的体制、机制及有效形式。十九大报告提出"激发全民族文化创新创造活力""要深化文化体制改革，完善文化管理体制"，为新时期公共文化社会化发展指明了方向。《中华人民共和国国民经济和社会发展第十四个五年规划和 2035 年远景目标纲要》提出"创新公共文化服务运行机制，鼓励社会力量参与公共文化服务

---

① 蒋永福.知识权利与图书馆制度——制度图书馆学研究 [J]. 中国图书馆学报,2005（1）:10-14.

供给和设施建设运营"的公共文化发展指导意见。2021年4月，文化和旅游部印发《"十四五"文化和旅游发展规划》，提出"推动公共文化服务社会化发展"的"十四五"期间发展规划①。同年6月，文化和旅游部印发《"十四五"公共文化服务体系建设规划》，将"推动公共文化服务社会化发展"作为"十四五"期间公共文化服务体系发展的七大主要任务之一，明确了"深入推进政府购买公共文化服务、创新社会力量参与公共文化服务方式、提升文化志愿服务水平"等几项落实措施②。

在法律法规方面，《中华人民共和国公共文化服务保障法》第二条规定："本法所称公共文化服务，是指由政府主导、社会力量参与，以满足公民基本文化需求为主要目的而提供的公共文化设施、文化产品、文化活动以及其他相关服务。"第十二条同时规定："国家鼓励和支持公民、法人和其他组织参与公共文化服务。"《中华人民共和国公共图书馆法》对接《中华人民共和国公共文化服务保障法》，将鼓励和支持社会力量参与上升为法定原则，对社会力量参与公共图书馆建设的方式，所享有的权利和国家给予的扶持政策等做出了相应的规定。

（二）主要实践模式

社会力量参与公共图书馆建设具有参与主体广泛、参与内容多元、参与方式多样、参与自主化等特征。国外社会力量参与公共图书馆建设的实践开始得较早，美国、英国、日本等国家相关政策和机制也较为完善，主要模式有图书馆协会、图书馆基金会、企业参与、业务外包、志愿者服务、社会捐赠等③。其中，图书馆慈善基金会是西方国家公共图书馆重要的运营资金来源。社会捐赠的方式也多种多样，既有现金捐赠，也有不动产捐赠、遗产捐赠、信托基金捐赠等。

《中华人民共和国公共图书馆法》相关条款指出，国内社会力量可以通过

---

①　中华人民共和国文化和旅游部关于印发《"十四五"文化和旅游发展规划》的通知[EB/OL].[2022-05-31].http://zwgk.mct.gov.cn/zfxxgkml/ghjh/202106/t20210602_924956.html.

②　文化和旅游部关于印发《"十四五"公共文化服务体系建设规划》的通知[EB/OL].[2022-05-31].http://www.gov.cn/zhengce/zhengceku/2021-06/23/content_5620456.htm.

③　SEN B.Multiple strategic orientations：the public library as a societal organization[J].Procedia-social and behavioral sciences,2014（8）:111-119.

多种方式参与公共图书馆建设：一是捐赠，包括捐赠资金、设施、文献资源、专题活动等；二是参加图书馆理事会，参与图书馆管理；三是通过政府购买服务参与；四是参与图书馆志愿服务（见表4-3）。

表4-3　《中华人民共和国公共图书馆法》"社会力量参与"相关条款

条款	具体内容
第六条	国家鼓励公民、法人和其他组织依法向公共图书馆捐赠，并依法给予税收优惠
第二十条	公共图书馆可以以捐赠者姓名、名称命名文献信息专藏或者专题活动。公民、法人和其他组织设立的公共图书馆，可以以捐赠者的姓名、名称命名公共图书馆、公共图书馆馆舍或者其他设施
第二十三条	国家推动公共图书馆建立健全法人治理结构，吸收有关方面代表、专业人士和社会公众参与管理
第四十五条	国家采取政府购买服务等措施，对公民、法人和其他组织设立的公共图书馆提供服务给予扶持
第四十六条	国家鼓励公民参与公共图书馆志愿服务。县级以上人民政府文化主管部门应当对公共图书馆志愿服务给予必要的指导和支持

结合国内相关法律、政策规定，以及学者研究和具体实践，可以将目前国内社会力量参与公共图书馆建设的模式归纳为以下几种：

（1）自办图书馆。自办图书馆指社会力量创办并自主管理的公益性图书馆，即民间图书馆。"自发、'草根'、多样"是民间图书馆的基本特性。其创办主体多元，有个人、企业、非营利组织等。据统计，74%的民间图书馆分布在公共图书馆服务力量较为薄弱的乡村地区，是公共图书馆的有益补充[①]。

（2）合办图书馆。合办图书馆即由社会力量和公共图书馆合作共同创办公共图书馆。合办图书馆一般由社会力量提供场地、设备、管理与服务，公共图书馆提供藏书和部分设备，并被纳入公共图书馆服务体系。

（3）慈善捐赠。慈善捐赠即社会力量向公共图书馆捐资、捐物。具体形式包括捐资建设图书馆建筑或空间，捐资资助购买设备和举办活动，捐赠建筑物和文献等。

---

① 傅宝珍.改革开放四十年民间图书馆发展研究[J].图书馆研究与工作,2019（12）：5-10,16.

（4）政府购买服务。政府购买公共图书馆服务是指由政府出资，向社会力量采购服务的模式，主要方式有整馆服务外包、购买图书馆服务岗位、购买公共活动、购买技术支持等。

（5）图书馆理事会。图书馆理事会建设是推动我国事业单位法人治理结构改革的重要内容，也是政府转变职能、引入社会力量参与公共图书馆治理、强化公共图书馆公益属性的重要举措。图书馆理事会是公民个人参与公共图书馆管理的重要渠道，可以参与图书馆的决策、咨询和自治。

（6）文化志愿者。成为文化志愿者是公民个人参与公共图书馆建设最常规、方便、门槛较低的方式之一。志愿服务内容比较广泛，包括：图书馆基础性工作，例如文明引导、图书整理、清洁卫生、提供咨询、维护秩序等；阅读推广、讲座等活动类服务，例如活动宣传、引导公众参与、协调活动组织等；特殊群体服务，主要是为残障人士、少年儿童、老年人等群体提供服务；其他类型服务，包括利用个人专长为读者提供服务，例如参与图书馆古籍修复，提供法律咨询服务；等等。

佛山市积极探索社会力量参与公共图书馆建设的方式。2021 年 5 月 1 日正式实施的《佛山市公共图书馆管理办法》，除了在慈善捐赠、政府购买服务、图书馆理事会、文化志愿者等社会力量参与方面予以规定，第四十二条明确规定："全市公共图书馆应当联合各界力量，打造阅读品牌，推动、引导、服务全民阅读。鼓励公共图书馆与个人、家庭、民间读书会等社会力量合作，共同提供阅读服务。"具体实践方面，近年来，佛山市公共图书馆与企业、社会组织、个人等合作建设数十家自助图书馆。市区两级公共图书馆均成立图书馆理事会，吸纳社会力量参与图书馆管理。佛山市图书馆成立佛山阅读联盟，广泛吸纳企事业单位、社会组织、个人组建主题读书会或成为合作伙伴，共同开展阅读推广服务。佛山市图书馆"市民馆长"项目面向社会招募市民以文化志愿者的身份担任图书馆"馆长"，参与图书馆管理、运营以及文化活动的策划、组织。此外，佛山市公共图书馆还与民宿合作建设民宿图书馆，与家庭合作建设邻里图书馆，并鼓励学生"馆长"参与图书馆志愿管理与服务，等等。

二、邻里图书馆项目的创新实践

邻里图书馆项目为作为社会力量的普通家庭参与公共图书馆建设提供了新

路径。邻里图书馆作为家庭图书馆的一种形式，属于社会力量与公共图书馆合办图书馆，是文化志愿者参与公共图书馆建设的一种模式。

（一）动机分析

根据参与主体、参与方式、参与内容的不同，社会力量参与公共图书馆建设的动机也有很大区别。例如，个人参与可能是出于慈善心理和价值实现，企业捐赠可能是为了回馈社会和企业声誉，参与政府购买服务可能以盈利为目的。邻里图书馆项目中有三个主要角色：公共图书馆、邻里图书馆家庭和读者。其中，项目的发起者公共图书馆和提供服务的主体邻里图书馆家庭扮演核心角色，下面从这两个维度对邻里图书馆项目中社会力量参与的动机进行分析。

公共图书馆为什么需要社会力量参与建设？根据公共图书馆不同业务发展需要，会有不同的动机。例如，公共图书馆可以借助社会力量的场地、人员、经费等资源建设基层阅读点，拓展基层服务体系，以更好地满足基层群众需要；建立理事会引入社会力量参与公共图书馆治理，实现管、办分离，提高图书馆现代治理水平；通过文化志愿者、阅读推广人等引入社会力量，减缓图书馆人手不足的压力，丰富公共图书馆文化供给。佛山市图书馆开展邻里图书馆项目，从社会力量参与的角度主要基于以下几方面动因：一是借助社会家庭的场地空间、藏书资源、服务和管理，建立可对外服务的家庭图书馆，延伸公共图书馆服务体系触角，缓解图书馆场地、人员和经费不足问题。二是将邻里图书馆家庭发展为文化志愿者，主动对亲朋好友、左邻右舍提供图书借阅服务和文化活动，借助社会家庭力量推广全民阅读。

作为社会力量的家庭为什么参与公共图书馆建设？在邻里图书馆项目中，家庭作为个体参与公共图书馆建设。公民个体是社会力量中单体力量最薄弱，但数量最庞大的群体，具有无限的潜力。社会力量参与公共图书馆建设的动力可分为文化动因、伦理动因、社会动因和经济动因四大类型。文化动因即慈善思想和公益文化影响，伦理动因即道德情感、道德理性和道德责任影响，社会动因即社会规范、社会认可和社会强制影响，经济动因即经济获益目的[①]。家庭以与公共图书馆合办图书馆和担任文化志愿者两种身份参与公共图书馆建设，其参与动因也可以从两个角度去分析。

---

① 乔杨.公共图书馆事业社会力量参与动力机制研究 [J].图书馆,2016（1）:35-40.

家庭与公共图书馆合办邻里图书馆的动因可能包括：获取公共图书馆更多资源和服务，营造良好的家庭阅读氛围，受文化动因、伦理动因、社会动因（社会认可）的影响为亲朋好友、左邻右舍提供公益服务。

而作为文化志愿者，邻里图书馆家庭的参与动机和志愿者类似。国内外学者将志愿者的动机笼统分为利己动机和利他动机。具体而言，志愿者参与动机可分为十大类，分别是宗教信仰、政府引导、社区组织、社会互动、互惠、同感、职业发展、个人成长、自我认知、获得自尊等[①]。林敬平将志愿者的参与动机划分为快乐奉献导向型、责任奉献导向型以及发展奉献导向型[②]。不过，研究发现，多数的志愿行为是在多种动机的综合驱动下产生的，志愿者参与志愿服务活动的动机并非由单一动机因素驱动，志愿动机呈现多元化、多样性的特征。

根据调查[③]显示，邻里图书馆家庭作为文化志愿者参与公共图书馆建设的动因包括以下几个方面。一是价值实现，即通过提供的服务和活动成果展示个人能力，获得他人尊重，实现个人价值。二是个人成长，即在志愿服务、开展阅读推广活动过程中，锻炼自己的策划、组织、协调能力，提升知识技能，获取更多社会经验，促进个人和家庭成长。被调查家庭选择"希望能够促进自我和家人（孩子）的成长"的占比为80.42%。三是社会回馈，即出于慈善和公益心理，通过公益性阅读服务和文化活动，推广阅读，帮助他人获取更多知识。在被问到加入项目初衷时，被调查家庭选择"参与公益阅读服务"的占比为69.84%。四是社会互动，即通过参与志愿服务，实现与公共图书馆、亲朋好友、左邻右舍、其他读者的互动，结交志同道合的朋友。被调查家庭选择"希望能够认识更多热爱阅读的人"的占比为68.25%。

（二）具体做法

（1）找到社会力量兴趣点。社会力量参与公共图书馆建设有其动机，对于

---

① ESMOND J. Report on the attraction, support and retention of emergency management volunteers[J]. Commonwealth of Australia, 2009（33）:77.

② 林敬平. 志愿者服务动机调查与激励机制设计 [J]. 广东青年干部学院学报, 2008（2）:14-17.

③ 指课题组在 2021 年 6—9 月面向邻里图书馆家庭开展的邻里图书馆家庭参与情况调查, 具体调查情况及结果详见第五章。

自愿且感兴趣的事情才有动力。佛山市图书馆通过调研了解到家庭对家庭教育、家庭阅读资源建设、家庭文化氛围营造的重视和需求，因此将目标群体定位为家庭，以家庭为单位建立邻里图书馆。在公共图书馆的支持下，邻里图书馆家庭可以丰富家庭阅读资源，这更有助于家庭教育开展和家庭文化氛围营造，对家庭具有较大的吸引力。抓准家庭的兴趣点，可以让其主动、自愿地与公共图书馆合作建立邻里图书馆，并自觉提供阅读推广服务。

（2）对接群众需求点。社会力量参与公共图书馆建设时往往有自己的诉求，而服务对象也有自己的需求。群众希望公共图书馆的资源和服务更加便利，最好在自家小区就有书可借、有文化活动可以参加。邻里图书馆直接入驻家庭，对社区邻里开放，极大地方便了群众就近借阅图书。邻里图书馆使邻里间的沟通交流更加密切，邻里图书馆在这一过程中也更加了解社区居民的文化需求，从而在藏书建设和活动开展方面更有针对性。

（3）搭建社会力量参与平台。佛山市图书馆多途径开拓社会力量参与公共图书馆建设的有效方式，为家庭提供参与公共图书馆建设的途径和机会。一是提高家庭参与意识。佛山市图书馆联合各方力量广泛开展邻里图书馆项目的宣传工作，包括各级公共图书馆、文化主管部门、妇联、各类公共文化设施单位、各类媒体等，宣传公益、志愿服务的理念，提高家庭参与意识。二是畅通家庭参与渠道。佛山市图书馆联合区级、镇街级公共图书馆共同实施邻里图书馆项目，符合条件的家庭可就近到公共图书馆办理加入项目的相关手续，接受管理和服务，借阅所需文献资源。2021年6月，佛山市图书馆上线邻里图书馆小程序，实现一站式刷脸办证、线上签约、图书快递、活动管理、绩效管理、客服咨询等功能。三是培养家庭参与能力。佛山市图书馆通过编制指引手册和提供日常咨询服务引导家庭掌握管理邻里图书馆与提供服务的相关技能；开展系列培训，包括"'童爸童妈'培训班""文化志愿者培训""阅读推广人培训"等专业培训课，提升邻里图书馆馆长的综合素质和业务水平；成立邻里图书馆文化志愿队伍，进行规范化管理。

（4）建立社会力量参与激励机制。邻里图书馆是一个公益性文化服务项目，家庭的持续、积极参与需要公共图书馆给予相应的激励，让家庭在邻里图书馆项目中实现个人价值和成长。佛山市图书馆通过赋予专属权利、品牌化支持、精神激励与支持等方式建立家庭激励机制。一是赋予专属权利：加入邻里图书馆项目的家庭可以获得总借阅 200 本书、还书期限为 1 年的借阅权限，远优于普通读者；可以享受图书馆提供的馆舍资源，并获得邻里图书馆官方授牌。二是品牌化支持。一方面，对于佛山市图书馆打造的"邻里图书馆嘉年华""家庭阅读季""'邻'距离微电台""阅文化创意活动"等四大品牌活动，邻里图书馆家庭有优先参与权。另一方面，佛山市图书馆通过一定的资金、物资和专业指导，引导每家邻里图书馆创建各自的品牌活动，打造各自特色。三是精神激励与支持。佛山市图书馆制定绩效考核管理办法，定期开展邻里图书馆绩效考核工作，评优评先，对优秀邻里图书馆予以颁奖，给予其优先参加专业培训的机会。此外，佛山市图书馆还加大对于优秀邻里图书馆的宣传力度，帮助其树立良好的社会形象。

（5）引入文化治理理念。党的十九届四中全会通过的《中共中央关于坚持和完善中国特色社会主义制度　推进国家治理体系和治理能力现代化若干重大问题的决定》提出，"坚持和完善共建共治共享的社会治理制度"。文化治理是社会治理的一方面。文化治理是对文化管理的创新和超越，它不仅仅是政府对文化的管理，而且倡导多元主体在文化领域里进行多元化的社会治理。佛山市图书馆秉承"共建　共治　共享"的理念，在邻里图书馆项目中引入文化治理理念，成立邻里图书馆管理委员会，由成员馆家庭参与邻里图书馆项目管理，让社会力量更加深入地参与公共图书馆的决策、管理和服务。

（三）主要成效

（1）千个家庭建成千家图书馆。在佛山市公共图书馆的鼓励与支持下，佛山市越来越多的家庭认识、了解并加入邻里图书馆项目。截至2021年12月底，全市共有 1330 个家庭与公共图书馆合作建立了开在自己家里的邻里图书馆，并对外开放。1000 多家邻里图书馆散落在全市各个角落，为邻里街坊提供公益服务，形成了社会力量积极参与公共文化服务建设的良好氛围。

（2）有效丰富公共文化服务供给。邻里图书馆项目创新了公共文化服务供给模式，改变了由公共图书馆作为公共文化服务单向供给主体的传统模式，家庭作为社会力量通过加入邻里图书馆项目参与公共文化服务供给。这一模式在公共文化服务供给方面带来了以下几点好处。一是促进资源下沉，相比个体读者，邻里图书馆家庭可以借阅更多图书，让超过 37 万册次公共图书馆馆藏资源下沉到家庭末端，有效对接家庭阅读需求。二是提高图书利用率，邻里图书馆将超过 13.4 万册次图书转借给邻里图书馆家庭的左邻右舍、亲朋好友，进一步提高图书利用率。三是丰富阅读活动供给。邻里图书馆自发策划、组织、开展阅读活动超过 1730 场次，如绘本故事会、亲子阅读活动、草地读书会、诗词大会、阅读打卡活动等，形式多样、内容丰富。

（3）以书为媒增进邻里关系。邻里图书馆项目鼓励家庭主动求变，以开放包容的心态打开家门，建立家庭阅读空间，以书为媒介，以阅读为纽带，促进邻里交往。邻里图书馆在服务左邻右舍、组织阅读分享活动、转借图书的过程中，打破邻里社交壁垒，重塑与增进邻里关系。邻里图书馆也可在室内外举办阅读活动，丰富社区文化生活。户外草地读书会成为邻里图书馆开展活动的新形式，吸引了许多社区人群主动参与。邻里图书馆以文化活动熟络邻里，有效增进邻里间感情，促进社区融合。

第四节　拓展公共图书馆服务体系建设层级

当前，我国已进入高质量发展阶段。国家发展战略和人民群众的多样化多层次需求要求公共图书馆服务体系向更广阔空间和更深层次发展。邻里图书馆项目是佛山市进一步完善公共图书馆服务体系，延伸体系触角的新探索。本节介绍我国公共图书馆服务体系建设概况，包括政策保障和实践进展，分析佛山市公共图书馆服务体系建设概况，并深入分析邻里图书馆在公共图书馆服务体系建设中的创新与实践。

一、我国公共图书馆服务体系建设概况

公共图书馆服务体系是指公共图书馆设施、资源、服务、保障制度架构的统称[1]。构建并完善公共图书馆服务体系是时代发展的现实要求，只有这样才能不断满足人民群众对美好生活的向往。在国家政策的支持下，我国覆盖城乡的公共图书馆设施网络更加健全，优质文化产品和服务日趋丰富，服务能力和服务水平明显提高，公共图书馆服务体系建设取得重要进展。

---

[1]　彭泽明. 中国公共文化百科全书 [M]. 重庆:重庆出版社,2015:13.

（一）政策保障

公共图书馆服务体系是公共文化服务体系的重要组成部分。2007年8月，中共中央办公厅、国务院办公厅联合下发了《关于加强公共文化服务体系建设的若干意见》。这是我国出台的第一个专门部署建立覆盖全社会的公共文化服务体系的政策，其中多次提出对图书馆事业发展的要求。在随后的十多年间，国家出台了有关文化发展的系列规划纲要、政策法规，包括《文化部"十二五"时期公共文化服务体系建设实施纲要》《关于加快构建现代公共文化服务体系的意见》《中华人民共和国公共文化服务保障法》、《文化部"十三五"时期文化发展改革规划》《"十四五"文化和旅游发展规划》《"十四五"公共文化服务体系建设规划》。这些规划纲要、政策法规为当前和今后一段时期的公共文化服务体系和公共图书馆服务体系建设明确了时间表和路线图。

除了公共文化服务体系政策，国家以及各地政府也高度重视公共图书馆事业发展的专项或相关政策体系建设。2011年1月，文化部、财政部印发《关于推进全国美术馆、公共图书馆、文化馆（站）免费开放工作的意见》，全面部署了各级公共图书馆免费开放工作，成为我国公共图书馆服务体系建设进程中具有划时代意义的一个事件。2013年1月，文化部出台《全国公共图书馆事业发展"十二五"规划》，这是我国第一个公共图书馆事业中长期发展规划。2016年12月，文化部、新闻出版广电总局等五部委联合印发《关于推进县级文化馆图书馆总分馆制建设的指导意见》，推动基层文化体制机制改革，因地制宜建立起上下联通、服务优质、有效覆盖的图书馆总分馆制建设[①]。2017年7月，文化部印发《"十三五"时期全国公共图书馆事业发展规划》。2018年1月实施的《中华人民共和国公共图书馆法》是中国第一部图书馆专门法，标志着我国的公共图书馆事业有了根本的法律保障。此外，国家出台了一系列公共图书馆建设、管理和服务相关标准和规范，包括《公共图书馆服务规范》《图书馆参考咨询服务规范》《社区图书馆服务规范》《图书馆视障人士服务规范》《公共图书馆建设标准》《公共图书馆少年儿童服务规范》《公共图书馆业务规范》《公共图书馆读写障碍人士服务规范》等重要标准规范，有力地促进

---

① 文化部等五部委联合印发意见推进县级文化馆图书馆总分馆制建设［EB/OL］.［2022-05-31］.http://www.gov.cn/xinwen/2017-02/21/content_5169412.htm.

了图书馆服务规范化和管理科学化。

（二）实践进展

21世纪初，在普遍均等服务理念影响下，我国公共图书馆开始探索体系化发展之路。多地因地制宜探索适合本地的公共图书馆服务体系建设模式，例如，上海中心图书馆一卡通模式、杭州中心馆—总分馆模式、深圳图书馆之城、东莞集群图书馆、佛山市联合图书馆、苏州模式和嘉兴模式等。早期公共图书馆服务体系建设模式被邱冠华等人总结为总分馆体系模式、区域性服务网络建设模式以及基层图书馆模式和流动图书馆模式四类[①]，并得到业界的认可。随着国家、地方政府保障政策的不断完善，资金支持的不断加强，各地结合实际，采取总分馆制、图书馆联盟、"一卡通"、流动图书馆、城市社区24小时自助图书馆等形式积极推进公共图书馆服务体系建设和服务创新。2016年起，全国各地快速推进图书馆总分馆制建设，以促进县域公共文化资源的互通共享，并取得显著成效，2020年末，全国共2397个县（市、区）建成图书馆总分馆制[②]。以广东省为例，2020年末，全省二级以上图书馆100%建成总分馆制，有总馆111个、分馆1285个、服务点4505个[③]，涌现佛山市南海区读书驿站、韶关市风度书房、江门市蓬江区陈垣书屋等特色服务点建设形式，成为总分馆制建设的重要节点。2011年起，由文化部和财政部启动的创建国家公共文化服务体系示范区（项目）工作，分四批次开展，创建周期为两年。全国中东西部共116个地区开展了创建工作。示范区的创建为创建地区的公共图书馆发展提供了不可多得的发展契机，获得了相应的政策和资金方面的保障。除示范区建设外，还有205个示范项目，其中与公共图书馆项目直接相关的有23个，包括嘉兴市"城乡一体化公共图书馆服务体系建设"项目、扬州市"'四位一体'公共图书馆服务体系"项目、温州市"'城市书网'公共图书馆现代服务模式"项目、通化市"公共文化'悦空间'总分馆建设"项目等。示范

① 邱冠华,于良芝,许晓霞.覆盖全社会的公共图书馆服务体系:模式、技术支撑与方案[M].北京:北京图书馆出版社,2008:49-62.

② 中华人民共和国文化和旅游部2020年文化和旅游发展统计公报[EB/OL].[2022-05-31].http://zwgk.mct.gov.cn/zfxxgkml/tjxx/202107/t20210705_926206.html.

③ 总分馆制新探索好经验来一拨[EB/OL].[2022-05-31].https://baijiahao.baidu.com/s?id=1689380511539280129&wfr=spider&for=pc.

区（项目）创建工作促进了创建地区公共图书馆体系发展、机制创新和效能提升。

随着我国公共图书馆事业的不断发展，各地公共图书馆服务体系建设也有所创新和发展。杭州图书馆以主题分馆的形式将图书馆服务得以覆盖城市的各个角落。杭州图书馆主题分馆涵盖音乐、电影、佛学、茶文化、钢琴、科技、运动、环保、艺术、财商等主题 20 余个。在文旅融合的背景下，各地探索公共图书馆文旅融合发展新模式。"粤书吧"是由广东省文化和旅游厅提出，由各地文旅主管部门作为监管与指导方，指引公共图书馆通过嵌入的方式，引入多方力量共同参与，按照"一吧一特色"的原则，在旅游景区、酒店、民宿和旅游交通集散地（机场、客运站等）等旅游经营单位设立分馆或服务点[①]。至2021 年底，全省已建成"粤书吧"269 个[②]，于各地市皆有落地案例。此外，在国家区域一体化发展的背景下，跨地区公共图书馆联盟成为新趋势。2017 年，京津冀公共图书馆区域合作联盟成立；2019 年，粤港澳大湾区公共图书馆联盟成立；2020 年，长三角公共图书馆网借图书服务联盟成立，胶东五市公共图书馆联盟成立；2021 年，长（沙）株（洲）（湘）潭公共图书馆联盟成立。

目前，我国基本公共图书馆服务标准化均等化建设全面推进，覆盖城乡的公共图书馆设施网络更加健全。2020 年末，全国共有县级以上公共图书馆3212 个，总实际使用房屋建筑面积 1785.77 万平方米，图书总藏量 117929.99万册，总流通 54145.81 万人次，书刊文献外借 42087.15 万册次，人均图书藏量 0.84 册，人均购书费 1.6 元；全国公共图书馆从业人员 57980 人，全年共为读者举办各类活动 150713 场次；另有乡镇综合文化站中的图书馆（室）32825个[③]。我国公共图书馆的设施总量、建筑面积总量和馆藏纸质图书总量三项基

---

① 广东省文化和旅游厅.省文化和旅游厅关于在旅游行业开展文旅融合"粤书吧"试点工作的通知 [EB/OL].[2022-05-31].http://whly.gd.gov.cn/special/xy/ggfw/content/post_3130462.html.

② "粤读通" 2.0 版上线,2022 粤澳"共读半小时"活动举行 [EB/OL].[2022-05-31].https://page.om.qq.com/page/OxEybWJQXZ1fvIU-yqMORdCA0.

③ 中华人民共和国文化和旅游部 2020 年文化和旅游发展统计公报 [EB/OL].[2022-05-31].http://zwgk.mct.gov.cn/zfxxgkml/tjxx/202107/t20210705_926206.html.

础性指标已居世界第一①。然而，我国公共图书馆服务体系建设中存在的覆盖率低、持证率低、阅读率低的难点和痛点没有得到根本性解决②。我国城市公共图书馆发展的突出短板主要存在于设施的科学布局、密度的合理安排、服务效能的提升等方面③。

二、佛山市公共图书馆服务体系建设现状

在国家公共文化服务体系发展的大框架和背景下，佛山市探索出一条独具佛山特色的公共图书馆服务体系建设路径，即"佛山市联合图书馆体系"。经过十五年的发展，佛山市联合图书馆不断拓展服务网络和服务品牌，搭建起覆盖全城、惠及全民的公共图书馆服务体系。

（一）发展概况

佛山市为国内较早探索建设公共图书馆服务体系的地区之一。2003 年，禅城区开始创建国内第一个"总分馆"服务体系——禅城区联合图书馆总分馆服务体系，业内称其为"禅城模式"。2004 年，由佛山市图书馆牵头提出了《佛山市联合图书馆实施方案》。2005 年，以促进城市图书资源共建共享为初衷，以实现城市居民平等、自由、畅通、便利地获取信息文献资源为目标的佛山市联合图书馆体系，在"统一标识、统一平台、统一资源、分级建设、分级管理、分散服务"的建设原则下初具雏形。2008 年 11 月，佛山市人民政府办公室向各区人民政府转发了由佛山市文化广电新闻出版局制定的《佛山市联合图书馆建设方案》，佛山市联合图书馆正式踏上全市推进的征程。2011 年，佛山市联合图书馆成员馆共同推出"二代身份证免押金借阅服务"。同年底，佛山市图书馆开始进行智能图书馆项目试点，并推出"读者自主采购借阅服务"。从 2012 年起，智能图书馆以一种灵活、便捷、节约、有效的服务方式正式出现在佛山市公共图书馆服务体系中，以"政府主导、多元参与"的建设方式发展出了自助图书馆、读书驿站、移动智能图书馆和街区图书自助借还机四种形态。同年，佛山市图书馆开通了汽车图书馆服务。2013 年 4 月，佛山市图书

---

①③　北京大学国家现代公共文化研究中心课题组. 面向 2035：建设中国特色世界一流公共图书馆体系 [J]. 中国图书馆学报，2022（1）：4-16.

②　程焕文，刘佳亲. 三不政策：新时代公共图书馆"零门槛"服务的制度创新方向 [J]. 图书馆建设，2022（1）：4-13.

馆开通了电视图书馆服务，并于同年构建起佛山市联合图书馆数字资源共建共享平台。2016年，汽车图书馆升级为移动智能图书馆并正式投入使用，成为国内首个RFID移动智能图书馆。

在佛山市创建第三批国家公共文化服务体系示范区的背景下，佛山市积极探索区域总分馆制度建设。其中，禅城区、南海区因建设经验突出，被广东省文化厅（现广东省文化和旅游厅）确定为总分馆示范地区进行推广。2018年，顺德区图书馆集群正式加盟佛山市联合图书馆，实现了图书资源在佛山市一市五区全域性的通借通还，佛山市联合图书馆迎来了真正意义上的"大联合"。同年，佛山市联合图书馆年文献外借量突破1000万册次，成为广东省首个文献借阅量破千万的地级市。2018年，《佛山市联合图书馆标准体系》正式发布实施。佛山市图书馆还完成了《佛山市联合图书馆规则汇编（二版）》的审校、发布工作，标志着联合图书馆制度建设与规范化管理进入了新时期。截至2021年12月底，佛山市联合图书馆成员馆已发展至391家，涵盖了公共馆、镇街馆、村居馆、学校馆、部队馆等不同类型的图书馆，全市可供读者借阅的文献总量达1463万册/件，持证读者达171.4万余人，形成了统一服务形象、统一书目检索平台、一证通借通还、资源共建共享的公共图书馆服务网络。

（二）体系新发展

（1）打造城市新型公共阅读空间。随着社会发展以及阅读理念和需求的改变，符合大众审美的阅读环境和品质化的阅读服务深受群众的喜爱。2017年以来，佛山在原有的"智能文化家"的基础上，通过文化与其他领域的跨界融合，将原来只提供图书借阅服务的智能图书馆升级为综合性文化服务中心，推出"智能文化家"项目，使之成为适应经济发达地区群众精神文化需求的新型综合文化空间。截至2021年12月，全市建成各具特色的"智能文化家"15家。"智能文化家"坚持"政府主导、社会参与"的建设方式。民间力量的参与促进了公共文化服务方式的多元化和社会化。例如，尼奥斯"智能文化家"、亲近童书"智能文化家"，分别与本地的尼奥斯建材有限公司和阅读推广个人莫老师创建的工作室合作共建；南庄镇、乐从镇、三水区北江社区的"智能文化家"乘着各镇街和社区党群服务中心建设的大潮将公共文化服务设施下沉至社区。

（2）探索公共图书馆融合发展新思路。近年来，佛山市联合图书馆在粤港澳大湾区区域合作、公共文化机构融合、文旅融合等方面探索前行，更好地发挥了公共图书馆的作用。为促进与粤港澳大湾区公共图书馆的交流与合作，佛山市联合图书馆推出《港澳读者服务指南》，保证港澳读者能够平等、免费地利用图书馆资源，并积极参与粤港澳"共读半小时"、世界阅读日粤港澳创作比赛等活动。为助力广佛文化同城，佛山市图书馆于2019年4月联合广州图书馆推出"公共图书馆广佛通"项目，开通文献互通点，实现馆际互借、读者证互认、文献资源互通。两馆还合作开展了"广佛同城共读一本书"系列活动、共建南海区天河城广佛通"智能文化家"。佛山市图书馆与佛山市青少年文化宫签订双体系战略合作协议，双方共建共享场地、师资、创意，共建青葵图书馆、青葵营地，推动公共文化机构融合联动。佛山市公共图书馆通过改造空间、完善配套、建设专题资源、开展文旅主题活动和图书进景区项目等措施，推动图书馆服务与旅游服务融合发展。2020年起，佛山市公共图书馆推进"粤书吧"建设，全市有10家"粤书吧"成为省试点并建成开放。佛山市图书馆还在全市建成15家各具特色的民宿图书馆，探索"图书馆+民宿"模式①。

（3）制度设计引领服务体系发展。近年来，佛山市公共图书馆不断强化制度设计，以制度、政策、规划引领和保障公共图书馆服务体系的持续、健康发展。《佛山市公共图书馆管理办法》经2021年2月10日第十五届佛山市人民政府第83次常务会议审议通过会议，自2021年5月1日起施行。该办法是佛山市文化领域的第一部行政规章，也是《中华人民共和国公共图书馆法》实施后第一部地市级层面的地方性公共图书馆规范性文件。该办法加强和规范了佛山市公共图书馆管理，完善了公共图书馆服务网络，保障了公民的基本文化权益。2021年12月，《佛山市联合图书馆体系"十四五"发展规划》发布，这是佛山市公共图书馆服务体系中的首个中长期发展规划。以该规划为导向，"十四五"期间，佛山市联合图书馆将在公共图书馆网络布局、新技术应用、服务创新、多元合作模式等多个方面，指导和激励各成员馆充分发挥主观能动性，持续推进全市公共图书馆服务体系化建设。佛山市首个公共图书馆服务体系地方标准《联合图书馆体系建设管理规范》于2021年12月正式发布，有效推进了佛山市公共图书馆事业的标准化建设，提升了公共图书馆的服务质量和

---

① 广东佛山：公共图书馆服务普惠化均等化迈上新台阶［EB/OL］.［2022-05-31］.https://www.sohu.com/a/462280266_120006290.

服务水平。

佛山市公共图书服务体系在2005—2022年的发展过程中取得了一定成效，但也存在部分事业发展指标还有增长空间、区域之间发展不均衡、基层图书馆服务能力不足、体系服务效能有待提升、体系规范化管理能力需要增强等问题[①]。这些实际问题也促使佛山市公共图书馆不断探索和创新，以进一步完善佛山市公共图书馆服务体系。

三、邻里图书馆项目的创新做法

邻里图书馆项目是在佛山市公共图书馆服务体系不断发展，群众对公共文化服务的需求不断提高的背景下产生的。它作为图书馆的基层服务点被纳入公共图书馆服务体系，在建设模式、阅读推广、管理机制和服务供给等方面探索创新，为公共图书馆服务体系精细化发展提供新路径。

（一）构建"图书馆＋家庭"阅读服务体系

佛山市各区现有390多家公共图书馆，形成覆盖城乡的公共图书馆服务网络。佛山市公共图书馆服务网络实施统一规划、统一标准、统筹管理、分级保障、分类建设、分众服务，提供一证通借通还服务，实现资源共建共享。邻里图书馆由家庭共享自家阅读空间、藏书资源并由家庭成员加以管理，为亲朋好友、左邻右舍提供服务，以其深入社区、家庭的特点，成功嵌入到公共图书馆网络结构中，补充网络覆盖的稀疏或空白处。公共图书馆与邻里图书馆一证通借通还、活动互联互通，让公共图书馆藏书资源下沉基层的范围更为广泛，图书馆服务和活动的覆盖面更广。390多家公共图书馆和1000多家邻里图书馆构建起独具佛山特色的"图书馆＋家庭"阅读服务体系，让全民阅读的网络越织越密。

"图书馆＋家庭"阅读服务体系在实践中不断发展，主要体现在以下三个方面。一是邻里图书馆与位于社区内的公共图书馆合作，如读书驿站、"智能文化家"等，借助公共图书馆的场地和资源共同开展文化活动，激活社区公共阅读空间。二是多家邻里图书馆携手开展文化活动，相互学习，扩大受益群体

---

① 张萌，朱忠琼.佛山市联合图书馆体系事业发展报告——"十三五"总结与"十四五"展望[J].图书馆建设，2021（6）:47-54.

范围。三是邻里图书馆与社区居委会或小区物业管理中心合作，在社区或小区公共空间开展文化活动，丰富社区或小区居民的文化生活。

（二）创新公共图书馆服务体系管理机制

国内公共图书馆服务体系建设模式主要有总分馆体系模式、区域性服务网络建设模式以及基层图书馆建设模式和流动图书馆建设模式。不同模式对应着不同的公共图书馆服务体系运行管理机制。有的区（县）总分馆体系还探索总馆统一管理或参与管理各分馆人财物的模式，例如，佛山市禅城区总分馆体系。市中心馆对总馆重在业务指导，在体系服务点建设或具体项目实施上较少推行多级联动。佛山市联合图书馆体系运行机制实行"统一规划、统一标准、统筹管理、分级保障、分类建设、分众服务"原则，由市中心馆统筹、指导和协调全市联合图书馆业务。此外，佛山市联合图书馆体系还成立了联合图书馆专业委员会，加强对联合图书馆体系的指导、协调、管理职能。

邻里图书馆项目作为佛山市公共图书馆服务体系的创新部分，也在其运行管理机制方面加以创新，由市中心馆借助联合图书馆体系力量统筹发起，各区总馆依托总分馆体系推进。具体而言，即搭建"一五八"邻里图书馆项目运行管理体系：佛山市图书馆成立邻里图书馆管理中心，组建统筹组、招募组、流通组、管理组、宣传组、活动组、技术组、资源保障组八大工作小组；五区图书馆各自成立相应的邻里图书馆工作小组，依托总分馆制，建立邻里图书馆"市—区—镇街"多级联动机制。此外，佛山市图书馆还牵头成立了具有"协调、谋划、督促、反馈、协作"五大职能的邻里图书馆管理委员会，实现邻里图书馆家庭与公共图书馆的共建、共治、共享，让社会力量更加深入到公共图书馆的决策、管理和服务中。

（三）拓展公共图书馆服务体系建设层级

普遍均等服务是世界各国公共图书馆事业的共同原则和目标。为保障普遍均等服务，构建覆盖全社会的公共图书馆服务体系成为各地政府和公共图书馆界的重要工作。当前，我国公共图书馆根据行政级别划分为国家图书馆、省级图书馆、市级图书馆、县级图书馆、镇街图书馆、村（社区）图书馆等。这些类型的图书馆也构成了我国基本的公共图书馆服务体系层级架构。但是，传统的公共图书馆服务体系层级无法满足为人民群众提供普遍均等服务的要求，因此，有些地区积极探索公共图书馆服务体系新发展，以分馆、服务点等形式丰富公共图书馆服务体系的内涵，例如城市书房、自助图书馆、馆校合作等。一个地区的公共图书馆服务体系包括这个地区的所有公共图书馆及其合作关系[①]。

《中华人民共和国公共图书馆法》第十三条规定"国家建立覆盖城乡、便捷实用的公共图书馆服务网络。公共图书馆服务网络建设坚持政府主导，鼓励社会参与"。佛山市也构建了较为完善的"市—区—镇街—村（社区）"四级公共图书馆服务体系。截至 2021 年 12 月底，佛山市联合图书馆成员馆共计 391 家 / 个，包括中心馆 1 家，区总馆 5 家，市属分馆 1 家，区属镇街分馆 32 家，其他分馆 10 家，基层服务点 342 个（含智能图书馆、民宿图书馆、馆外新书借阅点等），其中 286 家智能图书馆可作为村（社区）图书馆服务点。为进一步构建便捷实用的公共图书馆服务网络，佛山市与家庭合作，鼓励社会参与公共图书馆服务网络建设。邻里图书馆以家庭为单位，在四级公共图书馆服务体系的基础上，作为村（社区）图书馆的补充，深入到社区内部，走到居民身边。1000 多家邻里图书馆成为公共图书馆服务体系中最小的组织单位，拓展了公共图书馆服务体系建设层级，进一步延伸体系触角。邻里图书馆项目在全市范围的全面铺开和快速推进，有效促进了佛山市公共图书馆服务体系的均等化、普惠化[②]。

（四）探索公共文化服务供给新模式

在传统公共文化服务供给模式中，政府和公共文化机构是供给主体，人民群众是服务的接受者，家庭是社会的基本细胞，也是公共文化服务的"终点"或"末端"。这种单向供给模式容易出现供给不足、供需不对称等问题。邻里图书馆项目创新了公共文化服务供给模式，改变了由公共图书馆作为公共文化服务供给主体的传统模式，将原本作为服务终点的家庭转变为公共文化服务网络中的结点，使其兼具服务对象与服务主体的双重身份。邻里图书馆具备了微型公共图书馆的基本功能，为读者提供图书阅览、图书借还、服务咨询等文化服务，并开展小型文化活动。家庭从单纯的公共文化服务的参与者、享受者转

---

① 邱冠华,于良芝,许晓霞.覆盖全社会的公共图书馆服务体系:模式、技术支撑与方案 [M].北京:北京图书馆出版社,2008:3.

② 张萌.邻里图书馆在公共图书馆服务体系建设中的创新要素 [J].图书馆论坛,2021（4）:15-20.

变为提供者和组织者，而公共图书馆在原来的公共文化服务的提供者、组织者角色基础上，又承担起管理者和培育者的新角色。从"终点"到"起点"，邻里图书馆让社会家庭成为公共文化服务供给的生力军，从馆藏资源到文化活动均由邻里图书馆馆长根据自身及周边邻里需求定制，尽可能满足公共文化服务内容的精准供给。在供给方式和对象上，邻里图书馆家庭主要为亲朋好友、左邻右舍提供服务，以邻里关系为纽带输送阅读资源和文化活动，实现公共文化服务对象的精准化。

第五章　邻里图书馆项目实证调查研究

为全方位评估邻里图书馆项目建设成效，课题组对项目进行了实证调查，研究总结成功的经验，分析发现存在的问题，并为后续实践工作提出建议。本章重点阐述了课题组对项目进行实证调查的过程、内容、结论和建议。

第一节　概述

课题组从邻里图书馆项目运营的角度出发，以三大参与主体为研究对象，即公共图书馆、邻里图书馆（家庭）和读者（见图 5-1），就项目运行的基本情况、信息资源、信息系统、图书馆服务、用户满意度、项目成效以及三大主体对项目的期望、意见和建议等为主要研究内容，同时以历年来邻里图书馆的档案资料、业务数据等为补充展开研究。本节介绍实证调查的研究背景与目的、研究内容与方法、研究意义与创新。

一、研究背景与目的

经过四年多的发展，邻里图书馆项目取得显著成效。截至 2021 年 12 月 31 日，佛山市全市邻里图书馆已发展至 1330 家，累计从图书馆借书 37.1 万册次，转借图书 13.4 万册次，举办活动达 1731 场次，服务读者 5.7 万人次（见表 5-1，除"馆藏总量"为截至 2021 年 12 日 31 日的实时数据外，其他数据均为截至 2021 年 12 日 31 日的累计数据）。

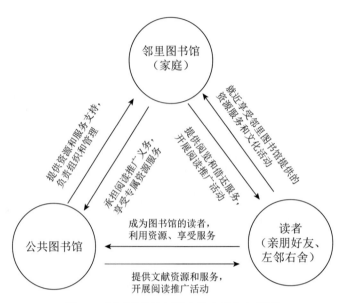

图 5-1 邻里图书馆项目中的主要角色模型

资料来源：黄佩芳.用户参与视角下的阅读推广实践研究——以佛山市"邻里图书馆"为例[J].四川图书馆学报，2020（5）：39-42.

表 5-1　2018—2021 年邻里图书馆业务数据

截止日期	累计规模/家	累计转借图书/册次	累计开展阅读活动/场次	累计活动参与/人次	累计服务人数/人次	累计馆藏总量/册（件）	累计借阅/册次
2018 年 12 月 31 日	454	4506	136	2172	2699	36657	45446
2019 年 6 月 30 日	583	20996	416	6947	10150	38809	83867
2019 年 12 月 31 日	808	38298	703	11493	19309	42396	129551
2020 年 6 月 30 日	922	57609	822	13111	22584	41434	163706
2020 年 12 月 31 日	1172	89468	1027	16484	29621	56872	238497
2021 年 6 月 30 日	1272	113252	1539	25123	41770	60129	291228

截止日期	累计规模／家	累计转借图书／册次	累计开展阅读活动／场次	累计活动参与／人次	累计服务人数／人次	累计馆藏总量／册（件）	累计借阅／册次
2021 年 12 月 31 日	1330	135347	1725	31391	56481	55049	371053

通过分析历年来邻里图书馆的业务数据可以发现，业务数据平均峰值节点在 2021 年 6 月 30 日前后。结合项目的实施过程与工作实践，课题组认为，邻里图书馆的发展历程大致可以分为启动阶段（2018 年 4 月—2019 年 6 月）、迅速发展阶段（2019 年 7 月—2021 年 6 月）和探索可持续发展阶段（2021 年 7 月至今）。

随着邻里图书馆项目规模的迅速扩大，课题组在实践中发现，项目在进入第三个阶段后逐渐显现出邻里图书馆家庭整体活跃度不足、管理机制待优化完善、精准服务待进一步提升等问题。课题组希望通过实证调查取得一手数据和资料，结合邻里图书馆项目历年来的档案资料，分析项目发展过程中用户需求和服务匹配情况，评估项目运行成效，梳理存在的问题，揭示项目服务效能关键影响因素及因素之间的相互关系，以期为邻里图书馆项目建设提质增效、可持续发展提供参考辅助决策参考。

二、研究内容与方法

"读者"和"用户"是图书馆情报学领域经常使用的两个术语。从图书情报服务的角度看，二者为同义语[①]。本研究对这两个术语不做区分，按本书中不同语境需要，分别采用两种表述方式。

课题组选择图书馆馆员、邻里图书馆家庭和邻里图书馆服务对象三个群体（分别对应公共图书馆、邻里图书馆和读者这三大角色）作为本次研究的主要对象来进行调查。图书馆馆员主要指曾经或正在参与邻里图书馆项目的公共图书馆工作人员。邻里图书馆家庭是指与图书馆签订了邻里图书馆合作协议的家庭，由家庭的某一成员担任邻里图书馆馆长并负责该邻里图书馆的运营管理。

---

① 国家教委高教司 . 读者服务与研究教学大纲 [M]. 北京:高等教育出版社,1996:5.

邻里图书馆服务对象专指享受过或仍在享受邻里图书馆服务的特定读者群体。

邻里图书馆项目实证调查主要研究内容如下：一是对三大主要角色的基本情况进行调查，主要包括了解图书馆馆员自身的业务素质和从业经验，掌握邻里图书馆馆长职业、学历和家庭成员等相关信息，研究邻里图书馆服务对象的职业、家庭成员、家庭藏书和对公共图书馆的利用等基本情况。二是对项目运行的基本情况进行总结，主要包括从用户角度了解邻里图书馆图书借阅情况、阅读活动开展情况、信息系统使用情况和其对项目的满意度，从服务提供者的角度了解项目对个人的影响、其对项目成效的评价和继续参与项目的意向，等等。三是广泛征集对项目的意见和建议，主要包括收集和整理三大主要角色对项目的直观感受和思考，了解项目进程中各方建议和期望，并结合项目实践发现各方内在需求。

本次实证调查采用的最主要的研究方法是问卷调查法。课题组在 2021 年6—9 月设计了三份调查问卷，构建三个问卷调查的指标体系，分别调研邻里图书馆家庭、邻里图书馆的服务对象和图书馆馆员。课题组采用网上问卷调查的形式进行数据收集，以此作为评估邻里图书馆运行情况的客观依据。

此外，课题组还综合采用档案研究法、访谈调查法、比较法等研究方法对研究资料进行了补充和分析。

档案研究方法，即利用项目运作过程中积累的档案资料进行成效分析。分析所用档案资料主要包括历年来邻里图书馆的馆藏和流通数据、邻里图书馆馆长资料、阅读推广活动开展资料、邻里图书馆绩效考核数据、2019 年的项目问卷调查资料[①] 等。

访谈调查法，即选择若干个有代表性的邻里图书馆家庭，采用开放式访谈方式，深入了解邻里图书馆家庭对项目的态度，了解其个性化需求。

比较法，根据 2019 年和 2021 年两次面向邻里图书馆家庭的问卷调查资料，采用纵向比较法（又称历史比较法），将前后两次问卷中同维度问题的调查结果进行定性和定量分析，以期找到项目近两年来的发展规律。

---

① 指"公共图书馆家庭阅读推广模式研究——以佛山市'邻里图书馆'为例"（中国图书馆学会 2018 年阅读推广课题）课题组于 2019 年 9—10 月进行的邻里图书馆项目网上问卷调查资料。

三、研究意义与创新

对邻里图书馆项目进行实证调查有利于课题组准确掌握用户的基本情况、为用户提供服务的情况、用户需求变化趋势和满意度情况等信息，对论证搭建"图书馆＋家庭"阅读服务体系是否具备可行性和可持续性具有重要参考价值，同时对提升邻里图书馆服务质量和服务效能、建设"让读者满意"的图书馆有重要促进作用。研究意义主要体现在以下几个方面：一是通过本次研究较为全面、具体地掌握了用户的基本情况和项目运作的基本情况，分析用户需求和用户满意度的匹配情况，以此论证"图书馆＋家庭"阅读服务体系能否成为解决现阶段读者精准化服务需求的一种供需对接方式。二是通过本次研究较为全面、具体地掌握项目资源、服务和信息系统运行现状和问题，有助于促进管理机制优化完善，推进佛山市"图书馆＋家庭"阅读服务体系提质增效和可持续发展。三是有助于贯彻图书馆"以用户为中心"的服务理念。佛山市图书馆已将"公共满意"写入《智慧·融合·跨越：佛山市图书馆2021—2025年发展规划》的目标中。本次实证调查过程中注重收集项目三大主要角色反馈的问题、意见和建议，其中既有共性的问题，也有个性化的观点，有助于邻里图书馆项目持续贯彻从用户的需求出发，以"让用户满意"为目标的发展思路。

本次研究的创新之处有三点：一是从现有的实践和理论出发，分角色建立需求结构模型、设计调查问卷，多维度、全方位展示项目成效和问题；二是调查问卷精准投放，具有针对性，样本质量高；三是结合历史档案、业务数据和邻里图书馆家庭实地访谈材料进行综合分析，有效弥补了问卷调查的不足。

本次研究在调查问卷设计全面性、用户抽样率和数据量化采集分析等方面存在一定的缺陷，有待在以后的研究与实践中进一步完善。

第二节　问卷的设计与发放

在邻里图书馆项目的顶层设计中，佛山市图书馆确定的总体目标是在全市推广邻里图书馆项目，到 2020 年末全市建成邻里图书馆 1000 家以上，服务 10000 个家庭，辐射超过 50000 个市民，搭建"图书馆＋家庭"的服务体系，推进全民阅读，共建书香社会；创建市民家里的图书馆，将公共文化服务的触角延伸到社会末端，精准对接家庭文化需求，实现公共文化资源的高效利用，鼓励社会家庭参与公共文化建设，促进邻里之间的知识交流，推动社会融合。2021 年 6 月至 9 月，在邻里图书馆项目即将迎来"创建广东省第三批公共文化服务示范项目"验收工作前期，课题组围绕着总体目标，面向邻里图书馆项目三大主要角色的需求和实践情况分别进行了调查问卷设计，并分不同时段面向特定人群发放，问卷调查结果作为本次研究的重要实证之一。

一、用户需求分析及研究设计

图书馆用户需求和满意度研究是当代图书馆学研究的重要课题之一。2014年曹树金等主编的《网络环境中公共图书馆和高校图书馆用户需求实证研究》一书中提出，"图书馆用户需求可视为由信息资源需求、信息服务需求和信息系统需求这三个元素组成"[①]。课题组在对邻里图书馆项目进行用户需求分析和研究设计的过程中，以曹树金等提出的图书馆用户需求三元素为核心内容，此外，还涉及参与项目三大主要角色的基本情况、项目成效评价和个人期望等方面的内容。

在公共图书馆的阅读推广活动中，家庭往往是活动的参与者、享受者，但在邻里图书馆项目中，邻里图书馆家庭同时也成为服务的提供者、组织者，邻里图书馆家庭身兼读者和服务提供者两种角色。在面向邻里图书馆家庭的问卷设计中，课题组既从用户需求三元素的角度出发，也从服务提供者的角度考虑，研究邻里图书馆家庭的独特之处。对于邻里图书馆的服务对象，问卷设计内容与邻里图书馆家庭高度相关，除家庭的基本情况外，更加侧重从图书馆用户行为方面来进行研究设计。在面向图书馆馆员的问卷设计中，课题组从服务提供者的角度出发，内容包括馆员的基本情况、个人价值的实现、对项目成效的评价和项目发展方向的思考等方面。

---

① 曹树金,杨涛,陈忆金.网络环境中公共图书馆和高校图书馆用户需求实证研究[M]. 北京:学习出版社,2015:477.

二、面向邻里图书馆家庭

（一）家庭基本情况

在邻里图书馆项目的发展进程中，图书馆馆员通过观察和数据分析发现，大部分邻里图书馆家庭均有学龄前或正在接受国家九年义务教育的孩子，2019年的项目问卷调查结果也证实了这一点。在设计问卷时，课题组充分考虑此项因素，除邻里图书馆名称、加入时长、馆长学历和职业等基本信息外，对家庭中孩子的数量和年龄段等信息同时进行了采集。

（二）加入项目的动机

为准确了解和掌握家庭加盟邻里图书馆的目的，便于图书馆找到精准用户，在邻里图书馆家庭招募环节采取更加有针对性的措施提高招募成功率，课题组将家庭加入项目的动机在问卷中做了单独设计，并从家庭对图书馆资源和家庭对公共图书馆服务的需求、家庭阅读氛围、家庭社交需求、家庭成员成长需求和参与社会公益等多种角度进行挖掘。

（三）基本服务情况

邻里图书馆项目加盟采用协议制，邻里图书馆家庭只有按照与图书馆签署的协议内容，在协议约定的合约期内完成相应的绩效方能进行下一个合约期的续签。图书馆要准确掌握邻里图书馆的基本服务情况，了解邻里图书馆家庭提供服务的困难和问题，这样才能及时做出指引和应对，以促进项目良性发展。问卷设计时重点考虑邻里图书馆家庭提供图书借阅服务和开展阅读活动的情况，同时兼顾家庭中提供服务的人员、服务对象和服务过程中遇到的困难等问题。

（四）项目成效

邻里图书馆是佛山市"图书馆＋家庭"阅读服务体系的主要载体，达到"千家万户"的规模是其在数量上的目标。邻里图书馆项目的服务质量和效能目标，可以从邻里图书馆的图书借阅量、阅读推广活动场次等统计数据和邻里图书馆家庭的反馈意见中得到验证。问卷设计主要从个人阅读、亲子阅读、家庭成员阅读、取得的收获和社会贡献等方面调查邻里图书馆家庭加入项目前后的情况对比，以此跟踪和评估邻里图书馆项目的成效。

（五）对图书馆服务的满意度

身兼用户和服务提供者双重身份的邻里图书馆家庭，除了向亲朋好友、左邻右舍等特定群体提供图书借阅、开展活动等服务，同时还享受着图书馆提供的服务。此项重点调查邻里图书馆家庭作为用户对图书馆在邻里图书馆项目中提供的服务质量的主观感受，包括图书馆用户需求三元素的满足情况和对图书馆项目支持力度的满意度调查。

（六）问题、意见和建议

在项目运行中，图书馆主要是从服务提供者的角度基于自身资源为邻里图书馆家庭服务，不可避免地会有考虑不周全之处。课题组从邻里图书馆家庭的角度去设计问卷，有助于图书馆更加精准地掌握项目运作过程中家庭关注的重点问题和对项目的意见和建议（见表5-2）。

表 5-2　邻里图书馆家庭参与情况调查评估指标体系

一级指标	二级指标	问卷题目数量／道
基本情况	邻里图书馆名称	1
	加入项目时长	1
	家庭成员情况（孩子数量、孩子年龄段）	2
	被调查者的学历、职业	2
加入动机	加入项目的初衷（资源需求、服务需求、阅读氛围、社交需求、成长需求、参与社会公益）	1
基本服务情况	借阅情况	1
	阅读活动开展情况（场次、形式、地点）	3
	服务对象的类型	1
	家庭参与服务人数	1
	影响服务开展的因素	1
项目成效	被调查者的个人阅读量	1
	亲子阅读时长	1
	孩子阅读量	1
	最大收获（促进孩子阅读、加强邻里交流、提升策划和组织能力、扩大交友、增进亲情、增长见闻、获得资源与服务、获得社会荣誉）	1

一级指标	二级指标	问卷题目数量/道
	社会贡献（邻里和谐、志愿服务、帮助他人、推广阅读）	1
对公共图书馆的满意度	公共图书馆资源满意度	1
	公共图书馆服务满意度	1
	公共图书馆支持力度满意度	1
	信息系统的满意度（功能性、稳定性、体验感）	1
问题、意见和建议	存在的问题	1
	对公共图书馆提供的资源、培训等服务的建议	1
	持续参与项目的意愿	1
	其他意见及建议（选填）	1
合计		27

三、面向邻里图书馆服务对象

（一）基本情况

前期的调查结果表明，邻里图书馆服务对象的家庭成员结构与邻里图书馆家庭成员结构有高度的相似之处。课题组在设计面向三大角色中唯一纯粹代表"用户"身份的问卷时，除了复用邻里图书馆家庭问卷的一些特征指标，还选取了服务对象家里自有图书的藏量、家附近是否有公共图书馆设施等指标作为参考。

（二）特定用户行为研究

邻里图书馆服务对象是公共图书馆的特定用户群体，是公共图书馆用户的一个子集，与图书馆普通读者的不同之处在于该用户群体既能享受公共图书馆服务，也是邻里图书馆的主要服务对象。问卷设计从服务对象利用家附近公共图书馆的频次、获取邻里图书馆服务信息的渠道、获得信息资源和服务的情况等用户行为数据着手，以期掌握用户供需对接现状，分析用户利用邻里图书馆的影响因素和规律，促进公共图书馆提升服务质量。

（三）项目成效

从邻里图书馆服务对象角度来分析项目的成效，与从邻里图书馆家庭的角度来分析有所不同：课题组设计问卷时重点关注服务对象接受邻里图书馆服务后个人及家庭成员阅读习惯、阅读数量等的变化以及产生的促进社交、邻里关系等额外收获，以此评估"千家"邻里图书馆对"万户"的影响力，考量项目成效。

（四）用户满意度

邻里图书馆服务对象的满意度是公共图书馆和邻里图书馆共同关注的目标。邻里图书馆提供的服务主要是图书借阅和阅读推广活动，课题组就这两项基本服务调查服务对象的满意度，同时也对服务对象在接受邻里图书馆服务过程中发现的问题进行了调查。

（五）用户期望

在邻里图书馆招募的过程中，图书馆馆员通过营销策略分析并得出邻里图书馆的服务对象有较大概率会转变为邻里图书馆家庭的结论。因此，课题组在对邻里图书馆服务对象进行问卷设计时特别增加了"加入邻里图书馆项目的意向"一项。此外，课题组还通过问卷收集了服务对象对邻里图书馆项目进一步提升的期望以及个性化的需求、意见和建议（见表5-3）。

表5-3 邻里图书馆服务对象情况调查评估指标体系

一级指标	二级指标	问卷题目数量/道
基本情况	职业	1
	家庭成员情况（孩子数量、孩子年龄段）	2
	家庭藏书情况	1
	附近公共图书馆设施情况	1
	附近公共图书馆能否满足阅读需求	1
特定用户行为	到公共图书馆的频率	1
	获知周边邻里图书馆消息的渠道	1
	接受过几家邻里图书馆服务	1
	借阅图书情况	1
	参与活动情况	1
	获取邻里图书馆活动预告的渠道	1
项目成效	阅读量（个人、孩子）	2
	家庭阅读氛围	1
	阅读便利性	1

一级指标	二级指标	问卷题目数量 / 道
项目成效	其他（培养孩子阅读兴趣、邻里交流、扩大交友、增长见闻、丰富生活）	1
对邻里图书馆的满意度	接触过的邻里图书馆服务或活动满意度	1
	存在的问题（不满意原因）	1
	对邻里图书馆项目满意度（系统、机制、宣传等）	1
对邻里图书馆项目的期望	项目提升（阅读推广、宣传推广、资源下沉、扩大规模、完善信息系统）	1
	加入邻里图书馆项目的意向（不考虑加入的原因）	2
	其他意见及建议（选填）	1
合计		24

四、面向图书馆馆员

（一）基本情况

邻里图书馆项目运作四年多以来，佛山市、区和镇街三级公共图书馆直接或间接参与项目的馆员多达 180 余位。为更好地识别市、区和镇街的图书馆馆员特征信息，课题组在设计面向馆员的调查问卷时，对参与项目的图书馆馆员所属团队进行了细分，按照市图书馆八大小组、五区图书馆（含区属的镇街分馆）分为 13 个团队，方便对数据进行分类收集和整理。此外，对图书馆馆员的性别、年龄、学历、参加工作年限、馆员家庭加入邻里图书馆项目等基本信息进行了采集。

（二）项目对个人的影响

邻里图书馆是一个创新的示范项目，对于身处于项目团队的每个图书馆馆员来说都是一项新的工作任务。馆员在完成日常工作的同时要兼顾项目工作，其付出和收获是否达到了平衡是项目能否可持续发展的一个关键，也是本次研究关注的重点之一。问卷设计从项目主要对馆员的有利和不利影响以及馆员的自我评价等方面进行调查。

（三）对项目成效的评价

2020年8月，邻里图书馆突破1000家的规模，服务效能显著，社会反响强烈，图书馆业界部分专家对这一项目给予了高度评价。李国新教授称，"邻里图书馆打通的是公共文化服务的'最后一米'，公共图书馆的服务效能有了全新的增长点"[①]。程焕文教授评价邻里图书馆"让基层图书馆的布点直接进入到社区中间、进入到民众中间，将住宅、公司等私人财产变成一个公器，这在财产观念、价值观方面都是非常大的创新和突破"[②]。范并思教授认为，邻里图书馆是公共图书馆营销理念与实践的重大突破[③]。课题组对标项目的总体目标和专家评价，从促进家庭阅读、社会力量参与公共文化服务、邻里图书馆自治自理和整体服务效能等各方面，收集图书馆馆员对项目实施以来所产生成效的主观评价。

（四）对项目发展的思考

邻里图书馆项目从2021年7月开始进入第三发展阶段，在规模超过1200家之后，随着一些问题的凸显，探索促进项目提质增效和可持续高质量发展的新途径显得越来越重要。课题组通过问卷的形式对参与项目的图书馆馆员进行调查，为项目的后续发展集思广益。

（五）继续参与项目的意向

2021年10月，邻里图书馆项目顺利通过了广东省第三批公共文化服务体系示范项目终期验收，佛山市文化广电旅游体育局牵头成立的示范项目创建工作领导小组随后解散，项目进入常态化运作。市、区和镇街图书馆馆员在示范项目创建时期投入了大量精力跟进邻里图书馆项目的各项工作，课题组设计了关于馆员继续参与项目意向的选项，供建立新管理机制时参考。

（六）个人意见和建议

佛山市图书馆组建八大工作组运作邻里图书馆项目四年多，各区、镇街图书馆的馆员也加入了项目运营，参与项目的馆员数量多、时间长，身处一线的

---

① 广东佛山建邻里图书馆打通公共文化服务"最后一米"[EB/OL].[2022-05-31].http://fs.wenming.cn/wmfs/201912/t20191211_6194865.shtml.

② 转引自:谭志红.邻里图书馆:激发全社会文化创造活力[N].中国文化报,2021-08-20（3）.

③ 范并思.公共图书馆营销理念与实践的重大突破——"邻里图书馆"荣获"IFLA国际营销奖"一等奖评析[J].图书馆论坛,2021（4）:1-4.

馆员大多对项目有独特的理解和看法，并且各级图书馆馆员会从不同角度对项目进行评价。课题组汇聚团队的智慧，设计了征求馆员个人意见和建议的填空选项（见表 5-4）。

表 5-4　邻里图书馆项目馆员参与情况调查评估指标体系

一级指标	二级指标	问卷题目数量 / 道
基本情况	所在组别或所在区域	1
	性别	1
	年龄段	1
	学历	1
	参加工作年限	1
	是否在家里开设了邻里图书馆	1
	是否考虑在家里开设邻里图书馆（如不考虑，出于何原因）	2
项目对馆员的影响	遇到的困难（增加工作量、难以解答读者问题、多人协调难度大、个人专业技能不足等）	1
	有利的影响（扩大工作视野、增强工作技能、提升集体荣誉感、提升个人协调能力等）	1
	个人自我认可（是否为项目做出较大贡献）	1
馆员对项目的成效评价	项目是否促进了家庭阅读	1
	项目是否打通了公共图书馆服务的"最后一米"	1
	项目是否实现了自我管理和自主服务	1
	项目是否实现了公共图书馆从"办活动"到"管活动"的转变	1
	项目是否提高了市民对公共图书馆的认可度	1
	项目是否提高了馆员对项目化运作的认可度	1
	项目是否缓解了公共图书馆人力资源、空间资源不足的问题	1
	项目是否提高了公共图书馆服务的覆盖面	1
	项目是否提高了公共图书馆提供服务的数量和质量	1

续表

一级指标	二级指标	问卷题目数量 / 道
	"市—区—镇街"三级管理模式具有较高的运作效率	1
	对项目服务效能的评价	1
	对项目资金、人力等资源投入与产出比的评价	1
馆员对项目后续发展的思考	项目目前是否进入瓶颈期	1
	提质增效和可持续发展是后续最紧要的工作	1
	后续工作从哪些方面入手（保障经费、加强准入审查、加强绩效考核、完善退出机制、完善激励机制、优化小程序、加强培训、加强社区联动、加强宣传推广等）	1
	优化项目管理和团队建设（明确"市—区—镇街"三级管理责权、缩减馆员参与人数、发挥管理委员会职责、加强志愿者服务团队建设、引入社会力量参与管理和服务）	1
	其他哪些方面可以提升（标准制定、扩大服务范围、创新服务方式、打造品牌、提升自治自理能力等）	1
馆员个人意向	是否继续参与项目	1
	个人希望承担哪方面工作	1
	不再参加项目的原因	1
对邻里图书馆项目意见和建议	个人意见和建议	1
合计		32

五、问卷发放及回收情况

2021 年 6 月至 9 月，课题组采取网上问卷的形式，面向邻里图书馆项目三大主要角色分别发放调查问卷。因三次问卷均通过特定渠道面向特定人群发放，回收的问卷整体质量高，结合网络调查问卷后台的答题行为、来源渠道和地理位置等答卷来源综合分析，三份问卷的有效率均达到了 100%（见表 5-5）。

2021 年 6 月 19 日至 30 日进行的《邻里图书馆家庭参与情况调查问卷》通过市、区两级公共图书馆设立的邻里图书馆家庭微信群发放，共回收问卷

189 份，样本采样率约 15.75%[①]。

2021 年 7 月 15 日至 8 月 30 日进行的《邻里图书馆服务对象情况调查问卷》通过市、区两级公共图书馆设立的邻里图书馆家庭微信群发放，请邻里图书馆协助转发给其服务对象填写，共回收问卷 285 份，样本采样率约 2.38%[②]。

2021 年 9 月 14 日至 18 日进行的《邻里图书馆项目馆员参与情况调查问卷》通过市、区两级公共图书馆设立的邻里图书馆项目联络群发放。问卷调查结束后，共回收问卷 188 份，来自市图书馆的样本有 80 份，来自五区图书馆和镇街图书馆的样本有 108 份，通过统计和各工作小组汇报分析，样本采样率接近100%。

表 5-5　2021 年问卷发放及回收情况

问卷题目	发放时间	回收问卷 /份	有效样本 /份	样本有效率 /%	样本采样率 /%
《邻里图书馆家庭参与情况调查问卷》	2021 年 6 月 19 日至 30 日	189	189	100	约 15.75
《邻里图书馆服务对象情况调查问卷》	2021 年 7 月 15 日 至 8 月 30 日	285	285	100	约 2.38
《邻里图书馆项目馆员参与情况调查问卷》	2021 年 9 月 14 日至 18 日	188	188	100	约 100

第三节　数据统计分析

邻里图书馆项目调查研究使用了描述性统计、相关分析、对比分析等统计分析方法，通过这些方法对调查问卷的原始数据和相关资料进行分析，获得了样本基本特征和用户期望。

---

① 按照 2021 年 6 月份佛山市邻里图书馆规模达到 1200 家计算。
② 按照 2021 年 6 月份佛山市邻里图书馆服务对象覆盖约 12000 个家庭计算。

一、统计分析方法

（一）描述性统计

描述性统计是指运用制表和分类、图形以及计算等概括性数据来描述数据特征的各项活动。本研究以此方法对样本的发放和回收情况、样本基本特征、用户行为特征、项目成效、用户满意度和用户期望等进行描述。

（二）相关分析

相关分析是研究两个或两个以上处于同等地位的随机变量间的相关关系的统计分析方法。本研究以此方法分析用户基本情况与服务情况／用户行为、项目成效和用户满意度之间的关系。

（三）对比分析

对比分析法也称比较分析法，是把客观事物加以比较，以认识事物的本质和规律并做出正确的评价。本研究以此方法对比 2019 年和 2021 年两次针对邻里图书馆家庭的问卷调查数据、分析邻里图书馆家庭和服务对象的差异和共同点，结合工作实际找出客观规律。

二、样本基本特征

（一）邻里图书馆家庭

1. 基本情况

从本次调查对象加入邻里图书馆项目的时长上来看，分布较为均衡，加入项目时长半年以上的家庭占比从 2019 年调查的 76.32% 上升到 2021 年的 88.89%，说明项目具有较强的生命力和可持续性（见表 5-6）。

本次调查显示，邻里图书馆家庭拥有 1—2 个孩子的比例与 2019 年基本持平，占调查家庭的 89.95%，并且 0—14 岁孩子的占比高达 89.89%，再次验证了大多数邻里图书馆家庭的家庭成员中包含学龄前或正在接受国家九年制义务教育的孩子这一特征。2021 年，邻里图书馆馆长的学历以大专和本科为主，占比分别为 23.28% 和 58.73%，本科学历的馆长占比较 2019 年提升了约 7%，这与我国第七次全国人口普查公报提出的人口受教育程度显著提升相符。

表 5-6　2019 年和 2021 年邻里图书馆家庭基本情况调查结果对比

对比项		2019 年	2021 年	同比
加盟时长	1—6 个月	23.68%	11.11%	↓
	7—12 个月	41.23%	26.98%	↓
	13—18 个月	35.09%	23.81%	↓
	19—24 个月	—	15.87%	—
	2 年以上	—	22.22%	—
家庭中孩子的数量	1 个	39.91%	35.98%	↓
	2 个	53.07%	53.97%	→
	2 个以上	5.26%	7.41%	↑
家庭中孩子的年龄	0—3 岁	25.89%	19.02%	↓
	4—6 岁	36.61%	42.39%	↑
	7—14 岁	62.95%	69.02%	↑
	15—18 岁	6.25%	4.61%	↓
	18 岁以上	3.57%	7.07%	↑
邻里图书馆馆长学历	高中或中专及以下	14.04%	11.11%	↓
	大专	26.32%	23.28%	↓
	本科	52.19%	58.73%	↑
	硕士研究生	7.02%	6.35%	↓
	博士研究生	0.44%	0.53%	→
邻里图书馆馆长职业	公司职员	32.89%	19.58%	↓
	机关、事业单位职工	8.77%	13.76%	↑
	教师 / 医生 / 律师 / 艺术工作者	23.25%	27.51%	↑
	工人	2.19%	0.53%	↓
	个体工商业者	5.26%	9.52%	↑
	自由职业者	7.89%	13.76%	↑
	创业工作者	10.53%	4.23%	↓
	全职妈妈	6.58%	6.88%	→

续表

对比项		2019 年	2021 年	同比
	无业者	0.44%	0.53%	→
	其他职业	2.19%	3.70%	↑

注：关于某些统计百分比相加不为 100% 的说明：一是因问卷中涉及的数据较多，为节省篇幅，在部分选题择其占据重点的数据列表进行比较，未全部照搬，如"家庭中孩子的数量"的占比，未将没有小孩家庭的数据列入；二是某些题为不定项选择题，每一个选项的选择率相加会大于 100%；三是因为四舍五入的算法会导致统计相加不为 100% 的情况。下同。

关于对比分析中"升、降和持平"判定条件的说明：文中对 2019 年和 2021 年邻里图书馆家庭问卷数据展开了对比分析，为充分考虑数据的客观性，尽量消除数据偶然性的影响，在做数据趋势分析时，一般综合考虑两点才对该项数据做"上升"或"下降"的判断：一是该项数据有较大波动，即有 5%—10% 或以上的浮动；二是该选项有较大的选择量。例如，有 2 个孩子的家庭数量占比从 2019 年的 53.07% 变化为 2021 年的 53.97%，绝对值变动上升了 0.9%，但占比仅上升 1.7%，判断该项数据两年来的变化为相对持平。再如，"邻里图书馆馆长职业"一栏的数据分析，"无业者"的占比从 0.44% 升到 0.53%，前后对比虽然有比较大的波动（20%），但因其绝对的数量仅有一人（1/189），判断该项数据两年来的变化为相对持平。下同。

从邻里图书馆馆长的职业来看，2019 年和 2021 年均是公司职员（32.89%、19.58%）和教师 / 医生 / 律师 / 艺术工作者（23.25%、27.51%）两类排名靠前。但职业为公司职员的比例下降较为明显，具体原因是因为样本的偶然性还是与社会环境（如新冠疫情）等因素相关有待进一步研究。此外，在 2021 年的调查中，机关、事业单位职工（13.76%），自由自业者（13.76%），个体工商业者（9.52%）和全职妈妈（6.88%）也占据了较大比例。

本次研究除了发放问卷展开调查，还选取了 5 家邻里图书馆家庭进行开放式访谈，分别是 Y 家庭、S 家庭、K 家庭、D 家庭和 J 家庭。其中 Y 家庭的馆长职业是教师，S 和 K 家庭的馆长是全职妈妈，D 家庭的馆长是自由职业者，J 家庭的馆长是公司职员。

2. 加入项目的动机

个人和家庭出于什么原因愿意将私人空间作为公共空间使用呢？本次调查发现，认可"营造良好的家庭阅读氛围""希望能够促进自我和家人（孩子）的成长""可以借阅更多图书，借阅期限更长"是加入项目初衷的家庭比例分别为 83.60%、80.42% 和 78.31%。此外，出于"参与公益阅读服务"、"希望能够认识更多热爱阅读的人"和"可以享受更多公共图书馆提供的服务"等目的加入项目的也超过了半数，分别达到了 69.84%、68.25% 和 55.03%（见图5-2）。整体上来说，选择加入项目的家庭均有明显的关注家庭阅读、乐于分享阅读、不断追求进步和参与志愿服务帮助他人的初衷。此外，在项目实践过程中，课题组发现，还有部分家庭出于利于个人职业发展、获得公共图书馆背书得到公众信任从而更便于个人提供社区服务等目的而参与项目。

在访谈调查中，课题组发现 5 家邻里图书馆除了认可以上观点外，Y 和 D 家庭还提出"通过项目实现了个人价值和梦想"，S 家庭认为"分享阅读的快乐是一份使命"，K 家庭觉得"参与公益阅读服务，享受付出与获得的喜悦"是其追求的目标，而 J 家庭作为镇街图书馆的志愿者，其加入项目更多的是一份责任感使然。

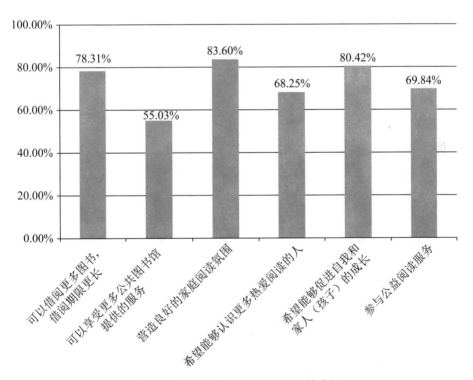

图 5-2　家庭加入邻里图书馆项目的动机

3. 基本服务情况

（1）服务效能持续提升，少部分家庭活跃度高。2021 年的调查发现，超过半数的家庭（53.97%）从加入邻里图书馆项目后提供的借阅服务次数在 10次以内，而超过 40 次的家庭占比达 17.99%，呈现两头分化的趋势。在组织活动方面，16.93% 的家庭未曾开展过活动，55.56% 的家庭举办活动在 5 场次以内，约 20% 的家庭举办活动 6—15 场次，7.41% 的家庭举办活动超过 20 场次。总体来说，调查对象的整体借阅服务和举办活动次数同 2019 年调查数据相比均有所提升，并显示出部分家庭特别活跃的现象，但整体服务效能仍有较大的提升空间（见表 5-7）。

表 5-7 2019 年和 2021 年邻里图书馆家庭基本服务情况调查结果对比

对比项		2019 年	2021 年	同比
借阅服务次数	0—10 次	59.21%	53.97%	↓
	11—20 次	17.54%	15.87%	→
	21—30 次	6.58%	8.47%	↑
	31—40 次	4.82%	3.70%	↓
	40 次以上	11.84%	17.99%	↑
阅读活动次数	0 场次	22.37%	16.93%	↓
	1—5 场次	62.28%	55.56%	↓
	6—10 场次	10.09%	14.81%	↑
	11—15 场次	3.51%	5.29%	↑
	16—20 场次	0.00%	0.00%	→
	20 场次以上	1.75%	7.41%	↑
活动形式	亲子共读	44.07%	56.08%	↑
	少儿故事绘本分享	64.97%	61.38%	→
	读书比赛活动	14.69%	—	—
	手工艺术活动	—	15.34%	—
	家庭讲座或小型沙龙	32.20%	35.98%	↑
	专题图书推荐分享会	20.34%	21.69%	→
	户外探索活动	—	15.34%	—
	其他	7.34%	6.35%	↓

续表

对比项		2019 年	2021 年	同比
活动地点	家里	81.92%	79.37%	→
	社区活动中心或者花园	37.85%	28.04%	↓
	学校（含幼儿园）	14.69%	21.69%	↑
	公共图书馆提供的场地	6.21%	8.47%	↑
	社会公共场所	25.42%	25.40%	→
	单位或公司	13.56%	11.64%	↓
	线上虚拟空间	—	10.58%	—
	其他	2.82%	2.65%	→

（2）家庭开展活动的形式多样，阅读以大家喜闻乐见的方式嵌入日常生活中。在阅读活动开展的形式方面，2021 年，少儿故事绘本分享（61.38%）、亲子共读（56.08%）、家庭讲座或小型沙龙（35.98%）排在前三位，专题图书推荐分享会（21.69%）、手工艺术活动活动（15.34%）和户外探索活动（15.34%）也是较为常见的形式。活动的多样化是一个可喜的现象，让项目更具有持续发展的潜力，但同时也在提供专业的培训和指导方面对图书馆提出了更高的要求。

（3）邻里图书馆促进了家庭周边的阅读氛围提升。2021 年，家庭开展活动的地点仍以家庭空间为主（79.37%），社会公共场所（25.40%）、社区活动中心或花园（28.04%）和学校（21.69%）也占据了较大比例。此外，还有家庭借助单位或公司（11.64%）、公共图书馆提供的场地（8.47%）或者线上虚拟空间（10.58%）举办活动。调查显示，邻里图书馆的活动正逐渐走向家庭周边，融入社区和家庭生活空间。

（4）邻里图书馆家庭呈现"组团"现象。家庭的服务对象以孩子的同学（76.72%）和邻居（75.66%）居多，朋友（44.97%）、亲人（35.98%）、学生（30.69%）和同事（25.93%）等熟人圈也是主要服务对象（见图 5-4）。在活动组织过程中，家庭参与邻里图书馆服务人数 4 人以上的占 37.04%，1 人的仅占 7.41%，2 人、3 人、4 人的分别为 15.34%、27.51% 和 12.70%，家庭多位成员或家庭之间联合组团提供服务的情况比较常见。

（5）主客观因素影响服务的有效开展。在开展服务的困难和问题方面，邻里图书馆家庭认为"个人比较繁忙，没有时间"（57.67%）是影响服务开展的关键因素，此外，"邻居亲朋的积极性不高，组织难度大"（41.27%）、"不知道开展活动的方法"（22.22%）、"不好意思在社区公共场所开展活动"（22.22%）等也对服务开展造成了一定影响。

访谈中发现：Y家庭利用自身的职业优势，以学校和家庭空间为阵地，打造了故事会品牌活动；D家庭联合多个家庭在社区共同开展活动，并取得了社区的支持，取得了良好的社会影响；K家庭获得了居所小区物业管理公司的支持，将小区的公共空间征用为活动阵地，促进了小区阅读氛围的提升；S家庭的孩子为活动的主要策划和组织者，以其同学为主要服务对象，打造了本馆特色品牌活动；J家庭开展服务的次数较少，主要原因是缺乏上岗培训，且与图书馆馆员、其他邻里图书馆家庭的交流较少。

综上，邻里图书馆与小区或社区、邻里图书馆与学校等横向合作均有较大的扩展空间，图书馆应加强对邻里图书馆家庭的专业培训和业务指导，带领家庭走出困境，提升邻里图书馆的整体服务效能。

4. 项目成效

2021年，佛山市邻里图书馆家庭借阅图书达132556册次，转借图书45879册次，举办活动698场次，服务读者达26860人次，取得了较为显著的服务成效和社会效益。结合本次调查问卷的反馈信息，可以发现：

一是项目提高了家庭成员，尤其是孩子的单次阅读时长、阅读频率和阅读量，提升了家庭的整体阅读氛围[①]。参与邻里图书馆项目后，47.62%的家庭受访者个人年借阅量提升1—10册，51.85%提升达10册以上，其中25.40%提升达30册以上。家庭孩子的年阅读量提升更加明显，提升1—10册、11—30册、30册以上的分别占34.78%、32.06%和32.07%。家庭每周亲子阅读时长提升0—2个小时的占38.59%，提升2—4个小时的占30.43%，提升4—8个小时的占20.11%，提升8个小时以上的占8.70%。

二是项目对社会做出了贡献，促进家庭成长。73.02%的家庭认为，加入邻里图书馆增长了自身见闻，让自己学习了更多知识，还促进了邻里交流（55.56%）、获得了更多公共图书馆资源和服务（53.97%）、锻炼和提升了个人

---

① 孙燕纯,张惠梅.邻里图书馆的阅读推广 [J].图书馆论坛,2021（4）:27-31.

（孩子）的活动策划组织能力（52.38%）、寻找到志同道合的书友（51.32%）等。此外，邻里图书馆家庭认为，加入项目有助于推广阅读（86.24%）、推动文化志愿服务（79.37%）、促进邻里和谐（70.90%）和帮助他人（65.61%）。

访谈对象中，Y家庭认为，通过参与该项目，家庭成员的个人职业能力获得了提升；D家庭通过加入项目解决了困扰自己的子女教育问题；S家庭认为参与项目并获得市图书馆颁发的奖项使得全家人都有荣誉感，并且给孩子的成长带来了更加广阔的空间；K家庭热心于各种公益活动，认为带动社区的阅读氛围提升是一件令其比较自豪的事情；J家庭认为，作为志愿者参与项目，实现了个人的社会价值。

5. 用户满意度

邻里图书馆家庭对图书馆提供的资源、服务和支持力度整体满意率均在93%以上，分别为95.76%、95.77%、93.12%。

（二）邻里图书馆服务对象

1. 基本情况

通过对邻里图书馆家庭的调研，课题组已知邻里图书馆服务对象主要是邻居、孩子的同学、亲朋好友和同事等熟人。问卷数据显示，服务对象家里1—2个孩子的占比达90.53%，0—14岁的孩子占88.74%，基本上与邻里图书馆家庭持平，具有高度相似的家庭成员结构（见表5-8）。

表5-8　2021年邻里图书馆家庭和服务对象基本情况对比

对比项		邻里图书馆家庭	服务对象	对比
家庭中孩子的数量	1个	35.98%	35.09%	→
	2个	53.97%	55.44%	→
	2个以上	7.41%	4.91%	↓
家庭中孩子的年龄	0—3岁	19.02%	18.75%	→
	4—6岁	42.39%	38.60%	→
	7—14岁	69.02%	64.34%	→
	15—18岁	4.61%	6.25%	↑
	18岁以上	7.07%	9.19%	↑

续表

对比项		邻里图书馆家庭	服务对象	对比
职业	公司职员	19.58%	31.58%	↑
	机关事业单位职工	13.76%	15.79%	↑
	教师/医生/律师/艺术工作者	27.51%	12.98%	↓
	工人	0.53%	3.86%	↑
	个体工商业者	9.52%	8.07%	↓
	自由职业者	13.76%	11.93%	↓
	创业工作者	4.23%	2.11%	↓
	全职妈妈	6.88%	11.58%	↑
	无业者	0.53%	2.11%	↑

据佛山市图书馆和佛山日报社课题组共同编制的《2020年佛山市阅读情况调查报告》显示，2020年佛山家庭平均藏书量为115.40册，比2019年增加约40册。本次问卷调查结果发现，邻里图书馆服务对象家庭藏书50册以上的达71.58%，其中超过100册的达44.56%，验证了大多数佛山家庭的藏书量已十分可观。

2. 用户行为研究

在公共图书馆服务设施方面，调查显示，服务对象家附近没有公共图书馆、只有一家公共图书馆和不止一家公共图书馆的占比分别为9.47%、33.33%、57.19%。63.15%的服务对象认为家附近的图书馆能满足阅读需求，33.33%的服务对象认为不能很好满足其阅读需求，3.51%的服务对象认为完全无法满足其阅读需求。从统计数据分析来看，90.52%的被访者家附近均有公共图书馆，但超过1/3的人认为该服务设施无法满足个人的阅读需求，原因可能与图书馆的环境、文献资源配置和服务开展等有关。服务对象每周至少去图书馆一次的达29.82%，每月至少去一次的占35.79%，不怎么去图书馆的约占11%（见表5-9）。经后台数据交叉分析，服务对象附近有不止一家公共图书馆的人群，每周去图书馆的频次一次以上的达36.81%，显著高于附近仅有一家公共图书馆和没有公共图书馆的群体（分别为20.00%，22.22%）。同时，数据交叉分析显示，"附近公共图书馆完全可以满足阅读需求"的群体在邻里图书馆借阅图书次数达 15 次以上的占比为 35.62%，显著高于其他群体（均在 20% 左右）。通过读者行为分析，可以初步得出以下结论：一是公共图书馆服务网络的覆盖率对市民的阅读习惯有着较为显著的影响；二是读者阅读习惯养成后会形成较为强大的惯性，阅读需求会相应提升。

表 5-9　2021 年邻里图书馆服务对象用户行为

调查内容		有效填写人次	选择频次	占比
基础条件	附近有不少于一家公共图书馆	285	163	57.19%
	附近仅有一家公共图书馆		95	33.33%
	附近没有公共图书馆		27	9.47%
附近公共图书馆是否满足阅读需求	完全可以满足	285	73	25.61%
	可以满足		107	37.54%
	不能很好满足		95	33.33%
	完全无法满足		10	3.51%
到公共图书馆的频次	一周多次	285	36	12.63%
	一周一次		49	17.19%
	一月至少一次		102	35.79%
	约半年一次		61	21.40%
	约一年一次		5	1.75%
	不怎么去		32	11.23%
到邻里图书馆借阅图书次数	0 次	285	53	18.60%
	1—5 次		106	37.19%
	6—10 次		39	13.68%
	11—15 次		17	5.96%
	15 次以上		70	24.56%
参加邻里图书馆活动次数	0 场次	285	88	30.88%
	1—3 场次		97	34.04%
	4—6 场次		48	16.84%
	7—10 场次		18	6.32%
	10 场次以上		34	11.93%

续表

调查内容		有效填写人次	选择频次	占比
获取邻里图书馆活动预告等服务信息的渠道	邻里图书馆馆长的一对一邀请	285	47	16.49%
	邻里图书馆馆长建立的微信/QQ群		161	56.49%
	邻里图书馆馆长运营的微信公众号		36	12.63%
	公共图书馆在自媒体平台的宣传		32	11.23%
	其他		9	3.16%
获知邻里图书馆项目的渠道	邻居推荐	285	46	16.14%
	亲戚朋友推荐		77	27.02%
	公共图书馆内的阵地宣传		72	25.26%
	公共图书馆微信微博等自媒体的宣传		49	17.19%
	电视、报纸等公共媒体的宣传		6	2.11%
	其他		35	12.28%

服务对象通过邻居和亲朋好友介绍知晓邻里图书馆项目的达43.16%，通过公共图书馆阵地宣传和自媒体宣传知晓项目的达42.45%，两者基本持平。服务对象通过邻里图书馆馆长建立的微信/QQ群、邻里图书馆馆长的一对一邀请、邻里图书馆馆长运营的微信公众号和图书馆自媒体平台宣传等渠道获取活动信息的比例分别为56.49%、16.49%、12.63%和11.23%。邻里图书馆馆长自发建立的微信/QQ群是服务对象获取活动信息的主要渠道，公共图书馆应加强对邻里图书馆馆长一对一营销能力和组织管理能力的培养，以有效增强其服务对象的黏度。

62.11%的服务对象固定在一家邻里图书馆享受服务，24.91%的服务对象同时接受2—3家邻里图书馆的服务，在3家以上邻里图书馆接受服务的达9.47%。在图书借阅方面，有18.60%的服务对象没有借阅过图书，仅参加活动和阅览；借阅1—10册图书的占50.87%；借阅11册以上的占30.52%。30.88%的服务对象没有参加过邻里图书馆的活动，参加过1—3场次活动的占34.04%，参加过4—10场次活动的占23.16%，参加过10场次以上活动的占 11.93%。

据表 5-1 统计，2021 年度全市 1200 多家邻里图书馆为服务对象转借图书 45879 册次，组织活动 698 场次，参与活动的读者达 1.4 万余人次。结合调查问卷反馈的信息分析，邻里图书馆为用户提供精准化的服务取得了较好的服务和社会效益，可有效弥补公共图书馆服务网络覆盖率的不足。但同时，服务对象接受邻里图书馆家庭服务的次数显示出大部分服务对象的黏度较低，特别在参与活动方面，有较大提升空间。

3. 项目成效

服务对象接受邻里图书馆的服务后，受访者个人年借阅量提升 1—10 册次的占比 50.53%，提升 11—30 册次的占比 28.78%，提升 30 册次以上的占比 17.54%。服务对象孩子年借阅量提升 1—20 册次的占比 54.04%，提升 21—40 册次的占比 20.96%，提升 41—100 次册的占比 14.34%，提升 100 册以上的占比达 8.09%。98.24% 的服务对象认可家庭阅读氛围得到了提升，95.09% 的服务对象认可邻里图书馆提供了更加便利的图书借阅和文化活动服务。

服务对象认为，接受邻里图书馆服务后最大的收获分别是：培养自身（孩子）的阅读兴趣，营造良好的阅读氛围（92.63%）；增长自身见闻，学习更多知识（60.35%）；丰富文化生活（54.39%）；加强了邻里交流，促进邻里关系融洽（51.58%）；寻找到志同道合的书友，扩大交友范围（41.05%）。

整体上来看，项目在提升服务对象家庭的阅读氛围和借阅量、培养阅读兴趣、丰富文化生活和促进邻里关系等方面成效显著。

4. 用户满意度

服务对象对邻里图书馆家庭提供的服务表示"非常满意"的达 65.26%，评价"满意"的为 29.47%，整体满意率为 94.73%。

（三）图书馆馆员

1. 基本情况

本次填报问卷的 188 位馆员分布情况：佛山市图书馆 55 人，禅城区 20 人，南海区 11 人，顺德区 48 人，高明区 9 人、三水区 45 人。

从性别上看，男性 40 人（占比 21.28%），女性 148 人（78.72%）。从年龄上看，31—40 岁的所占比例最高，为 38.83%；其次是 41—50 岁，占 34.04%；再次是 18—30 岁，占 20.21%；51—60 岁最少，占 6.91%。从工作

年限上来看，参加工作 20 年以上的占比 32.45%，11—20 年的占比 30.32%，6—10 年的占比 23.94%，5 年及以下的占比 13.30%。31—50 岁的图书馆馆员是项目成员的中坚力量，占总人数的 72.87%，有 10 年以上工作经历的馆员占比 62.77%，经验丰富的馆员是项目成功运作的保障（见表 5-10）。

表 5-10　2021 年参与邻里图书馆项目的馆员基本情况

调查内容		有效填写人次	选择频次	占比
馆员分布情况	佛山市图书馆	188	55	29.26%
	禅城区		20	10.64%
	南海区		11	5.85%
	顺德区		48	25.53%
	高明区		9	4.79%
	三水区		45	23.94%
性别	男	188	40	21.28%
	女		148	78.72%
年龄	18—30 岁	188	38	20.21%
	31—40 岁		73	38.83%
	41—50 岁		64	34.04%
	51—60 岁		13	6.91%
学历	高中或中专及以下	188	12	6.38%
	大专		51	27.13%
	本科		108	57.45%
	硕士研究生		17	9.04%
	博士研究生		0	0.00%
参加工作的年限	0—5 年	188	25	13.30%
	6—10 年		45	23.94%
	11—20 年		57	30.32%
	20 年以上		61	32.45%

值得一提的是，有 25.53% 的图书馆馆员已经在自己家里开设了邻里图书馆，并且有 36.43% 的馆员考虑将来在自家开设。馆员不愿在自己家里开设邻里图书馆的原因包括家庭空间整理比较麻烦（57.30%）、不习惯其他人打扰私

人空间（53.93%）、工作和生活需要分开（33.71%）、喜欢独自阅读（29.21%）等，还有馆员提出家里空间不够大、时间和精力不允许等方面的顾虑。

2. 项目对个人的影响

60.74% 的馆员认为个人对项目做出了较大的贡献。馆员认为在参与项目过程中个人能力在以下方面有所提升：扩大了工作视野（69.15%），增强了工作技能（56.38%），提升了多部门（50.00%）和多任务协作处理能力（50.00%），提升了集体荣誉感（45.21%）。此外，部分馆员还提出积累了热爱读书的读者资源（精准用户群）、了解了基层群众的阅读需求等收获。

3. 对项目成效的评价

从工作人员的角度来讲，图书馆馆员对项目整体评价"非常好"的比例为47.87%，评价"好"的比例为46.28%，评价"一般"的比例为5.85%。对于项目的具体成效，馆员的评价详见表5-11。

表5-11　图书馆馆员对项目的成效评价

评价内容	非常同意	同意	不确定	不同意	非常不同意	满意率
促进家庭阅读	56.38%	39.36%	3.72%	0.53%	0.00%	95.74%
提高了公共图书馆服务的覆盖面	46.81%	46.81%	5.32%	1.06%	0.00%	93.62%
邻里图书馆项目取得了良好的服务效能	40.96%	48.94%	9.57%	0.53%	0.00%	89.90%
提高了公共图书馆提供服务的数量和质量	44.15%	45.74%	8.51%	1.60%	0.00%	89.89%
提高了市民对公共图书馆的认可度	44.68%	44.68%	9.57%	1.06%	0.00%	89.36%
打通了公共图书馆服务的"最后一米"	47.87%	40.96%	10.64%	0.53%	0.00%	88.83%
实现了邻里图书馆的自我管理和自主服务	42.02%	43.62%	13.30%	1.06%	0.00%	85.64%
实现了公共图书馆从"办活动"到"管活动"的转变	42.55%	42.55%	12.77%	2.13%	0.00%	85.10%
项目资金、人力等资源投入和项目产出比的评价	35.64%	47.34%	14.36%	2.66%	0.00%	82.98%

续表

评价内容	非常同意	同意	不确定	不同意	非常不同意	满意率
"市—区—镇街"三级管理的模式具有较高的运作效率	40.23%	42.55%	14.89%	2.13%	0.00%	82.78%
缓解了公共图书馆人力资源、空间资源不足的问题	40.96%	41.49%	13.83%	3.19%	0.00%	82.45%

从表 5-11 可以看出，"促进家庭阅读"和"提高了公共图书馆服务的覆盖面"的成效得到了超过 90% 的馆员认可。"缓解了公共图书馆人力资源、空间资源不足的问题"的认可率排名最后，主要原因是在该问卷调查期间，邻里图书馆项目仍处于创建第三批广东省公共文化示范项目的进程中，确实存在全市投入的人力资源较多的客观情况，这一调查结果与项目实践相吻合。该项目于 2021 年 10 月通过省示范项目验收后，以第二届邻里图书馆管理委员会为统筹管理中心，持续推进解放图书馆人力资源、充分对接各方社会力量合作等工作，公共图书馆人力资源和空间资源得到了有效释放。

4. 对项目发展方向的思考

对于问卷中"邻里图书馆项目运营三年后，目前进入了瓶颈期"的观点，25.00% 的馆员选择"非常同意"，37.23% 的馆员选择"同意"，30.32% 的馆员认为"不确定"，7.45% 的馆员选择"不同意"或"非常不同意"。经后台数据交叉分析，市、区图书馆馆员对此观点的反馈没有显示出高度集中的趋势，这一方面说明图书馆馆员对项目目前的发展状况拥有不一致的看法或对此情况不了解，另一方面也说明公共图书馆需要加强对现状的研究和理论探索，促进市、区图书馆馆员就这一问题达成共识，据此制定新的目标和方向，形成合力共同推进下一阶段的工作。

89.36% 的馆员认可需要将提质增效和可持续发展作为示范项目创建后最紧要的工作，并支持从以下方面入手：一是保障项目运营经费（63.83%）；二是完善项目参与和受益人员激励机制（62.23%）；三是优化邻里图书馆小程序功能（57.98%）；四是扩展新的形态，如在小区公共空间设立邻里图书馆（53.19%）；五是加强邻里图书馆馆长的培训（52.66%）；六是扩展服务范围，如与社区互动开展活动（51.06%）；七是加强邻里图书馆绩效考核（40.43%）、准入审查（37.77%）、完善退出机制（33.51%）；等等。

在优化邻里图书馆项目管理和运营团队方面，69.15% 的馆员支持引入社会力量参与管理和服务，同时，加强志愿者服务团队建设（64.89%），明确"市—区—镇街"三级管理责权（63.30%），充分发挥邻里图书馆管理委员会职责（60.11%）也得到了馆员的认可（见图 5-3）。值得注意的是，"缩减直接参与管理的馆员人数"一项支持率仅为 23.94%，反映出馆员对采取缩减管理人员的措施后，如何有效保障项目的运营质量表示担忧。此外，部分馆员建议项目应进一步推进惠民的措施，推动公共图书馆活动运营标准化建设，提升管理能力。

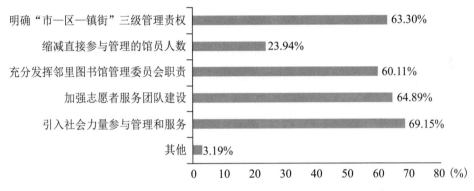

图 5-3　"优化邻里图书馆项目管理和运营团队"观点的支持率

在项目如何继续提升方面，70.21% 的馆员认为应优化管理流程，提升智能化管理水平；65.43% 的馆员认为应加强运营管理，提升自治自理能力。同时，制定行业标准规范（54.79%）、多方撬动社会资源（54.79%）、继续扩大规模（53.72%）、打造服务品牌（53.19%）等均获得了超过半数馆员的支持。此外，有馆员建议为邻里图书馆家庭提供阅读培训和阅读辅导服务，为家庭阅读推广活动的开展提供支撑。

86.7% 的馆员表达了继续参与项目的意愿，并希望承担日常管理（50.92%）、宣传推广（46.63%）、流通服务（39.88%）、统筹管理（36.2%）、活动组织（34.97%）、社会招募（31.90%）、培训教育（24.54%）、技术支持（20.25%）等方面工作。馆员不愿意继续参与项目的主要原因是"其他业务工作繁忙，没有时间"（80.00%）。此外，"不能完全胜任项目工作"（24.00%）、"无法通过项目获得提升"（24.00%）、"工作量大且付出和收获不成正比"

（20.00%）、"不喜欢目前分配到的项目工作"（16.00%）等也是馆员不愿继续参与项目的因素。

三、用户期望

（一）邻里图书馆家庭

邻里图书馆家庭通过调查问卷的选择题反馈问题 356 个，平均每个家庭约 1.88 个问题，其中排在前三位的问题是：邻里图书馆转借系统不稳定（42.33%），公共图书馆活动资源较少进驻邻里图书馆家庭（37.04%），公共图书馆对邻里图书馆馆长的培训不足（33.33%）。此外，个别家庭还谈到了亲朋好友借书意愿不强、街坊邻里的阅读积极性不足、阅读推广活动经费缺乏等困难。

在个人意见和建议的填空题部分，189 份问卷剔除无意见和诸如"感恩""加油"等无研究价值的回馈信息之后，余下 111 份，较为集中在以下几个方面。

1. 信息系统

主要问题有以下几点：一是小程序的主要功能较以前更为复杂，如图书转借和活动申请，增加了家庭的工作量；二是系统没有提醒到期还书的短信通知，服务不够人性化；三是部分家庭对一些功能不熟悉，存在使用上的困惑。面向邻里图书馆家庭的问卷调查发放时间处于邻里图书馆小程序上线的试运行期间，这可能是邻里图书馆家庭对信息系统反馈意见较多的原因之一。

2. 信息资源

在公共图书馆提供的信息资源方面，家庭提出的均为比较个性化的需求，如设立儿童绘本图书专区、借阅电子图书、提供适合一家人的各类图书、针对特定年龄段提供书单、解决家庭难借到指定图书的问题等，还有的家庭提出个别区域的公共图书馆应该加强图书资源的配备。

3. 公共图书馆服务

一些邻里图书馆家庭对公共图书馆针对项目的服务支持提出了需求：一是在公共图书馆提供的借阅服务方面，有家庭反馈 200 册的借阅权限偏低，建议将借阅权限与邻里图书馆家庭的绩效分值挂钩，允许绩效分值达到一定高度的家庭上调借阅权限。二是在培训和交流方面，建议加强图书馆基础业务培训和阅读推广培训，可灵活采用视频教学、线上教学等多种形式；公共图书馆应多组织邻里图书馆家庭之间的交流活动，促进相互学习，从而提升邻里图书馆家庭成员的个人能力和服务水平。三是在活动开展方面，建议公共图书馆多组织线上共读活动，打造主题读书日、阅读节等活动品牌，解决家庭开展线下活动的场地需求问题。四是在宣传推广方面，建议图书馆加强在社区和小区中的宣传，公布所有邻里图书馆的地址。五是在志愿服务方面，建议图书馆实现邻里图书馆志愿者在广东省"i志愿"平台的统一打卡登记管理。

4. 管理机制

在管理机制方面，有家庭提议让孩子参与邻里图书馆的管理，建议考虑疫情影响因素适当放宽绩效考核标准和活动开展要求，并提议采用激励机制多进行评优、嘉奖，提升邻里图书馆家庭的积极性和荣誉感，等等。

5. 邻里图书馆发展

有部分邻里图书馆家庭对项目甚至公共图书馆未来发展的方向给出了个人建议，如应考虑与学校图书馆的系统对接，与教育局或相关单位合作，共同加强未成年人教育，等等。

在访谈调查中，Y家庭和K家庭建议提高绩效考核优秀的邻里图书馆家庭图书借阅数量的权限，规范邻里图书馆馆长培训；D家庭提出是否可以给予邻里图书馆更多的空间和支持，探索与民间阅读机构和社区联动的合作模式；J家庭提出希望得到更多培训和指导的机会；S家庭提出希望可以在公共图书馆提供的空间开展活动。

（二）邻里图书馆服务对象

邻里图书馆服务对象通过调查问卷的选择题反馈的主要有四方面问题：一是公共图书馆宣传不到位，很多人不知道（39.65%）；二是周边邻里图书馆数量太少（32.63%）；三是公共图书馆给予单家邻里图书馆的图书资源不足（25.96%）；四是公共图书馆活动资源较少进驻邻里图书馆家庭（25.61%）。相应的，邻里图书馆服务对象认为项目还需要从以下几个方面进行提升：一是加大对邻里图书馆的宣传力度（55.09%），二是为邻里图书馆馆长提供阅读推广专业培训（45.96%），三是将更多的图书资源下沉到邻里图书馆（44.56%），四是完善邻里图书馆小程序的功能（38.25%），五是发展更多的邻里图书馆（36.14%）（见表5-12）。

表 5-12　2021年邻里图书馆服务对象用户期望

	调查内容	有效填写人次	选择频次	占比
存在的问题	加入门槛比较高	285	12	4.21%
	邻里图书馆系统使用不方便		43	15.09%
	公共图书馆给予单家邻里图书馆的图书资源不足		74	25.96%
	公共图书馆宣传不到位，很多人不知道		113	39.65%
	周边邻里图书馆数量太少		93	32.63%
	公共图书馆活动资源较少进驻邻里图书馆家庭		73	25.61%
哪些方面需要提升	为邻里图书馆馆长提供阅读推广专业培训	285	131	45.96%
	加大对邻里图书馆的宣传力度		157	55.09%
	将更多的图书资源下沉到邻里图书馆		127	44.56%
	发展更多的邻里图书馆		103	36.14%
	完善邻里图书馆小程序的功能		109	38.25%

邻里图书馆服务对象通过调查问卷的填空题项反馈用户期望的有效问卷有28份，对比邻里图书馆家庭明显偏低，这从侧面反映了用户大多为被动接受服务，比较缺乏与图书馆和邻里图书馆家庭互动的意识。反馈的意见主要集中在以下几个方面：一是图书资源配备方面，建议更高质量、更贴近生活需要；二是图书馆服务方面，希望图书馆能增加开展针对低幼儿童、育儿父母以及年长者等不同年龄段的定期专题图书推荐和分级阅读推广活动场次，增加宣传推广频次，提高市民知晓率，多联合社区或其他社会组织开展志愿者公益服务；三是信息系统方面，希望小程序转借和活动模块的功能更加便捷，提供图书借阅到期前提醒、线上下单线下预约取书等功能。

（三）图书馆馆员

在个人意见和建议填空题部分，图书馆馆员的188份问卷中剔除无意见和无效回馈信息的问卷后，仅有20份具有一定价值，反映出大多数馆员对发表个人意见较为慎重。反馈意见大致可分为对项目管理方面的意见和对下一阶段工作的建议。

对项目管理方面的意见：一是建议市、区两级公共图书馆加强项目管理指导，统筹管理邻里图书馆家庭，明确各方职责；二是希望设立馆员激励机制，对在参与项目过程中表现优秀的馆员给予奖励或表彰；三是希望获得更多培训的机会，个人得到提升；四是建议简化管理工作流程和沟通渠道，提高工作效率；五是建议邻里图书馆家庭微信群设立统一的咨询服务规则，减轻馆员工作量。

对下一阶段工作的建议：一是建议政府适当开放公益组织或公益性收费阅读空间的申请；二是继续提升邻里图书馆的覆盖率，加强宣传推广；三是建议加强邻里图书馆家庭的绩效考核，让邻里图书馆的图书流动起来；四是建议邻里图书馆馆长，特别是从事企业社群管理或属于创业人群的馆长，将邻里图书馆与众创空间融合发展。

第四节　结论及建议

本节通过邻里图书馆项目的总体目标和实证调查结果相互验证，总结项目运作的成功经验，梳理存在的问题，为项目的后续发展提出建议。

一、研究结论

通过以上调查研究分析，针对邻里图书馆运营四年多的情况，课题组得出以下结论。

（一）家庭阅读氛围明显提升

通过对邻里图书馆家庭和服务对象的调查数据分析，邻里图书馆项目有效提升了家庭阅读的质量和阅读氛围。全市 1330 家邻里图书馆服务超过 5.6 万人次，实现了"千家万户"的预期目标。邻里图书馆项目将公共图书馆资源和服务下沉至社区，以点带面形成示范效应，带动左邻右舍乃至更多社区居民加入阅读队伍，项目规模和社会影响力逐渐壮大，助力打造书香型社会。

（二）个性化服务需求显著

从调查分析得知，邻里图书馆家庭和服务对象均有较强的个性化需求，集中体现在对绘本、亲子教育、健康卫生、家庭生活等方面的阅读资源的需求上，并希望能得到公共图书馆的专业指导和针对家庭特定人群的服务。公共图书馆通过书单定制、选书大会和邻里图书馆家庭自选图书等措施，较好地满足了家庭和服务对象的图书个性化需求。然而，仍须看到，邻里图书馆活动资源缺乏、活动质量不高、自主管理能力参差不齐，全市尚未形成规范的运作模式。

（三）活动品牌化逐渐形成

邻里图书馆家庭反馈的信息显示，邻里图书馆举办活动呈现横向联合趋势，部分邻里图书馆在小区和社区组织阅读活动，已逐步形成常态化运作模式。邻里图书馆的活动逐渐品牌化，涌现出了一批优秀的家庭阅读推广品牌。邻里图书馆与佛山市联合图书馆体系的新型公共阅读空间——智能图书馆、智能文化家、民宿图书馆等融合发展的趋势初显，邻里图书馆在公共图书馆服务网络这一阵地开展的活动也日渐增多，有待公共图书馆进一步整合各方资源，探讨"邻里图书馆＋"的发展方向。

（四）整体服务效能有待提升

从调查问卷显示结果来看，一小部分家庭极大地带动了项目整体的服务效能，但邻里图书馆家庭平均服务效能不甚理想，整体上升空间较大。以2020年项目团队统计的业务数据为例：信息系统后台数据统计显示，约51.58%的家庭没有产生服务绩效。2020年度邻里图书馆家庭整体绩效达标率仅占全市数量的1/3，而服务效能排名前20的邻里图书馆家庭服务绩效总分合计占据了全市邻里图书馆家庭总绩效分数的42.15%。同时，从档案数据还分析出南海区的活跃家庭最多，而某些辖区的邻里图书馆家庭仍需要进一步激活。

（五）培训与激励尚需加强

调查问卷数据显示，邻里图书馆家庭、服务对象和图书馆馆员对项目的整体满意度分别为：94.88%、94.73%和94.15%。全市邻里图书馆规模超过1000家，服务对象超过50000人次，三大主要角色均在项目推进的过程中受益，形成了多赢的良好局面。

但同时，邻里图书馆培训和激励机制等管理机制也有待进一步完善：从邻里图书馆家庭角度来看，不少家庭反馈在加入项目之后缺乏标准的岗前培训、阅读推广培训的支持。从图书馆馆员角度来看，大部分馆员认可通过项目提升了个人的工作能力，但也有馆员提出希望通过项目引入专业的培训使个人综合素质获得进一步的提高，有个别馆员希望个人的努力和贡献能获得一定的荣誉或奖励。

（六）潜在邻里图书馆待转化

邻里图书馆服务对象和邻里图书馆家庭有着高度相似的成员结构和阅读需求，23.16% 的受访对象明确表示正在考虑加入邻里图书馆项目。在项目实践中，公共图书馆通过线上宣传、线下组织推广活动等多种形式形成了较为成熟的营销推广模式，并特别注重将邻里图书馆的服务对象转化为邻里图书馆家庭。通过这种"转介绍"的方式加入邻里图书馆有以下三个优势：一是节省了公共图书馆在招募环节的人力物力投入；二是"转介绍"的方式具有"传、帮、带"的特质，增加了用户黏度；三是形成片区效应，便于家庭联合开展服务，解决邻里图书馆开放时间不固定、人手不足、场地空间缺乏等问题，进一步促进邻里和睦。

综上所述，通过面向三大主要角色的实证调查，课题组认为项目正处于探索可持续发展的第三阶段。目前，项目存在邻里图书馆家庭整体活跃度不足、管理机制待优化等问题，积极研究应对策略，规避风险，引领邻里图书馆项目提质增效、可持续高质量发展是现实所需。

二、对策建议

（一）制度设计引领发展

从图书馆馆员反馈的信息来看，其对项目发展所处阶段和未来发展方向的认知程度不一。公共图书馆应加强"图书馆＋家庭"阅读服务体系理论研究、制度设计，构建具有佛山特色的理论体系，以理论促进馆员实践创新。公共图书馆应加快推进邻里图书馆地方标准的制定和实施，充分考虑将理论研究成果和项目实践结合，广泛征求各方意见和建议，制定符合现状、解决实际问题、引领未来发展的标准规范。同时应重点关注标准规范的宣传贯彻和落实，建立专门的人才队伍负责全市图书馆馆员的培训指导和业务咨询。

（二）精准配置文献资源

"精准服务"是邻里图书馆项目的创新点，在文献资源配置方面，公共图书馆应注重纸质文献资源的精细化储备和配送，可考虑结合馆情，特别设置邻里图书馆专架、采取定期书单预约制等方式满足用户需求。此外，公共图书馆应加强电子文献资源和数字资源的统一指引，以家庭喜闻乐见的形式进行统一推介。同时应加强各类资源利用的效能分析和读者回馈信息跟踪收集，及时对相关资源进行调整或更新。

（三）分层分类开展服务

从邻里图书馆家庭和服务对象反馈的主要问题来看，公共图书馆应持续推进邻里图书馆服务分层分级工作。一是要做好邻里图书馆的日常服务和管理工作，及时解决邻里图书馆家庭的各种问题和困难，保障邻里图书馆服务的有序开展。二是坚持全市大型品牌活动的举办和优质品牌活动选择性输送，以活动维系邻里图书馆和图书馆馆员之间的情感，促进相互交流，带动服务效能提升。三是为邻里图书馆家庭提供分层分类培训，包括业务技能、活动技能、宣传技能、信息系统等方面的培训，分基础型、进阶型，以指导家庭服务开展。四是加强项目在学校、社区的宣传，让更多的人知道、了解和享受邻里图书馆的服务，保持邻里图书馆的公众关注度并扩大其社会影响力。

（四）优化运营管理系统

从调查数据来看，邻里图书馆小程序用户反馈系统功能较为复杂、流程较为烦琐的问题较为集中。邻里图书馆运营服务系统包括前端小程序和管理后台两个部分，前期开发过程中因过多考虑业务逻辑的严谨、用户隐私和未成年人保护导致部分业务流程设计得过于复杂。公共图书馆应加强邻里图书馆小程序用户的系统使用培训和指引；未来应在完善信息系统核心功能、简化业务流程、提高使用效率方面进行改进，以便更好地支撑邻里图书馆项目的发展。

（五）完善考核管理机制

第一届管理委员会成员以邻里图书馆代表为主，公共图书馆馆员为辅。在目前全市参与项目的情况下，市、区两级公共图书馆为深入推动"公私"双方资源的融合，于2021年10月重组，成立了以公共图书馆为主导的邻里图书馆第二届管理委员会。结合本次实证调查的结果，课题组建议"十四五"期间邻里图书馆应以实现自治自理为目标，以促进邻里图书馆提质增效、可持续发展为工作重心，加强各方社会资源对接，持续优化完善管理机制。具体可以从以下几个方面着手：为提升活跃家庭的比例，促进整体效能提升，应完善邻里图书馆准入、退出、考核和反馈提升机制，打造一个良性的生态圈。为解决部分家庭"不知道怎么做"的问题，公共图书馆应加强培训和交流，引导邻里图书馆家庭互帮互助，并形成常态化机制。为提升公共图书馆馆员、邻里图书馆家庭和服务对象参与项目的动力，应完善激励机制，提升项目参与者的荣誉感和获得感，如设置季度奖、年度奖等。为提升邻里图书馆志愿者服务团队的服务质量和社会影响力，切实解决部分家庭参与社区志愿服务的需要，应制定邻里图书馆志愿者服务规范和管理机制。

第六章　思考与展望

作为阅读推广项目，邻里图书馆让家庭成为蓬勃兴起的民间阅读推广力量；作为新型公共文化服务载体，邻里图书馆是公共图书馆服务网络的重要补充，在我国公共图书馆服务体系建设中具有领先意义，为公共图书馆业务创新提供了可借鉴、可复制的新思路。但随着时代的发展，公共图书馆工作中的新问题、新需求不断涌现，邻里图书馆也同样面临着新的问题与挑战。本章从邻里图书馆项目建设可持续发展的角度，思考和分析公共图书馆与邻里图书馆在空间建设、服务效能提升、基层社会文化治理等方面的功能和作用，并结合邻里图书馆项目目前存在的主要问题，对未来发展提出对策与建议，以推进佛山市公共图书馆服务体系建设新发展。

第一节　邻里图书馆项目目前存在的主要问题

邻里图书馆项目经过四年多的建设与发展，在管理和运营方面仍存在着一些问题。本节旨在厘清主要问题所在，以便对邻里图书馆项目的建设目标、管理机制、服务效能等方面进行优化、改进和提升，有助于挖掘新的业务增长点。

一、部分家庭的参与目标发生偏离

在邻里图书馆项目的发展过程中，在不同发展阶段，项目发起者、参与家庭以及其他组织机构参与公共文化服务建设的目标可能会发生改变。作为公共图书馆，以提供均等化、普惠化、个性化公共文化服务为目标，以"'千家万户'阅暖工程"为契机，以完善公共图书馆服务体系为补充，大力建设邻里图书馆，从注重发展数量到提升服务效能，最大限度满足公众的阅读需求。其他组织机构积极参与并协助公共图书馆，有效推动了邻里图书馆项目的建设与发展。家庭作为邻里图书馆项目建设工作中最突出的主体，其加入邻里图书馆项目的初衷与诉求更加多样。个别邻里图书馆家庭的不当原因与诉求会影响其他家庭加入邻里图书馆项目的积极性，不利于邻里图书馆项目的良性发展。一是独享公共图书文献资源。个别家庭出于利己的目的加入邻里图书馆项目，借助邻里图书馆馆长的身份与资格，最大限度地独享公共图书资源，却不愿履行服务他人的责任以及协议所规定的相关义务，以至于只有公共图书馆的借书记录而没有向亲朋好友、左邻右舍转借图书和开展活动的记录，不能完成最基本的绩效考核目标。二是服务左邻右舍的意识不强。部分家庭对公共图书馆规定的相关义务应付了事，对公共图书馆发起的相关活动参与度不高，缺乏志愿服务精神，只求绩效考核勉强达标，难以保证阅读活动的质量和效果。三是为商业营利做宣传。邻里图书馆原则上要求设在家庭，但有些馆长由于经商、创业等个人因素，居住场所和工作场所难以分割，或因家庭空间不够大、交通不便等缘故，将阅读空间设在其私人工作场所。其加入邻里图书馆的初始动机是好的，但后来却演变成为商业营利做宣传噱头，模糊了邻里图书馆公益服务的性质。

二、服务质量与管理规范有待加强

邻里图书馆通过市、区、镇街公共图书馆多馆联动的管理运行机制实现了快速发展，但由于各级图书馆对邻里图书馆在发展目标、人力投入及管理规范上的差异，各邻里图书馆在服务质量和成效方面存在一定差距。一是各公共图书馆在与邻里图书馆的沟通、协作和培训上存在差距，缺乏对新加入的邻里图书馆馆长的标准化岗前培训，对邻里图书馆在阅读推广活动中的组织策划与教案支持等方面明显不足。二是邻里图书馆馆长与读者之间缺乏有效的沟通与互动，存在读者被动接受服务的现象，读者个体的需求和建议得不到及时反馈，邻里图书馆整体活跃度还不够高。三是邻里图书馆智能化服务的功能模块有待完善和优化，这既影响读者体验，也影响邻里图书馆馆长们开展服务的积极性。四是各公共图书馆对邻里图书馆的管理实行"谁签约，谁负责"责任制，即佛山市图书馆或五区图书馆在项目运营过程中，对各自签订协议的家庭负责，即使管理机制大致相同，但相对复杂的管理流程和沟通不畅，也会导致各公共图书馆在内部职责划分、绩效考核要求等方面存在差异，甚至有的公共图书馆只重视发展邻里图书馆的数量而不重视管理与服务。五是各邻里图书馆馆长在个人性格、能力、服务意愿、责任意识等方面的差异，会影响其与公共图书馆的沟通、协作、活动配合等。表现积极、善于沟通的邻里图书馆馆长与图书馆馆员、其他邻里图书馆馆长的交流合作会更多；服务意愿弱、沟通能力不足的邻里图书馆馆长则沟通交流较少，信息获取不及时、不到位，服务效果、质量以及服务效能自然不理想。

三、人力资源投入和经费保障有限

公共图书馆投入的人力资源成本过高和家庭图书需求保障不足是制约邻里图书馆后续发展的重要因素。一是佛山市图书馆在建设初期有超过一半的馆员参与到邻里图书馆的建设、管理与服务中，大量的人力资源投入本身就是一种管理成本上的压力，同时也反映出管理中存在的若干问题，如职能与分工不够明确，存在互相推诿现象，管理效率相对低下。二是部分邻里图书馆馆长在举办活动时面临人手不足的困难，不得不限制参与活动的人数、场次。三是经费相对紧缺，图书资源供需矛盾是一个普遍性问题。随着越来越多的家庭加入邻里图书馆，公共图书资源已难以满足部分邻里图书馆的个性化需求，比如规定每家馆 200 册图书的借阅权限，这对借阅需求量大、活动开展多、服务效能高的邻里图书馆而言，无法满足其需求，而增加借阅册数对公共图书馆来说也是一个挑战。四是很多邻里图书馆希望能共享公共图书馆的空间场地开展活动，但公共图书馆能给予的空间设施相对有限。五是邻里图书馆向基层和乡村拓展，基层的公共文化资源投入相对不足，而基层和乡村更需要邻里图书馆这样的社会力量提供阅读推广和相关文化服务。六是基层公共图书馆人才资源有限，工作人员的专业性不足，佛山市公共图书馆培训体系也有待完善。

第二节　邻里图书馆与公共文化服务空间建设

在西方发达国家，由于价值观念的差异，很难将私人财产化为公用；而在中国，邻里图书馆的建设与探索迈开了大步。本节从新型公共文化空间角度，分析公共图书馆文化空间建设的理论溯源、建设现状与政策导向，思考邻里图书馆与新型阅读空间的关系，以及如何整合社会各类资源，拓展邻里图书馆发展新空间。

一、公共图书馆文化空间的建设现状

近年来，随着经济、社会的发展，公共文化空间建设越来越受到社会的重视，以公共图书馆为主导建设的新型公共文化空间雨后春笋般地在各地涌现，为城市增添了新的文化建设亮点，丰富了公共文化空间的形态和内涵。建设好新型公共文化空间，对完善公共文化服务体系，推动基本公共文化服务标准化、均等化，提升公共文化服务水平，具有重要的现实意义。

（一）公共图书馆文化空间的理论溯源

图书馆作为文化空间的理论基础，可追溯至雷·奥登伯格（Ray Oldenburg）第三空间理论和联合国教科文组织及国际图联关于公共图书馆的主要使命。"第三空间"的概念由美国社会学家雷·奥登伯格率先提出。相对于第一空间家庭和第二空间工作环境而言，第三空间是自由、宽松、便利的，它既没有家庭角色的束缚，也没有职场的压力，是一个人们可以释放自我、放松心灵的自由交流的公共场所，如城市中的图书馆、博物馆、文化公园、咖啡店等[①]。第75届国际图联大会以"图书馆作为空间和场所"为主题，专门探讨了公共图书馆作为第三空间该如何建设和使用等问题。随后，业内掀起了公共图书馆作为"场所"或"空间"的研究热潮，公共图书馆文化空间理论基本成形，其作为文化空间的定位越来越清晰，从理念、理论到实践的不断发展，推动着公共图书馆作为文化空间的发展与建设。

公共图书馆文化空间是在新的理论视角下，将公共文化服务融入群众的日常生活，集中展示了新时代的精神文明与文化发展成果。业界、学界关于公共图书馆文化空间建设研究的主要观点有：何盼盼等[②]认为，公共图书馆作为重要的公共文化空间，可从"生态群落型""设施依托型""虚拟空间型"治理模式

---

① 张章. 第三空间理论给图书馆带来的机遇与挑战 [J]. 福建图书馆理论与实践,2014（3）:9-13.

② 何盼盼,陈雅. 图书馆公共文化空间建设研究 [J]. 图书馆建设,2019（2）:106-111,118.

着手去参与公共文化空间模式选择。卫军英等①分析了信息化和媒体技术发展如何促进人与空间的关系重构，认为是图书的"在场"带动了阅读空间、交往空间、审美空间及消费空间四个维度的空间价值重塑和生态再造，公共图书场域由"书的空间"演进为用户体验的"人的空间"。左瑾②则对图书馆公共文化空间的概念及基本属性进行了阐述，总结图书馆公共文化空间与阅读推广融合发展的主要模式，提出公共文化空间促进图书馆阅读推广服务创新发展的若干对策。

在近年来各地的探索与实践中，无论是城市书房、主题图书馆，还是散布在大街小巷、商业楼宇中的特色图书馆，都是新型文化空间的重要形态，在推动全民阅读中发挥着重要作用。

（二）新型公共文化空间建设相关政策

目前，北京、四川等地已明确将打造"特色阅读空间""特色专题馆"等纳入"十四五"公共阅读服务规划任务，从顶层设计、政策落实、资金投入、品牌打造等方面重点提升阅读空间品质，加大数字化建设投入，延展服务空间，拓宽服务覆盖面，回应群众阅读新需求。我国新型公共文化空间建设已经从基层的试点探索，拓展至全国范围内的推广普及，地方性的文化发展经验为国家层面的文化政策制定提供了有效参考。

2021年3月8日，文化和旅游部、国家发展和改革委员会、财政部联合印发的《关于推动公共文化服务高质量发展的意见》，将打造公共文化空间作为高质量发展的一项重要任务。鼓励将符合条件的新型公共文化空间作为公共图书馆、文化馆分馆。文件中出现"规模适当""布局科学""有特色""有品位""小而美""舒适化""业态多元""主题功能""嵌入式""社会力量参与""融入社区生活""促进共建共享"等关键词，总结提炼了近年来我国公共文化空间创新的实践经验，指引了公共文化空间从形式到内容创新拓展的方向③。

---

① 卫军英,刘晶.公共图书场域转型的空间变迁和价值重塑[J].中国出版,2019（2）:39-43.

② 左瑾.公共文化空间视域下图书馆阅读推广服务创新研究[J].图书馆学刊,2018（6）:83-86.

③ 李国新.《关于推动公共文化服务高质量发展的意见》——公共文化服务高质量发展的总体蓝图和行动指南[N].中国文化报,2021-03-24（2）.

2021 年 6 月 8 日，文化和旅游部印发的《"十四五"公共文化服务体系建设规划》，明确将"推进城乡公共文化服务体系一体建设""建设以人为中心的图书馆""增强公共文化服务实效性""推动公共文化服务数字化、网络化、智能化建设""推进公共文化服务区域均衡发展"等方面作为"十四五"时期公共文化服务体系建设的主要任务。其中将"营造融入人民群众日常生活的高品质文化空间"纳入推进公共图书馆功能转型升级的要点之一，试点建设一批管理先进、特色鲜明、与社区融合共生的主题阅读场所①。

（三）国内新型公共文化空间建设特点

1. 新型公共文化空间特点及建设原则

新型公共文化空间应体现出新的建设方式和运营机制，新的空间功能，新的人文内涵，新的受众参与，新的审美品质等新特质；并且具有规模适当、布局科学、业态多元、特色鲜明等优点，拥有小而美、舒适化或"嵌入式"布局设计，以及社会力量参与、融入社区生活、鼓励共建共享等特点。新型公共文化空间的功能定位在于便捷舒适、有益身心、互益共赢、增益文明。其建设的原则应遵循美感与实用结合、凝聚和引导并重、悟识和践行同步②。

2. 公共图书馆新型文化空间建设的典型案例

近年来，以"城市书房"、民宿图书馆等为代表的新型阅读空间迅速崛起，凭借服务的特色化、多元化、品质化、针对性以及充满新意的阅读文化体验，吸引了更多公众走进实体阅读空间③。一是许多地区将空间改造作为功能布局的创意点，打破常规，细化内部功能分区，营造全新服务格局，体现共享、开放、融合的理念，如整体造型好似一艘航船的江西省图书馆红色图书馆。二是挖掘特色优势、整合社会力量，如黄山市图书馆徽文化主题分馆被设在黄山市徽派古建筑"石家大院"中；新疆克拉玛依、内蒙古巴彦淖尔等地将特色馆藏和地域文化作为核心优势，进行文创开发、读书会、耕读体验等诸多形式的

---

① 文化和旅游部关于印发《"十四五"公共文化服务体系建设规划》的通知 [EB/OL].[2022-09-16].http://www.gov.cn/zhengce/zhengceku/2021-06/23/content_5620456.htm.

② 已上升为国家政策，公共文化新型空间究竟"新"在哪里？[EB/OL].[2021-05-31].https://www.163.com/dy/article/G8NV0R3J055040N3.html.

③ 不止阅读：特色图书馆里的文化体验新世界[EB/OL].[2022-09-16].https://m.thepaper.cn/baijiahao_14530707.

有益探索。三是重庆、四川、山东等地精心打造图书馆分馆，通过与景区、民宿等广泛合作，让知识服务与地方特色文旅体验有机结合，融入城乡经济社会发展，并通过延长开放时间、开设夜间书房等方式，增强读者黏性。四是除优化布局外，各类阅读空间通过提升智慧程度、探索服务转型、更新管理模式，成为创新发展的驱动力，如佛山市图书馆的"智能文化家"、盐田区图书馆的"智慧书房"等。

3. 新型文化空间建设的专家视角

开展公共文化服务，新型阅读空间的稳定性、服务方式的灵活性至关重要，需要有全新的发展定位和运作模式。新型公共文化空间应该如何优化升级，更好地回应读者需求？北京大学国家现代公共文化研究中心主任李国新认为，作为公共文化服务的重要阵地，阅读空间的选址布点要融入城乡公共文化服务设施建设整体规划，通过新型空间建设优化设施布局，弥补基层公共文化设施覆盖能力不足的短板，完善设施网络和服务体系；公共图书馆要着力提供多元化、综合性服务内容，针对读者需求，拓展服务项目，丰富服务业态；公共图书馆要提升馆内设施、综合管理、数据分析等方面的智慧含量。上海图书馆副馆长刘炜认为，在数字化时代，智慧图书馆和智慧空间建设需要依靠最新的信息技术，不断优化服务和功能。阅读空间智慧化的实现需要统一规划和建设，各系统要实现联动，智慧空间服务有赖于各类技术的综合应用，技术在自动控制、预约、导航、提醒、推送（信息发布）、自动问答、自助借还、手机借还、机器人服务等环节都能发挥实效[①]。

二、邻里图书馆与新型文化空间建设

公共图书馆以新理念、新媒体、新技术作为支撑和发展动力，不断推动着自身服务模式的更新、转变以及事业向高质量发展。而公共图书馆新型空间建设的不断深入，必将带动邻里图书馆家庭阅读空间的建设与发展。

（一）家庭阅读带动新型文化空间建设

在阅读推广活动中，邻里图书馆项目首先建立起以家庭为单位的个性化、

---

① 不止阅读:特色图书馆里的文化体验新世界 [EB/OL].[2022-09-16].https://m.the paper.cn/baijiahao_14530707.

特色化阅读交流空间。各邻里图书馆通过分享各自开展的阅读推广活动，激发了单个家庭的想象力与创造力，产生了更多创意性的阅读活动和家庭阅读空间的创意升级和改造。目前，邻里图书馆开展阅读推广活动的空间呈现多样化趋势，逐步延伸到了大型社区文化活动中心、户外休闲场所、学校、咖啡吧等空间。此外，邻里图书馆借助信息技术和线上服务平台，在活动开展方面积极举办线上阅读活动，以缓解线下开展阅读活动的空间不足问题。

（二）丰富公共文化空间的内涵和外延

公共图书馆激活社会力量，给予其进入公共文化领域参与文化空间建设的机会与平台，也是促进公共文化服务提供主体和提供方式多元化的具体体现。"文化空间"所包含的空间、文化活动、人力资源、交流互动等基本要素，邻里图书馆都基本具备。因此，随着邻里图书馆项目规模的不断扩大和阅读推广活动的深入开展，会有更多家庭住宅变为各具特色的小型公共文化服务空间。邻里图书馆以公共图书馆的公共藏书资源、私人藏书为基础，以家庭为阅读场所，与左邻右舍和亲朋好友一起开展阅读分享、学习交流、创意展示、休闲娱乐等活动，更多家庭的私域空间将变成公共文化服务的新空间，强化"空间"与"交流"功能，进一步丰富公共图书馆作为文化空间的内涵和外延。

（三）多业态融合打造特色阅读空间

邻里图书馆是基于家庭阅读空间而建设的图书馆新形态，不应只满足于单个家庭的局限。一是在阅读空间建设方面，可利用邻里图书馆项目建设成本低、空间布局小、服务时间灵活等特点，将其灵活地嵌入学校、民间文化机构、社区等空间。目前已有个别邻里图书馆不满足于自家阅读活动场所，以多馆联盟的形式，在社区寻找更大的空间，联合建设馆藏和开展服务。二是在服务内容方面，可结合双减政策背景下家庭阅读面向青少年服务的独特优势，将绘画、手工制作、音乐鉴赏等与阅读相结合，有益青少年的身心健康。三是在文旅融合方面，立足乡村振兴，推动邻里图书馆与民宿图书馆融合发展，打造有特色、有品位的邻里图书馆公共文化空间，扩大公共文化服务覆盖面。2025年底，佛山市图书馆将以"图书馆＋民宿"的形式打造多个"夜·读"特色阅读空间，促进现代公共文化与地方传统文化的融合，吸引更多外地旅客关注和参与邻里图书馆项目建设，探索异地共建邻里图书馆的更多可能性。

三、整合资源助推邻里图书馆项目新发展

邻里图书馆充分利用家庭空间，为满足左邻右舍的阅读需求提供了前提条件；借助线上、线下服务平台，邻里图书馆项目为公共图书馆打开了新的发展空间。公共图书馆只有在人、财、物等方面有更好的规划和措施，才能更好地在新型文化空间建设上发力，保证邻里图书馆项目建设的可持续性和未来发展空间。

（一）强化管理，以优质增量带动存量发展

邻里图书馆项目的发展成效，诠释和体现了"公平"与"效率"。在邻里图书馆项目四年多的发展历程中，已制定并实施的有《邻里图书馆建设及服务规范》《邻里图书馆绩效管理办法》《邻里图书馆管理委员会章程》等制度规范，但要保持高质量、可持续、增量化发展，还需要加大政策扶持力度和优化各项管理制度。一是建立和制定社会力量参与公共图书馆服务体系建设的长效机制。鼓励和支持社会力量通过提供文献资源、空间场地、服务和管理等多种方式参与公共图书馆体系建设，推动公共图书馆服务社会化发展。二是强化管理，促进邻里图书馆标准化、规范化、常态化建设。推动《邻里图书馆建设与服务规范》成为地方标准，加快邻里图书馆项目规模化发展的步伐。三是提升邻里图书馆的管理效能。如佛山市图书馆已将之前负责管理运营邻里图书馆的八大小组归口到体系建设部门，统一进行管理与服务。四是完善考核及激励机制。结合"易本书"平台、馆长志愿服务等，完善绩效考核制度，鼓励邻里图书馆积极上传和分享私家藏书，积极参与邻里图书馆的管理及服务。五是增加专项资金，保障活动开展、媒体宣传等环节顺利推进，强化邻里图书馆项目的宣传推广。

（二）促进"公私"文献资源的共建共享

佛山市图书馆正致力于打造和推广具有全国影响力的"易本书"平台，构建图书流通区块链网络。邻里图书馆项目建设初期秉承共享发展的服务理念，对左邻右舍、亲朋好友打开家门，让家庭藏书同公共藏书一道为邻里提供更加多元化、专业化的知识增值服务。未来，通过"易本书"平台将会有更多民间闲置文献资源被激活，促进私人文献资源与公共图书馆文化资源的共享，让家庭藏书和公共藏书一起流动起来。馆长们通过分享自家家藏图书，平台可以带

动更多邻里图书馆家庭参与"易本书"平台的资源共享；"易本书"平台也将吸引更多藏书家加入邻里图书馆项目，以二者的良性互动促进邻里图书馆项目后续的建设与发展。

（三）推动邻里图书馆项目向基层和乡村发展

2021年3月，文化和旅游部、国家发展改革委、财政部三部委联合印发《关于推动公共文化服务高质量发展的意见》中指出：要紧紧围绕乡村振兴战略，将乡村文化建设融入城乡经济社会发展全局，融入乡村治理体系；整合优质资源与力量，送文化活动下基层；结合全国乡村旅游重点村镇建设，打造特色乡村文化和旅游品牌，拓展乡村文化和旅游发展新模式；坚持平等、参与、共享的原则，加强对城市新生代外来务工人员的文化帮扶，使他们更好地融入城市，成为城乡文化交流的重要力量[①]。

目前，全国各地虽已按标准配备了一些综合性文化设施，但方便乡村居民就近阅读的设施仍然相对较少。邻里图书馆在城市社区和家庭的推广相对容易，但实际上乡村和村民更需要公共文化服务以及阅读资源的输送。接下来，邻里图书馆项目应从以下几个方面加以推进。一是重点向市域内的城乡接合部、偏远区域及乡村推广邻里图书馆项目，以优化城乡文化资源配置，促进乡村文化与城市文化交流，确保公共文化服务供给不掉队，从而提高城乡基本公共文化服务均等化水平。二是扩大邻里图书馆在乡村的布点，让更多村民做馆长，服务左邻右舍，把公共文化资源真正送到村民家里，让乡村群众也能享受到更多的公共文化资源与服务。三是以点带面树典型，吸引和带动更多市民、村民参与邻里图书馆开展的阅读推广活动，提升村民整体文化素质，共享文化改革发展成果。

第三节　邻里图书馆项目与公共文化服务精准供给

邻里图书馆项目创新了公共文化的供给方式，社会家庭从公共文化服务的

---

① 三部委发文:推动公共文化服务高质量发展［EB/OL］.［2022-05-31］.https://m.thepaper.cn/baijiahao_11887985.

参与者、享受者转变为提供者和组织者，家庭成为公共文化服务供给的生力军，而公共图书馆从公共文化服务的提供者转变为组织者、培育者和管理者，逐步形成"图书馆＋社会力量"的公共文化服务供给模式。本节分析邻里图书馆在公共文化精准供给中的作用，针对目前粗放型的服务供给现状提出：邻里图书馆服务的精准供给，需要在公共图书馆精准服务理念的指导下，持续探索与实践。

一、公共图书馆精准服务的价值发现

加强公共图书馆精准服务，改善公共文化服务资源配置，着力解决公共文化服务发展不平衡不充分问题，以更灵活、更精准的方式为读者提供公共文化服务，这是《中华人民共和国公共图书馆法》对公共图书馆提出的基本要求，更是社会公众对公共图书馆服务的美好期待。

（一）公共文化服务精准供给的现实要求

公共图书馆的普适化服务在一定程度上助推了公共文化服务均等化的实现，维护了读者的基本阅读权益，但在某种程度上却造成了公益服务的效率低下。公共文化服务专家巫志南认为，精准供给是所有公共服务的本质要求，也是公共文化产品和服务的本质要求。在我国传统文化事业向现代公共文化服务跨越的转型期，要想满足公民不断增长的美好生活需要，就必须把提高公共文化产品和服务精准供给水准摆在重要位置。公共文化产品和服务精准供给，关键在于围绕公民的基本文化需求，明确工作主线，发挥好公共文化引领社会风尚的作用。在此基础上，完善以需定供，供需对接，大力加强数字网络技术应用，搭建平台，优化管理，提高公共文化服务效能[①]。

（二）公共图书馆服务供给的现状与不足

随着公共图书馆发展与用户需求的变化，公共图书馆服务供给与用户需求之间的矛盾日益突出。公共图书馆的服务是一个系统工程，由公共图书馆决策者、馆员、信息资源、服务方式、服务管理等多个要素组成。公共图书馆早前的粗放型管理导致公共图书馆服务过剩问题和有效供给不足问题并存，这主要表现在以下四方面：一是资源供给有待完善，专业馆员一岗多职，资源配置及

---

① 巫志南．公共文化产品和服务精准供给研究［J］．图书与情报，2019（1）：31-40.

服务方式相对单一。二是对用户需求的多元化特征把握不够，缺乏对终端用户需求的精准研判，以"一对多"的普适性资源提供和阅读推广服务为主，服务的针对性不强。三是馆员的专业服务能力有限，表现为在服务及管理方面的预见性不足。四是服务供需衔接不畅，没有与终端用户建立完善的联络沟通机制及常态化服务机制，使得公共图书馆的服务缺乏主动性、灵活性。

（三）公共图书馆精准服务的概念与内涵

"十四五"时期，公共图书馆如何为用户提供精准的公共文化服务和产品，如何提高管理实效，已成为业界研究和实践的新课题。关于图书馆精准服务的概念和内涵的主要观点有三种：①精准服务是以用户需求为导向，通过分析用户行为特征数据，为用户提供针对性服务，满足其个性化需求的过程[①]。②精准服务是公共图书馆在普适性服务的基础上，将新的服务理念嵌入已有服务类型，以用户的个性化需求及问题为导向的全新服务模式[②]。③精准服务即实现公共文化服务的"精准供给"，需要公共图书馆改变此前供给内容相对单一、供给缺乏弹性等问题，以便更好地与广大人民群众的需求相对接[③]。

二、邻里图书馆精准服务与效能提升

随着"千家万户"阅暖工程——邻里图书馆项目在佛山市的全面铺开和快速推进，邻里图书馆已成为佛山市公共文化服务体系建设的重要组成部分，有效促进了佛山市公共图书馆服务体系的均等化、普惠化。邻里图书馆项目以多种途径，面向家庭及个人开展阅读推广活动，通过上千个家庭辐射并带动数万人办证、借阅和转借图书，进而带动公共图书馆人群覆盖率、读者持证率、图书借阅率、活动参与率等指标的提升，促使公共文化服务投入产生更多效能。

（一）精准对接服务对象的文化需求

在传统的公共文化服务单向供给模式中，家庭处于"终点"或"末端"，容易出现服务供给不足、供需不对称等问题。邻里图书馆项目将原本作为服务终点的家庭转变为公共文化服务网络中的节点，使其从公共文化服务的参与

①　唐斌.图书馆精准服务:内涵、机制与应用[J].图书馆工作与研究,2017（5）:9-13.

②　牛勇.图书馆精准服务研究[J].图书馆学研究,2016（5）:50-52.

③　公共文化服务需要"精准供给"[N]人民日报,2019-08-20（5）.

者、享受者转变为提供者和组织者，兼具服务对象与服务主体两种身份。邻里图书馆在公共文化服务精准供给方面也起着至关重要的作用：有助于公共图书馆按需定供以满足终端用户所需，精准制定政策以降低文化服务成本，同时参与精准评估，提高公共文化服务及邻里图书馆服务的质量和效果。邻里图书馆项目以其良好的创新性、导向性、科学性等特征，通过服务的精准供给，实现整体服务效能的大幅提升。

（二）丰富公共文化供给方式

邻里图书馆项目倒逼佛山市图书馆改进服务方式，以读者需求为导向，提升服务体验。例如，自主研发邻里图书馆管理系统，提供图书借阅、转借、续借、查询一站式自助服务；推出线上办理借书证功能，不受时间和空间限制；向邻里图书馆提供馆藏定制、编制家庭阅读推荐书目、开展现场选书大会、微信点单式图书配送、各种专业培训等服务；联合五区公共图书馆力量共同开展邻里图书馆项目，推动佛山市联合图书馆体系向纵深发展。

（三）优化读者体验，提升服务满意度

提高服务效能、提升读者满意度是邻里图书馆项目的目标之一。邻里图书馆组织的丰富多元的个性化阅读活动激发了左邻右舍、亲朋好友的学习兴趣，鼓励更多的读者走进邻里图书馆参与阅读，让邻里图书馆的"磁场效应"越来越强。左邻右舍、亲朋好友从"要我来"变成"我要来"，从"要我读"变成"我要读"。通过有机结合线上、线下两种服务形式，并利用互联网、物联网，依托云计算、大数据技术对邻里图书馆的服务平台、服务数据进行深层次挖掘，公共图书馆引领邻里图书馆向阅读交互空间拓展，不断提升读者体验和服务满意度，有效提升了服务效能。

三、邻里图书馆精准供给的实施策略

公共文化服务的精准供给，既要由政府主导，以群众需求为导向，丰富公共文化服务的政府和市场供给，也要鼓励和支持群众自办文化，实现文化服务自给自足。邻里图书馆作为公共文化服务的提供者之一，最了解个人终端用户的阅读需求，能够通过自身馆藏的建设与优化，满足读者个性化的公共文化服务需求，为左邻右舍、亲朋好友提供更为精准的个性化、便捷化服务，即实现服务的精准供给，以改变公共图书馆作为文化服务单向供给主体的传统供给模式。

（一）建立需求与沟通的反馈机制

公共图书馆需建立自上而下的需求征集机制与自下而上的意见反馈机制。一是通过走访、座谈、问卷调查等多种形式，充分了解各邻里图书馆馆长及受众的文化及阅读需求，使这些需求能够准确、及时地被传递给服务供给主体——公共图书馆。公共图书馆应对群众多样化的文化需求信息进行有效筛选与整合，以此为导向提供更精准的阅读资源及文化服务活动。二是构建"需求征集—服务供给—意见反馈"的良性闭环循环系统，重视邻里图书馆馆长的意愿与意见，通过公众满意度调查、公共文化服务质量评价等方式，将市民对图书馆服务的感知、文化需求的满足程度等评价结果作为公共图书馆调整服务内容与方向的主要依据。三是建立市民与公共图书馆信息交流与互动的路径，使受众持续转变为公共文化服务供给的主动参与者、积极影响者以及内容决定者，从而实现公共图书馆与邻里图书馆资源服务供给的持续优化。

（二）实施"一馆一策"个性化供给

就佛山市联合图书馆体系建设而言，目前五区仍然存在发展不平衡问题。邻里图书馆项目也同样如此：已建成的 1300 多家邻里图书馆在空间场地、服务效能等方面也存在很大差异。公共图书馆应根据各区、各馆发展现状，提供具有区域特色的个性化资源、服务与产品，主要可以从以下四个方面着手：一是面向不同类型、不同需求的邻里图书馆，增加图书数量、种类的个性化供给。二是在镇街、村居大力发展和培育邻里图书馆，以满足读者的阅读需求。三是大力推行联盟式邻里图书馆发展的创新案例，实行"点单式"供给，组织邻里图书馆馆长们现场选书，提供个性化专题书单等。四是尽可能多地将邻里图书馆馆藏资源的选择权交给基层邻里图书馆馆长，以提高文献资源的利用率。

（三）加强互动展示交流和经验借鉴

授人以鱼不如授人以渔。除了文献资源的供给，还要强化服务、理念及知识经验的扶持供给。为进一步拓展邻里图书馆的阅读推广思路，提升活动的丰富性和专业性，公共图书馆可联合邻里图书馆管理委员会，为各邻里图书馆提供更多交流学习的机会。一是举办邻里图书馆馆长交流会、活动观摩会等。二是加强技术保障，优化提升现有邻里图书馆服务系统，开发和完善更多功能以支持邻里图书馆阅读推广活动案例的展示与互动交流。三是引导邻里图书馆组织专题活动交流，多家邻里图书馆联合开展阅读推广活动，以实现资源共享和整体效益的提升。四是开展优秀阅读推广案例评比、最美阅读推广照片征集等活动，以便更深入地了解邻里图书馆阅读推广的做法，并对优秀的活动案例进行奖励和宣传推广。

（四）进行立体化多渠道的宣传推广

公共图书馆微服务平台包括微信、微博、抖音等多个平台，其提供的服务和内容，应该以阅读和阅读推广服务为中心。随着公共图书馆服务对象的日趋多元化，邻里图书馆家庭成员呈现"老中青少幼"的年龄结构，阅读推广也呈现出面向全年龄段服务的趋势。如何进行分龄和细分服务？如何强化微服务内容生产专业化，提升媒体传播的效能？如何将流量转化为"留量"，实现流量深耕[①]？公共图书馆应从阵地宣传、媒体报道、活动嵌入、微服务平台等多方面和多渠道强化宣传，以提高邻里图书馆项目在公众中的知晓度和参与度，提高服务与资源的有效供给。

（五）强化邻里图书馆精准服务评估

精准服务的效果，要依据读者对邻里图书馆服务的评价以及专业人士或第三方机构对邻里图书馆服务效能的评估来进行判断，这也是提升邻里图书馆服务质量的重要依据。对邻里图书馆来说，完善精准服务评估方式是有必要且可行的。在评估结果的基础上，公共图书馆结合读者特征数据，能够及时发现并解决当前工作中存在的问题，更有效地满足读者对公共文化服务的期望。此外，公共图书馆通过为邻里图书馆定制书单，将其举办的相关文化活动在公共图书馆服务中进行个性化和前置化，也可为读者提供更加便捷、高效、精准的阅读活动。

第四节　邻里图书馆项目与基层社会文化治理

文化不只会影响人们的生活方式，更能体现一种"精神价值"[②]。公共图书

---

① 上海图书馆学会.微平台　新征程——第八届图书馆微服务研讨会纪实[EB/OL].[2022-06-21].http://society.library.sh.cn/node/7993.

② 周文彰.繁荣发展社会主义先进文化的制度保障[N].新华日报,2019-12-17（19）.

馆作为实现文化的社会治理功能的重要载体之一，可以通过创新服务模式等更多方式来培育公民意识、优化社会行为、促进公共文化服务均等化建设和文化多元化发展，辅助实现国家、社会的良性运转和可持续发展①。本节阐述邻里图书馆文化治理的基本特征，分析公共图书馆如何引领邻里图书馆，推动基层文化的共建共治共享，进而促进基层社会文化自治，并提出邻里图书馆参与文化治理的实施路径。

一、图书馆文化治理功能的内在逻辑

文化治理是国家治理体系的重要组成部分，也是推进国家治理体系和治理能力现代化的必然要求。文化市场体系中包含大量的公共文化服务机构。随着文化市场的不断发展，公共文化机构在文化理念、资源配置、人员管理、制度制定、组织结构等方面发生了较大的变化，也出现了一些组织性难题，亟待解决②。

（一）文化治理的内涵与理念

目前，学界对于"文化治理"还没有形成统一的概念，通常可以从两方面理解：一种是对文化的治理，另一种是基于文化的治理③，即分别为"治理说"和"工具说"。"治理说"强调对文化的治理，将治理引入文化；"工具说"是将文化引入治理，强调文化在社会治理中的积极作用。与政治、经济领域的"硬"治理不同，文化治理通常体现出"软"治理的特性，属于"更基础、更广泛、更深厚"的治理④。文化治理不仅是对文化的治理，更是要发挥文化具有的治理功能。相对于"管理"而言，"治理"强调多元、合作、包容，文化治理模式也不再是单一的文化管理模式，公民自组织治理模式、数字化管理模式等已逐步融入文化治理当中。

文化治理理念包括治理主体的多元化、治理方式的多样化和治理目标的多重化。文化治理既包括文化创造、管理和建设，也包括通过文化进行价值规

---

① 廖莎.公共图书馆的文化治理功能分析[J].图书馆界,2020（4）:1-4.

② 潘雁.文化治理,关键在"治"[J].人民论坛,2018（30）:136-137.

③ 廖胜华.文化治理分析的政策视角[J].学术研究,2015（5）:39-43.

④ 王波.阅读推广、图书馆阅读推广的定义——兼论如何认识和学习图书馆时尚阅读推广案例[J].图书馆论坛,2015（10）:1-7.

范，通过所有共同体成员之间的共同参与和良性互动，强化价值认同，建构精神秩序，进而在心理认同下进行集体行动和自觉治理，即"透过文化和以文化为场域达至治理的目的"①。

（二）文化治理的内容与目标

文化本身具有多层次的丰富内涵，因此，文化治理内容也十分广泛。广义的文化指人类生存发展实践过程中形成的一切精神与物质财富的总和，其内容之广泛体现在多样化的文化载体、多层次的文化影响、多元化的文化表现。文化载体，如文化设施、文化场所等，文化影响，如综合国力、国民幸福感等，文化表现，如道德、知识、信仰、风俗等，都属于我国文化治理的主要内容。

文化治理的主要目标包括以下几点：一是构建公共文化服务体系及社会主义核心价值体系。二是立足我国国情，创建合理的公共文化服务和资源供给制度。三是适应角色转变，从管理者变为参与者、协助者，为市场对文化资源的基础性配置创造稳定的外部条件。四是推动文化的多元化构建和文化市场的繁荣发展②。

（三）图书馆的文化治理功能

以全球性的眼光来看，图书馆的社会价值和社会作用并不能够被所有人充分认识。促进图书馆事业发展的很重要的一点是要做好宣传推广工作，引导全民参与，让全社会听到图书馆的声音。因此，国际图联每年会在全世界范围内征集图书馆案例并在各个委员会之间进行民主票选。公民参与是基层文化治理的基础。

公共图书馆是公共文化服务体系的重要组成部分，是国家实施文化治理功能的重要载体，是一种重要的文化治理工具③。现有研究认为，公共图书馆不仅是单一的服务输出，在文化治理各因素的影响下，其提供公共文化服务的过程也是公共性培育的过程，具有文化治理功能。文化治理功能主要体现在以下三方面：一是培育公民意识，传播社会主流价值观；二是优化社会行为，实

---

① 吴理财. 文化治理的三张面孔 [J]. 华中师范大学学报（人文社会科学版）,2014（1）: 58-68.

② 景小勇. 国家文化治理体系及政府在其中的地位与作用 [J]. 人民论坛,2014（14）: 28-31.

③ 张收棉. 论公共图书馆的文化治理功能 [J]. 图书馆杂志,2017（6）:9-13.

现社会有序化发展；三是发展文化民主，促进基本公共文化服务均等化和多元化。公共图书馆面向社会大众提供公共文化服务和资源就是一个公共性培育的过程。公民在这一过程中逐步发现和认识自身的主人翁地位，公民意识不断增强，并最终实现社会认同。公民意识的培育和增强，有利于调动个体的积极性和主观能动性，也有利于社会和谐稳定与国家长远发展。尤其在读者服务过程中，公共图书馆将自身对社会文化的理解，融入文献的收集、编目及利用等环节，进而影响读者对文献的选择与对文化的价值认同。

二、邻里图书馆文化治理的基本特征

新型睦邻文化建设是基层社会文化治理的最佳切入点。基层文化治理机制是让各主体或环节之间实现有机的联系[①]。邻里图书馆项目是国内家庭阅读推广的创新探索，也是当前国内公共文化服务领域实现文化治理的典型案例，拓宽了文化自治路径，有效促进了家庭阅读与全民阅读，让公众成为公共文化服务与文化治理的参与者和受益者。

（一）邻里图书馆与新型睦邻文化

睦邻文化是中华优秀传统文化的重要组成部分，新型睦邻关系的基本特征为互信、互助、不互扰。邻里互助不需要专门的设施和场地，通过义务帮扶，就可有效增进邻里间的感情交流。随着信息技术的发展，人们在虚拟生活中投入越来越多的精力，对于现实人际关系产生一定负面影响。而邻里图书馆开展阅读推广等文化活动就像润滑剂，有助于融洽邻里、亲朋、同学甚至是陌生人之间的关系，实现邻里关系由陌生到熟悉再到相互关爱的跨越，带动了新型"和谐邻里"关系建设。很多邻里图书馆家庭是来自不同地域的"新佛山人"，通过各家邻里图书馆之间联合组织活动或邻里图书馆开展的社区阅读活动，既能提升社区文化活动的参与度，又能促进这些"新佛山人"的社会认同感和归属感。

（二）邻里图书馆文化治理的功能

在邻里图书馆项目的建设过程中，以"政府主导、全民参与、共建共享"为原则，公共图书馆为社会家庭参与公共文化服务搭建了自我服务、自我管理

---

① 陈建强.新型睦邻文化建设是基层治理的最佳切入点[N].光明日报,2015-06-17（2）.

的平台。邻里图书馆管理委员会更是发挥了成员馆在全民阅读、文化自治、民主管理等方面的作用，进一步激活民间文化活力，为文化共建、共治、共享提供了有益探索，有效促进了社区邻里参与公共文化决策与馆长的自治，同时也增强了社区居民及家庭成员的凝聚力和文化认同感，推动了基层文化建设由政府管理向公众自治的转变，调动了民间人才、资金、空间等资源的综合利用，扩大了公共文化服务的覆盖范围。邻里图书馆通过阅读推广活动、邻里图书馆管理委员会、邻里图书馆服务规范等载体，培育公民意识，传播社会主流价值观，有效发挥了社区及家庭的教育和文化自治等基本功能。

（三）邻里图书馆文化治理的特征

邻里图书馆是佛山市公共图书馆服务体系的一部分，面向左邻右舍、亲朋好友等开展图书借阅服务和阅读推广等文化活动，不仅承担着公共图书馆提供公共文化服务的部分职能，还具有活化邻里"细胞"、重建社会信任的重要意义。通过政府及公共图书馆的鼓励、支持、引导、规范服务等，邻里图书馆自主参与、自我管理，并开展自我服务。家庭从公共文化服务的参与者、享受者转变为提供者和组织者，成为公共文化服务供给的新生力量，推动了社区与社区之间、家庭与家庭之间的合作及多元共治。邻里图书馆的文化自治特征在基层社会文化治理运行机制中得到了充分体现。

三、邻里图书馆参与文化治理的实施路径

文化治理功能的发挥，需要政府、公共文化机构、社会力量、市民等多方主体参与建立服务人民、协同增效的文化治理新格局。深化公共文化供给侧改革，充分发挥各主体的作用，才能形成多元主体合作共建协同供给机制，进而推动邻里图书馆在基层文化治理中发挥更大的作用。

（一）强化职能，夯实基层文化治理根基

成立邻里图书馆管理委员会，旨在进一步提高邻里图书馆工作的针对性和实效性，增强公共图书馆与邻里图书馆成员馆的紧密配合，发挥成员馆在全民阅读、文化自治、民主管理等方面的作用，实现邻里图书馆可持续、高质量发展。邻里图书馆管理委员会的主要职能是连接邻里图书馆和公共图书馆，同时其也是拉近各邻里图书馆之间距离的有效平台。第二届管理委员会加大了市图书馆以及五区图书馆馆员比例，强化了邻里图书馆馆长的组织协调及管理者角色。这一组成方式方便了公共图书馆了解邻里图书馆馆长们的需求，有助于公共图书馆挖掘自身及其他邻里图书馆特色，进而打造一批"品牌"示范型邻里图书馆。市、区公共图书馆共同开展邻里图书馆馆长培训，助力各邻里图书馆馆长们组织更加丰富多彩的主题阅读活动，惠及更多的市民群众。公共图书馆应不断完善和强化管理委员会职能，以党建引领业务发展，不断深化邻里图书馆在基层文化治理中的实践。

（二）创新志愿服务，激发内生发展动力

佛山市图书馆应加强邻里图书馆文化志愿队伍建设，强化志愿者服务机制，提升志愿者能力素养，培育一批志愿领读者、阅读推广人、阅读社群，把志愿服务做到基层、做进社区、带进家庭，打造具有佛山特色的邻里图书馆文化志愿品牌项目，弘扬奉献、友爱、互助、进步的志愿精神，以厚植基层文化治理的实践沃土。一是发掘、培育一批有情怀、有能力、有经验的邻里图书馆馆长，作为日常服务、微信群维护及活动策划主力。公共图书馆以管代做，做好建设、运营、统筹以及前端相关服务。二是加强对邻里图书馆馆长的培训，培养一批专业的阅读推广人，以带动和培训其他更多的邻里图书馆馆长，提高服务质量和水平。三是倡导邻里图书馆家庭成员成为文化志愿者，积极参与邻里图书馆服务供给和全民阅读推广。四是鼓励各家邻里图书馆分享其组织开展的阅读推广活动经验，以激发其他家庭的想象力与创造力，从而产生更多富有创意的阅读活动，促使更多家庭积极开展面向社区的阅读推广服务。

（三）培育多元化主体协作及协同共治

《中华人民共和国公共图书馆法》第四条明确了公共图书馆办馆主体的多元化。办馆主体多元化有利于公共文化服务均等化、平等化目标的实现，从根本上保证了所有社会成员对公共阅读资源的需求。而要想满足无限的社会需求，就必须整合社会力量以增加社会人力资源投入，促进邻里图书馆项目建设主体的多元化，提高公共文化服务的覆盖率。只有调动社区邻里广泛参与的积极性，基层社会文化治理中群众自我管理、自我服务、自我教育的文化服务生态机制才能够真正形成[①]。一是挖掘邻里图书馆馆长的更多社会资源，吸引更

---

① 陈建强.新型睦邻文化建设是基层治理的最佳切入点［N］.光明日报,2015-06-17（2）.

多主体参与到邻里图书馆建设中来，协调多元公共文化服务体系建设主体间的关系，以拓展和补充公共图书馆服务体系有限的馆舍资源和人力资源。二是家庭和社区是促进基层文化治理的重要阵地。社区居委会的职责之一是丰富居民文化生活。邻里图书馆进驻社区活动中心开展文化活动时，社区居委会可为其提供、空间、设备、物资等方面支持，以保障邻里图书馆活动的顺利开展。三是邻里图书馆与小区物业公司、学校、文化艺术机构等展开合作，也可以缓解公共图书馆人力、物力不足的问题。

（四）挖掘先进典型，筑牢馆长价值共识

公共文化是社会治理能力现代化的精神底蕴。邻里图书馆是社会力量参与公共文化服务的生动实践，1300多家邻里图书馆中不乏一些优秀的、具有代表性的阅读推广人。要依托邻里图书馆这一实践载体，从服务效能、服务群体、活动主题特色、活动形式创新等方面，多维度、多渠道挖掘邻里图书馆项目的典型案例与阅读推广人故事，以充分体现邻里图书馆在服务体系创新、阅读推广创新、文化治理创新方面的示范效应，大力提升社区、乡村群众的文化素质。目前，邻里图书馆家庭已形成了一批民间阅读推广活动品牌，树立了一批邻里图书馆示范点，但依然要注重社区和邻里的特点，发掘并激活社区文化资源，创造性发挥阅读推广、文明礼仪的作用，筑牢广大邻里图书馆馆长及群众参与、创造、共享的价值共识。

（五）完善机制，打造文化善治实践样本

公共图书馆要积极完善邻里图书馆馆长、市民参与社区文化治理的制度化渠道，树立政府主导下多元、对话、共享的社区文化治理理念，形成政府推动、公共图书馆主导、社会协同、市民自治的良性运作机制，调动更多邻里图书馆馆长参与社区文化治理的过程，以形成合力。邻里图书馆项目获得了佛山市宣传部门、文化主管部门、妇联等政府部门的支持。在宣传推广方面，佛山市图书馆在与电视、电台、纸媒等传统媒体合作的基础上，在积极探索与广佛地铁公司等企业合作的同时，还要重视与社区居委会合作，通过社区来开展相关文化服务活动，以便邻里图书馆能走进更多的社区、村居。此外，还可以结合党员志愿服务和党建工作等，扩大邻里图书馆的宣传主体和宣传范围，多渠道、多形式的宣传可扩大邻里图书馆的影响力，强化榜样的力量，在全国打造佛山邻里图书馆项目的善治样本。

第七章　邻里图书馆实践案例

采访者前言

2021 年 3 月，本书（《邻里图书馆：公共文化服务创新的佛山实践》）的编撰工作启动，课题组按计划要对部分邻里图书馆进行实地采访和深度调研。采访工作历时半年，深入佛山市禅城、南海、顺德、高明、三水五区，走访调研了近 30 家邻里图书馆。在采访过程中，被访者对邻里图书馆项目的独特感知和诠释，对我们来说是一份意想不到的收获。

我们关注每一家邻里图书馆的服务效能和社会价值，也重视它们蕴含的文化情怀和精神内涵。经过反复讨论，我们最终从沉甸甸的采访素材中甄选出六个具有代表性的实践案例，收录在本章中。这六个案例也是我们最想让读者知道的，与邻里图书馆有关的人、情、事。

此后三个月里，我们与六个特色邻里图书馆馆长进行了多次访谈。在一来一往、你言我语中，我们如同行、似知己、像净友。在他们的眼中，有我们未曾见过的星辰大海。原以为他们每一位只是那千家万户之一，而后方知——一人一世界，一馆一天地。

他们的生活样貌或有千姿百态，却在同一个梦想里共臻其妙；他们的"馆长"工作微小平凡，却又丰富而广袤。我们本想以冷静克制的旁观者身份，重新解读这些被佛山人熟知的邻里图书馆，却最终在故事中流连忘返，憧憬着与他们一起书写那些"未完待续"。

滴水藏海，微小见真。谨以本章，致敬那些在平凡生活中仍然怀揣图书馆梦想的普通人！

少年如诗　书气自华——"书香乐园"

名称："书香乐园"邻里图书馆

成立日期：2018 年 10 月 6 日

累计活动场次：56

累计馆藏转借次数：770

馆长：李君华

简洁的线条，纯粹的色彩，偌大的空间里没有一件多余的家具——每次走进"书香乐园"邻里图书馆，总让人想起小学课本中居里夫人的家。第二次到访这家邻里图书馆是在一个暑气未消的初秋晌午。我们和李君华及其女儿莫岱妮在屋里聊天，屋外雷声阵阵，风驰雨骤，屋内却惬意自在。坐在我们面前的这对母女，总能在清静恬淡的读书生活中，自得其乐。

我们初次到访"书香乐园"邻里图书馆是在 2020 年 9 月。当时邻里图书馆项目计划建设 10 家特色示范馆，我们综合考量服务效能、品牌内涵、活动特色、社会价值等因素，初步遴选出 20 多家邻里图书馆并逐户走访调研。而早在 2019 年，即"书香乐园"邻里图书馆成立的第二年，这家邻里图书馆便引起了我们的关注。一个名叫莫岱妮的少儿读者频繁登上市图书馆的颁奖台，一年内先后获得"图书推荐之星""阅读分享之星""邻里图书馆借阅服务之星"等嘉奖。2020 年，在李君华、莫岱妮的努力下，"书香乐园"邻里图书馆又被授予"五星级邻里图书馆"、"佛山市图书馆最佳社会合作伙伴"[①]、"最佳线上阅读推广奖"等荣誉。经市图书馆推荐，莫岱妮一家又获评 2020 年度佛山市"十大书香家庭"。

说起阅读，年仅 11 岁的莫岱妮自称是一名"老读者"。莫岱妮与图书馆

---

① 此奖项非邻里图书馆项目组评选的奖项，是由佛山市图书馆为表彰参与阅读推广服务的社会合作单位颁发的奖项，获奖者包括个别邻里图书馆、民间读书会、幼儿园等，因此未被收入附录五。

的结缘始于 2012 年：在妈妈的陪伴下，莫岱妮参加了市图书馆组织的一次公益卖报活动，一天内卖出了 10 份《南方都市报》。也许就在那时，"小小卖报郎"的体验就在莫岱妮心中埋下了志愿服务的种子。从那以后，图书馆便成为莫岱妮一家的"后花园"。他们从祖庙路旧馆一路追随到佛山新城新馆：莫岱妮从"蜂蜂故事会"的小观众成长为"蜂蜂故事员"志愿者；图书馆周末三人行也变成了四人行——如今，莫岱妮每个月总有两三个周末带着 5 岁的弟弟莫景棋到图书馆挑选绘本，而每天共度一小时的阅读时光已成为这一家四口之间幸福的默契。

2018 年 4 月邻里图书馆项目刚推出的时候，莫岱妮一家便十分关注。她坦言，邻里图书馆 200 册图书的借阅权限是对他们一家最大的"诱惑"。然而，在享受这一权限的同时必须履行"每年组织不少于 3 场阅读分享活动"的义务，这对从来没有阅读社交和活动组织经验的他们来说，无疑是一项挑战。在接下来的日子里，每一次到图书馆，他们总会在邻里图书馆的招募海报前驻足片刻。就在这样的徘徊观望中，4 个月过去了。8 月的一个周末，眼见一位从服务台领走邻里图书馆牌匾的新馆长眉宇间微小而实在的幸福与满足，莫岱妮再也"坐"不住了。当天晚上，莫岱妮正式向父母表达了加入邻里图书馆项目的意愿，并承诺包揽 3 场阅读活动的组织工作。出乎意料的是，父母像是早就商量好似的，当下便欣然同意了她的提议。10 月，由莫岱妮命名的"书香乐园"邻里图书馆正式成立，这个书香家庭如愿"住进"了图书馆。

其实，200 册图书借阅权限对家有藏书 3000 册、年借书 2700 多册、年购书近 300 册的李君华一家来说，并非一份必不可失的福利。谈到加入邻里图书馆项目的初衷，李君华认为更多的是因为一种使命感。"在上一辈家长的言传身教下，阅读已成为我们的一种生活方式。我们一直希望能让更多的人知道阅读是多么美好的一件事，但又不知道从何做起。加入邻里图书馆正是我们做这件事的一个契机。"

正如李君华所说，在加入邻里图书馆项目的第一年，他们就播下了第一批"阅读的种子"。当时就读于佛山市环湖小学三年级的莫岱妮，虽然成绩优秀，但性格一向低调沉静。有一天，既不是学习委员也不是语文课代表的她，将一份手写的活动策划案交到班主任陈婉梅手中，申请以"书香乐园"邻里图书馆的名义在班上组织一场阅读分享活动。本来就任教语文科目的陈老师对莫岱妮的提议先是感到诧异，而后又饶有兴致地将策划案翻阅了一遍。接下来的一周里，师生间几次切磋讨论，对方案进行了优化。2018年11月16日，"书香乐园"邻里图书馆在环湖小学三年（7）班班会课上圆满完成了首场活动"让阅读飞一会儿"，莫岱妮第一次以邻里图书馆"馆长"的身份站在了大家面前。很快，"三年（7）班有一位同学家里开了一家图书馆"的新闻便传遍了校园。"我家里有3000多本图书，包括经典文学、科普百科、历史传记、古典诗词、世界名著、儿童绘本、家庭教育等，只要注册成为佛山市联合图书馆读者，就可以来我家里借书。"莫岱妮不厌其烦地向前来咨询的师生们一遍又一遍地解释道。莫岱妮的这一举动得到了学校的重视与支持，好几个班级的老师通过陈婉梅向莫岱妮邀约举办阅读活动。接下来的几个月里，"书香乐园"邻里图书馆又带着班级诗词大会、《陕西寻宝记》分享会等阅读活动"光临"了其他几个班级。随着"书香乐园"活动在校园的深入开展，与日俱增的不仅是这家邻里图书馆的名气和"粉丝"，还有莫岱妮的自信。

图7-1 "书香乐园"邻里图书馆在环湖小学开展班级阅读活动

2019年，9岁的莫岱妮收到了一份特别的生日礼物。李君华夫妇在莫岱妮上学期间对客厅进行了"秘密"改造。电视机、电视柜、茶几这些客厅"标配"，还有那套岁数比莫岱妮还大的沙发都被一一搬走，取而代之的是一套仅供一家四口用的餐桌椅和一个落地书架。色彩沉稳的实木书架占据了整整一面墙，成为客厅里的一道风景。摆放在显眼位置的"书香乐园邻里图书馆"牌匾是书架上的一抹亮色，却不显张扬。低调深邃，沉静内敛——这个家的品位从书厅的布置中可见一斑。莫岱妮用文字和镜头记录下了这份特别的礼物，创作出《我的九周岁生日礼物——书厅》图文作品，让"书香乐园"成为第10届"书香岭南·悦读生活"阅读摄影及视频创作大赛中，私家书房类"最'种草'书房"。

改造后的"书香乐园"更显宽敞，"到馆"读者也日渐增多。环湖小学的孩子们大多家住湖景片区，每逢假期，莫岱妮的家便成为同学们的"第二课堂"。没有多余的家具，几个硕大的可移动图书收纳箱便是同学们的简易书桌。小伙伴们席地而坐，每人手捧一本书，读到精彩之处则轻声细语互相分享，如此美好的画面仿佛凝固了时光，回过神来，往往大半天已过。2019年寒假，莫岱妮开始将阅读活动从班级课堂转移到"书香乐园"邻里图书馆。前来参与活动的不再限于自己的同学，还有和莫岱妮同住一个社区的孩子们。每逢假期，对诗词情有独钟的莫岱妮都会精心组织几场诗词主题活动，学着电视节目《中国诗词大会》有模有样地当起主持人；此外，也会因应时节策划"冬至阅读会""书香寒假阅读会""暑假收心阅读会"等活动。

图 7-2　莫岱妮在"书香乐园"邻里图书馆组织寒假阅读会活动

2020年初，来势汹汹的新冠疫情扰乱了几乎所有人的生活。家成为人们的主要活动场所。2020年2月7日，多家邻里图书馆自发组织为期21天的"以读攻'毒'书香抗疫"线上阅读活动，鼓励广大家庭利用"宅家"时光培养阅读习惯。"书香乐园"邻里图书馆与其他137家邻里图书馆坚持完成每天的阅读打卡任务，并在各自读者圈里分享阅读状态，传递温暖与希望。"那场线上活动不仅带给我们共度时艰的信心，也带给我们用阅读治愈生活的灵感。"李君华这样回忆起那个特殊而漫长的假期。

疫情防控期间，网课学习成为孩子们的日常。莫岱妮利用下午网课结束后的时间在电脑前当起了"小主播"，组织同学们开展"好友读书会"，在线分享诗词学习心得，共荐共读好书。每到最让人期待的"飞花令"环节，孩子们总是显得特别活跃，常常比拼到晚饭时间才意犹未尽地结束活动。班主任陈老师始终在屏幕另一端关注着活动进展，适时点拨和总结同学们的表现。每逢周日晚上，莫岱妮又会组织"家庭读书会"，与无法相见的亲人们将对彼此的思念之情寄托在阅读分享中。莫岱妮和她的表哥、表姐等几个年龄相仿的孩子，与外公、外婆、舅舅等几个长辈一边读着《罗密欧与朱丽叶》的凄美故事，一边分享各自的感情观，场面甚是有趣。那段时间，"书香乐园"邻里图书馆共举办了14场线上阅读活动，用一种温暖而有力量的方式，为亲朋好友点亮了疫情防控期间的精神世界。

2020年6月，莫岱妮带着同学蒋贝琪来到邻里图书馆招募点。蒋贝琪当时就读于环湖小学四年级，在"书香乐园"邻里图书馆的一次跨班级阅读活动中与莫岱妮结识。自此之后，蒋贝琪便成为"书香乐园"邻里图书馆的忠实读者，常常与莫岱妮在冬日夏云间谈诗论赋，在春花秋雨中博览群书。眼看好朋友在"馆长"的成长路上不断突破，蒋贝琪也备受鼓舞，干劲十足地办起了"悦读时光"邻里图书馆。

谈到"书香乐园"邻里图书馆的发展前景，即将"小升初"的莫岱妮也曾有过疑虑。一是在升学压力下自己是否有足够的精力维持图书馆的高效运作；二是随着学习和社交环境的转变，"书香乐园"邻里图书馆也许将流失大部分读者。困惑之际，莫岱妮发现弟弟莫景棋身上渐渐有了自己成长的影子。在家人的引导和陪伴下，5岁的莫景棋对阅读的热爱并不亚于莫岱妮，平日里也会学着姐姐的模样整理书架，在活动中跟前顾后充当小帮手，并将读过的好书分享给邻居小伙伴。莫岱妮坚信，眼前这个小男孩有足够的热情与担当，能继续为"书香乐园"添砖加瓦,她也坚信未来将会涌现出更多像蒋贝琪那样的接力者,将邻里图书馆的盏盏书灯串连成光,点亮万家灯火。

是的,少年如歌,舞翩翩声悠悠;少年如河,路漫漫而求索。少年有梦踏歌行,何愁前路无知音?

图 7-3 莫岱妮一家的家庭阅读时光

书旁一盏灯 灯下大世界——"小橘灯下"

名称:"小橘灯下"邻里图书馆

成立日期:2018 年 7 月 15 日

累计活动场次:72

累计馆藏转借次数:1414

馆长:陈丽莉

老舍在《小病》里说过:"生活是种律动,须有光有影,有左有右,有晴有雨;滋味就含在这变而不猛的曲折里。"陈丽莉说她曾有一段黯淡的童年时光,于是她努力寻觅着光源,直到她点亮了一盏书灯。

出生在广西壮族自治区贵港市的陈丽莉，在一个知识分子家庭里长大。父母是资深教育工作者，父亲在她就读的中学担任校长。陈丽莉从小接受着当地最好的教育，同时也在家庭教育中倍感压力。"我小小年纪就被父母要求阅读四大名著，读懂经典文学，但那时的我几乎没有文言文基础，那些书让我丝毫感受不到阅读的快乐。"回想起小时候，陈丽莉眼里掠过一丝轻浅的失落，"都说孩子害怕黑夜，我却最爱一个人的夜晚。只有那时，我才能躲进被窝，在微弱的灯光下翻开《中国古代神话》和《伊索寓言》。"在无数个这样的夜里，陈丽莉度过了怅惘又漫长的童年时光。

18岁那年，陈丽莉如父母所愿考上了当地一所师范大学。毕业时，她鼓起忍存多年的勇气，拒绝了父亲安排好的中学教师工作，独自到广东生活。由于大学时修读了越南语专业，陈丽莉入职一家外企不久后便获得了到越南工作的机会。在海外工作三年，没有家庭和生活琐事的纷扰，陈丽莉享受着她人生中难得的一段自由的阅读时光。每天工作之余便是埋首书卷、静思人生，陈丽莉在这样的生活中与过去的人、事、物和解了，并在心中立下了一个让自己信奉一辈子的誓言：要将兴趣做成事业。

回国后不久，陈丽莉成为一位母亲。在与年幼女儿的相伴中，她再一次沉浸在阅读的快乐里。因为对绘本故事特别感兴趣，陈丽莉开始探索儿童阅读领域。她辞去了外企工作，自费到各类阅读组织、教育机构进修，又积极参加图书馆面向公众开展的公益阅读培训。2018年3月，陈丽莉听闻佛山市图书馆正在招募邻里图书馆家庭，只要符合条件，就能在市图书馆的支持下，在自己家中成立一家图书馆。她意识到这将是自己"大显身手"的舞台，便第一时间提交了申请。2018年4月，陈丽莉的"小橘灯下"邻里图书馆成为佛山市第二批成立的邻里图书馆之一。

"'小橘灯下'的灵感来自作家冰心的作品《小橘灯》。书中的小橘灯为夜行的人照亮前路，我希望借小橘灯之名，为孩子们照亮阅读之路，让每一位在'小橘灯下''路过'的孩子都能收获阅读的快乐。"陈丽莉将邻里图书馆开在91平方米的家中。由于空间不大，200册"馆藏"无法被放置在一个整体的书架里。于是，她家里的沙发墙上、过道墙上、电视机旁处处见缝插针般摆放着图书。陈丽莉诠释道："我们的初衷就是在'小橘灯下'，目之所至、触手可及都是图书。"为了让"小橘灯下"邻里图书馆的活动更有仪式感，陈丽莉邀请了一位擅长绘画的朋友为自己的图书馆设计了一幅主题壁画：画中，一对母女在暖暖的灯光下亲密地读着绘本，父亲则举着"小橘灯下"的牌匾在一旁静静地关注着她们。画中空白处写着 Bring Children to the World，Bring the World to Children（把世界带给孩子，让孩子飞向世界）。那是陈丽莉偶然在一个阅读软件上看到的一段话，觉得很有意义，便以此作为自己在阅读推广路上前行的信念。

图 7-4　"小橘灯下"邻里图书馆馆内阅读分享活动

　　"小橘灯下"邻里图书馆成立后，陈丽莉将大量时间和精力投入社区服务中。她向小区物业管理负责人详细介绍了邻里图书馆项目和"小橘灯下"邻里图书馆的服务理念，很快便得到了对方的积极回应。2018 年 6 月，"小橘灯下"邻里图书馆经由物业管理会安排，在小区的篮球场上举办了首场活动——"《奶奶的丝线爷爷的船》故事会"。陈丽莉手中的麦克风一响，球场边上的几个孩子便走了过来。很快，在小区里散步的、玩耍的、锻炼的大人和孩子们也聚拢过来。楼上的孩子们先是倚窗观察，没过多久也忍不住到楼下一探究竟。不到一刻钟，便有 20 多个孩子围坐在陈丽莉的身旁。两岁的女儿闹闹将"小橘灯下"邻里图书馆的牌匾放在地上来回挪动，好让大家记住这个名字。第一场活动结束后，"小橘灯下"瞬间成为业主微信群里的"热词"，陈丽莉又趁机向街坊们推荐了邻里图书馆的另一项服务——图书借阅。

图 7-5　"小橘灯下"邻里图书馆在小区篮球场上开展阅读活动

　　接下来的每个月，"小橘灯下"邻里图书馆总会开展 1—2 场故事会，有时在社区公园的草坪上，有时在小区的篮球场里。一些热心邻居还自发在业主群里、社区公告栏上为"小橘灯下"邻里图书馆的活动做宣传。和邻居们熟络起来以后，陈丽莉开始邀请大家到家里借阅图书，也将一些参与人数不多的活动转移至家中。"起初邻居们都不好意思来家里，于是我将一些图书拍照发到群里，主动邀请他们来看书。后来我又在客厅的一整面墙上彩绘了'小橘灯下'主题壁画，让'到馆'的读者感受我们的热情好客。慢慢地，大家就不那么拘谨了，周末、节日都会预约到馆。"

　　2019 年，陈丽莉被佛山市南海区一家国际幼儿园聘为绘本馆馆长，负责绘本馆的日常运营和管理工作。陈丽莉不仅将绘本馆打理得有条不紊，更创新性地研发出绘本阅读的各类创意课程和延伸活动，深受孩子们的喜爱。平日里，陈丽莉会关注孩子们的阅读情况，主动为他们推荐绘本读物，因此与不少家长成为朋友。"我的初衷只是拥有一份自己真正热爱的工作，并且让更多孩子收获阅读的快乐。"后来，陈丽莉逐渐发现绘本教师、绘本馆馆长的工作意义远不止于此。"孩子们在这里爱上阅读，而后又感染了父母。父母开始放下手机，在亲子共读中给予孩子真正的陪伴。一本好书，不仅可以改变一个孩子，还能影响一个家庭。"如果说陈丽莉当初立志成为阅读推广人仅凭一腔热血，那现在更是因为一份沉甸甸的责任。

两年的绘本馆工作让陈丽莉深刻认识到阅读对孩子的影响，也意识到不少家长，甚至老师因为更关注孩子的学业成绩，对孩子的课外阅读没有给予足够的重视。陈丽莉开始思考如何为孩子们提供一种既能支持学校教育，又能激发他们阅读兴趣的教学方式。没有过多的考虑，陈丽莉便辞去了绘本馆的工作，选择就职于家附近的桂江第三小学，成为一名语文教师。由于在"小橘灯下"邻里图书馆积累了丰富的阅读推广经验，陈丽莉在完成课内教学任务之余，还积极策划开展特色阅读和"整本书阅读"活动。这种新颖的阅读教学得到了学校的充分肯定，陈丽莉的阅读课被邀请到其他班级里进行示范教学。为了让那些不方便到"馆里"借书的桂江三小的孩子们能读到更丰富的课外书，陈丽莉坚持每周把"小橘灯下"邻里图书馆的"馆藏"带到学校里让他们在课间阅读。

陈丽莉的志愿服务在社区和学校深受好评，"小橘灯下"邻里图书馆先后被佛山市图书馆授予"综合服务效能优胜奖"（2019 年）、"最佳综合服务奖"（2020 年）等荣誉。2019 年起，"小橘灯下"邻里图书馆的活动轨迹从小区延伸到灯湖公园、博览书城、读书驿站、大剧院，甚至牙医馆，《落叶跳舞》《牙齿大街的新鲜事》《一园青菜成了精》《母鸡萝丝去散步》《细菌历险记》等一个个绘本故事在陈丽莉生动的诠释下，插上了翅膀，带着孩子们徜徉在阅读的蓝天苍穹里。

2021 年，"小橘灯下"邻里图书馆在 100 多公里以外的珠海市收获了一批读者。陈丽莉定居在珠海的好友雪丽参加了"小橘灯下"邻里图书馆组织的一次线上阅读打卡活动，开始与陈丽莉频繁地交流亲子阅读心得。陈丽莉平日里如数家珍般"炫耀"着在佛山市图书馆借到的绘本"馆藏"，让难以觅得好书的雪丽羡慕不已。由于很多绘本价格不菲，选书又是一个"技术活"，一向跟随"小橘灯下"邻里图书馆学习亲子阅读的雪丽只能拜托陈丽莉继续当她的"指路人"。陈丽莉不辞劳苦地定期到市图书馆为她更新"馆藏"，并借由快递员之手将"小橘灯下"邻里图书馆的阅读之光传递到另一座城市。每次收到陈丽莉寄来的图书，雪丽总会慷慨地与珠海的邻居们一同分享。"对我来说，世界上没有比阅读更快乐的事了。小时候的遗憾，让我决心成为快乐阅读的倡导者，让所有孩子都能读上有趣的、有益的图书。我愿意为那些在书海中迷失的人点亮一盏灯，让他们的阅读之路从此变得明亮。"

遗憾造就美好，阅读治愈人生。

点亮一盏书灯，为自己，为他人。

图 7-6   "小橘灯下"邻里图书馆在佛山市图书馆组织年度国学展演活动

童年有书　未来有梦——"永无岛"

名称："永无岛"邻里图书馆

成立日期：2018 年 8 月 11 日

累计活动场次：112

累计馆藏转借次数：4916

馆长：罗茜

在广东北部，有一座名叫连南的小山城，那里有着独特绮丽的高山田园风光，留存着上千年的历史文化。"姥爷的小屋在山间里，屋外翠岭环抱，云雾缭绕。我最爱趴在窗前看黄昏时分的梯田，像一块块闪着微光的琥珀。"罗茜这样形容小时候生活的地方。

自小和姥爷一家生活在山城里，阅读是罗茜仅有的课余生活。每周末和姥爷到镇上的市集淘得几本称心的旧书，罗茜便如获至宝。由于山里的图书资源匮乏，几本难得的好书在罗茜和小伙伴们的反复翻阅中愈发破旧。然而，这些书经姥爷一双巧手修补便又能焕然一新。《彼得·潘》是罗茜和小伙伴们最爱读的一本书。每次翻开这本书，他们总会幻想着书中永无岛 ① 的样子，遐想联翩。山里的日子虽然穷苦，却简单充实。手捧一本书，倚靠窗棂看落日梯田，听伙伴们的欢声笑语，晚上在姥姥的睡前故事中进入梦乡，那里是罗茜心中最初的"永无岛"。

6 岁那年，罗茜离开大山到几百公里外的佛山求学，第一次随父母走进城市里的书店。20 世纪 80 年代的新华书店虽不洋气，却也玲珑别致，成千上万本崭新的图书被放置在一片高高低低、错落有致的书架上，孩子们席地而坐，在淡淡的纸墨香中流连忘返。后来，罗茜便常常在这里静坐一隅，徜徉于书中千姿百态的世界，遨游于文字间古今中外的海洋，度过了迷茫而美好的青春岁月。

自小与图书结下不解之缘的罗茜，长大后成为一名小学语文教师。如今，她在佛山市南海区大沥镇太平成远小学从事一线教育工作，并致力于少年儿童课外阅读兴趣培养研究已将近 20 年。罗茜发表的多篇课外阅读研究论文和教学设计深受业内好评。近年，由她主持的"从阅读到悦读：在一本书里旅行"课题研究被大沥镇教育局推荐报送到南海区教育局，并顺利结项。在繁重的工作之余，逛书店和图书馆依旧是她闲暇时候的首选。每次走进各类图书应有尽有、琳琅满目的图书馆，罗茜总会想起儿时的那座小山城。

在课外阅读领域已有不少研究成果的罗茜，近年来身体力行推广阅读的意愿越发强烈。2016 年，罗茜曾在朋友圈写下这样一段话："我想把自己的藏书做成一个小型私人图书馆，每周举办亲子阅读活动。欢迎有资源、有共同意愿的朋友与我联系。"简单朴实的文字里藏着罗茜的梦想，这个梦想连接着山里的姥爷、儿时的玩伴和镇上的旧书市集。罗茜的设想得到很多朋友的支持，却始终因为资源、管理等问题未能成为现实，直到两年后的一天，邻里图书馆来"敲门"。

---

① 在该书中，永无岛是传说中一个只有孩子才会发现的地方，大人不知道它的存在。

图 7-7   "永无岛"邻里图书馆内景

2018 年，佛山市图书馆面向全市招募邻里图书馆家庭，只要符合基本条件，市民就能以个人名义开设一家小型图书馆，并获得市图书馆提供的资源和技术支持。得知招募消息的当天，罗茜便与先生从南海区狮山镇的家里驱车一个多小时到市图书馆提交申请。在填写邻里图书馆名称的时候，罗茜毫不犹豫地写下了三个字：永无岛。

罗茜任教班级的孩子们幸运地成为"永无岛"邻里图书馆的第一批读者。罗茜每周会选择一节午间活动课给孩子们讲绘本故事，《狮子烫头发》《猫头鹰喔喔呼》《城里最漂亮的巨人》《子儿，吐吐》……每一本精美的绘本故事书都是"永无岛"邻里图书馆从市图书馆那里承接过来的"馆藏"。每次活动课结束后，孩子们总是争先恐后地要借走罗茜手上的图书。后来，罗茜索性将 200 册邻里图书馆"馆藏"放到了自己的办公室，不仅自己班上的孩子，学校里的其他同学和老师平日里都可以从那里借走图书。由于孩子们在校园里无法使用手机，罗茜会先让他们把图书带回家里，然后在家长微信群里发布借阅名单，提醒家长们通过邻里图书馆小程序完成借书流程。由于"馆藏"丰富，罗茜的"永无岛"邻里图书馆甚至比学校里的图书室更受欢迎，每个月近 300 册次的图书借阅量让罗茜不得不甄选出一部分私人藏书作为补充。为了满足同学们的阅读需求，罗茜每两周便到市图书馆更新一次"馆藏"。仅在 2019 年，"永无岛"邻里图书馆共开展主题阅读活动 31 场，活动覆盖 1200 余人次，全年借出图书 3048 册次，为 40 多个家庭提供了图书借阅服务。

图 7-8　太平成远小学教师办公室里的"永无岛"邻里图书馆服务点

2019 年 9 月，佛山市图书馆成立邻里图书馆管理委员会，以期进一步提高邻里图书馆管理工作的针对性和实效性，发挥成员馆在全民阅读、文化自治、民主管理等方面的作用。罗茜被推选为首届管理委员会主任，在会议上为邻里图书馆的发展建言献策，并促成了《邻里图书馆管理委员会章程》《关于10 家邻里图书馆示范点的建设方案》的实施。

图 7-9　罗茜在邻里图书馆管理委员会会议上发言

在随后的几个月里，"永无岛"邻里图书馆带着《你看起来好像很好吃》《虎斑猫和黑猫》《子儿，吐吐》等绘本故事分享会，接连在市图书馆与南海区图书馆为更多邻里图书馆馆长进行活动示范与指导。除了在学校及图书馆开展少儿阅读活动，罗茜也会邀请自己在南海区作家协会里的"大咖"好友们到家中开展"作家面对面"活动。不少亲友、邻居慕名前来，听青铜葵花儿童文学奖得主洪永争讲述《摇啊摇，疍家船》创作背后的故事，听少数民族作家梁贻明分享小说《羊儿在云朵里跑》的写作经验和获得曹文轩儿童小说奖的心路历程。

2020年2月，新冠疫情肆虐全国，"永无岛"邻里图书馆与邻里图书馆管理委员会的成员们共同筹划了"以读攻'毒' 书香抗疫"线上阅读活动，带领100多个邻里图书馆家庭在朋友圈中传播阅读理念，展示邻里图书馆书香抗疫的精神力量。"居家隔离的日子里，闭门即是深山，读书随处净土。阅读让我们仿佛身处在永无岛，遗忘了人间疾苦，人人都是无忧无虑的小孩子。"打卡活动结束后，罗茜又将"永无岛"邻里图书馆的故事活动搬到线上，在元宵节当天举办了首场线上故事会《小老鼠又上灯台喽》。几天后，"永无岛"邻里图书馆再次以一场《春至》故事会与孩子们"云共读"。罗茜在故事会中不仅为大家展示了中国乡村与田野变化之美，更呼吁大家居家阅读，静候疫情散去，相约在春暖花开之时。

图7-10 "永无岛"邻里图书馆在南海区读书驿站举办阅读活动

2021 年 4 月，罗茜以"永无岛"邻里图书馆馆长的身份担任太平成远小学首届晒书节的主要负责人，策划开展了"邻里图书馆馆长进校园"系列活动，一口气举办了 10 场绘本故事会班级巡讲活动。三个月后，罗茜在市图书馆推荐下参与广东省图书馆学会第三期少儿阅读推广人培训，并顺利获得"广东省少儿阅读推广人初级资格认证"。"学成归来"的罗茜很快又将"永无岛"邻里图书馆的活动下沉至街道与社区，在大沥镇太平读书驿站办起了每月两期的阅读分享活动。2021 年下半年，罗茜参加了由广东省千禾社区基金会组织的城市支教"橙汁书袋"公益阅读推广活动，以"永无岛"邻里图书馆的名义为城市流动儿童举办故事活动，通过提供高质量的教育活动弥补家庭陪伴的不足，帮助他们融入社区。罗茜坦言，自己是带着一点"私心"参加这个项目的：只要履行一定次数的亲子故事会组织任务，"橙汁书袋"的童书就能归志愿者所有。怀着同样的"私心"，罗茜开始与"浪花朵朵""魔法象""海豚传媒""爱心树"等多个国内童书出版社及童书品牌开展公益合作，希望通过自己一场又一场的公益故事活动，为"永无岛"邻里图书馆的孩子们争取更多免费、优质的阅读资源。

"虽然现在再好再贵的书籍也能轻易获得，但我早已习惯将每一本好书视如珍宝，并愿意为之付出努力。我的童年里，姥爷为我种下了一颗阅读的种子，而今我拥有更大的力量，可以将阅读的快乐传递给更多人。每当我沉浸在阅读中，总会感觉自己身在永无岛——那里是彼得·潘不愿长大的梦乡，是成年人不切实际的梦想。在那里，我永远是山里那个长不大的孩子，有着简单而充实的快乐。"罗茜这样描述她办邻里图书馆的初衷。

2022 年的春天，罗茜和我们分享了她二胎宝宝出生的喜讯。"我已经迫不及待要和她分享阅读的美好，再经历一次以书为伴的童年！"

永无岛，即梦幻岛，只有相信童话的人，才能遇见它。在生活百般淬炼之后，仍然心怀梦想并为之努力着的人，早晚会与它相遇。

跨"阅"千里 书写传奇——"好友营"

名称："好友营"邻里图书馆
成立日期：2020 年 8 月 23 日

累计活动场次：35

累计馆藏转借次数：1060

馆长：伍景勋

德国哲学家雅斯贝尔斯说："教育就像一棵树摇动另一棵树，一朵云触碰另一朵云，一个灵魂唤醒另一个灵魂。"教育如是，阅读亦如是。伍景勋，大家亲切地称他为"伍哥"，在那个人人涌向大城市的年代，他逆流而行奔赴大山，把最好的年华寄托在图书里，交付给了一支粉笔、三尺讲台。

1996 年从华南理工大学毕业后，伍哥在上海一家民营企业担任市场营销主管。2002 年起，伍哥每年都会独自到西藏、甘肃、陕西、贵州等偏远地区体验生活，在游历中常常感动于那里善良淳朴的风土人情，却也感慨于当地匮乏的教育资源。自那时起，伍哥心中对支教扶贫渐渐有了懵懂的向往。2006年，在四川木里的一段经历让伍哥一生难以忘怀：木里县有一所由村民自发修建的学校，但由于环境艰苦，没有老师愿意执教。学校建好后孩子们却没上过一天学，校舍慢慢成为鸡圈、羊圈，学校屋顶的瓦片都被村民拆分了。当地重男轻女的现象更是让人瞠目结舌，村里最年轻的外婆才刚满 30 岁。伍哥深知，基础教育的缺失是民智落后的根源。

在木里的经历让伍哥感到支教一事刻不容缓。2006 年 10 月，伍哥放弃了上海的高薪职位，在家人的理解和支持下，在佛山市组建了"好友营"民间支教团队。"我小时候在农村长大，特别期待能读到一本好书。每当村里有孩子带回来一本新的小人书，其他孩子便坐成一排等待看书。6 岁那年夏天，家里卖了余粮，父亲花了 70 元打了一个木书柜，被我们姐弟三人视作传家宝留存至今。那个年代好书难求，为了不让书柜空着，我们把上学用的教科书也放进了书柜。哪怕只是一册语文课本，我们也常常翻出来看，因为里面的课文也很有趣啊！"小时候的点滴，伍哥仍然历历在目。也许正是因为这样的一段童年经历，伍哥的"好友营"支教团队决定从阅读推广做起。

2006 年至 2021 年，"好友营"支教团队从最初只有 3 名志愿者的小团体，发展成一个累计派出支教老师 1423 人次，支教时间超过 126 万个小时，惠及学生 18562 人次的公益团队。他们的足迹从佛山开始，踏遍青海、甘肃、新疆、陕西、四川、云南、贵州等多个省份的贫困山区和 63 所村办学校。伍哥以"好友营"支教团队的名义常年参与省内多个公益慈善项目的申报，争取回来的资金除去团队必要开支便所剩无几。后来，"好友营"支教团队逐渐得到一些本地爱心企业的赞助，这才有了购置图书的专项资金。"最初那批图书我们是通过当时流行的 BBS（网上留言板）募集回来的，也有一部分是身边朋友捐赠的，但这些图书不一定都适合作为阅读启蒙读物。经过筛选，真正能用的图书并不多。"山区里的孩子阅读基础薄弱，为了做好阅读启蒙这一步，伍哥坚持精准送教，因此优质的图书资源相当短缺。

2020 年，突发的新冠疫情阻挡了"好友营"支教团队的公益步伐。不仅志愿团队的出行被限制，受疫情影响的企业也暂停了资助，"好友营"支教团队面临着成立以来最大的考验。2020 年 7 月，伍哥受大学师弟邀请，到他开在家里的"乔乔书屋"邻里图书馆开展绘本故事活动，那是伍哥与邻里图书馆项目的第一次邂逅。对绘本分享驾轻就熟的伍哥，一口气为当天参与活动的六组家庭讲述了《谁要一只便宜的犀牛》《小真的长头发》《鸭子骑车记》《我的幸运一天》四个绘本故事。活动结束后，伍哥参观了"乔乔书屋"邻里图书馆，并在师弟的推荐下当即决定加入邻里图书馆项目。

2020 年 8 月，伍哥的"好友营"邻里图书馆开设在南海区邮电综合楼的一个单元里，那里是"好友营"支教的大本营——一个 80 平方米的办公室。屋中放置了几个硕大的书架，随处堆放着一箱箱捐赠物资和义卖物品，墙上贴满了伍哥在大山深处的支教照片。200 册"馆藏"的进驻着实让那里的志愿者为之振奋。每一本书都是伍哥精心挑选过的，都能编成新的阅读教案。"'好友营'是我初中时所在足球队的队名，那里承载着我的青葱岁月。后来'好友营'又见证了我 10 多年艰苦而充实的支教生涯。而今我已到不惑之年，我希望'好友营'这个名字能继续陪伴我经历人生中的每一个重要时刻。"在"好友营"邻里图书馆成立的那一天，伍哥早已在心中赋予了它特别的意义。

"好友营"邻里图书馆成立后，伍哥亲手绘制了一个"小蓝鲸"馆徽。"国家近年来一直推进海洋强国建设，我希望能在'好友营'邻里图书馆的阅读活动中加入海洋元素，向青少年普及海洋地理、海洋经济、海洋合作交流、海洋生态环保等科学文化知识，以阅读力量为祖国筑牢蓝色梦想。"伍哥说，鲸鱼在人类文化史上是母性的象征，意味着启蒙，同时也很贴合"好友营"邻里图书馆海洋特色的主题阅读。"好友营"邻里图书馆在成立一年的时间里，就开展了近30场阅读活动，其中大部分以海洋文化为主题。在那些不能远行的日子里，"好友营"邻里图书馆带着"心阅川流""遇见幸福""永无岛""铭阳"等几家邻里图书馆，在佛山市内的禅城区深村小学、南海区星儿特殊学校、大沥镇实验小学等地继续开展阅读支教活动。

图 7-11　以"海洋阅读"为主题的"好友营"邻里图书馆内景

　　2020年11月，在广东（佛山）对口凉山扶贫协作工作组与佛山市文广旅体局的支持下，由佛山市图书馆援建的首家市外邻里图书馆——"木里群星"邻里图书馆在四川省凉山州木里县落成。"好友营"邻里图书馆见证并参与了这一具有里程碑意义的时刻。

　　在距离佛山2000公里的木里藏族自治县，有一家名叫"格兜"的农家乐，建在当地企业家李群星的院子里。农家乐周边是一片廉租房，居住着几百户低收入家庭。由于远离县城，那里的孩子很难去县里的图书馆学习，闲来无事就跑到农家乐的院子里看电视、玩游戏。李群星眼看孩子们终日无所事事，便计划在开放式的小别院里安置一些书柜，为孩子们提供学习和阅读的地方。佛山驻木里工作组十分支持李群星的想法，很快便因此事与佛山市图书馆对接上。佛山市图书馆非常重视木里县低收入家庭孩子阅读的难题，迅速做出了在木里县援建邻里图书馆的决定。在多方努力下，2020年11月5日，李群星的邻里图书馆在农家乐院子里落成，取名为"木里群星"，寓意阅读的光芒像群星一样在木里县闪烁，照亮孩子们的人生。

在"木里群星"邻里图书馆正式成立前几天，"好友营"邻里图书馆便抵达当地协助李群星筹备建馆工作。从200册"馆藏"的分类上架、流通管理，到阅读活动的主题策划、落地执行，伍哥毫不保留地将邻里图书馆的办馆经验与李群星一一分享。"木里群星"邻里图书馆成立当天，"好友营"邻里图书馆以绘本故事《我的幸运一天》《疯狂星期二》《海底的秘密》为例，在农家乐院子里示范开展了一场阅读分享活动。这个乍然惊现在山里的图书馆和这场前所未有的阅读活动，让附近的居民喜出望外。20多个家庭挤坐在小院子里，在活动中收获阅读的乐趣。故事会结束后，伍哥和李群星继续和家长们分享亲子阅读经验，孩子们则兴奋地穿梭在书架间，手不释卷，直到夜深也不愿离开。

图7-12　"好友营"邻里图书馆在"木里群星"邻里图书馆开展阅读支教活动

回到佛山后，伍哥与李群星常常在电话里交流邻里图书馆的情况。每次到木里县支教点执行任务，伍哥总会抽空到"木里群星"邻里图书馆见见这位好友，看看在那里认真阅读的孩子们。从平原到高原，邻里图书馆将原来相隔千里、素不相识的两个人联结在一起，他们以凡人之力，一起做着不平凡的事。

我们最近一次与伍哥相见，是在2021年中秋前夕。他开着小货车来到市图书馆，我们和他一起将一大箱"好友营"邻里图书馆的文创产品搬上小车。2020年9月，佛山市图书馆开展了"书香千家 '智'造创意"首届邻里图书馆"阅文化"创意征集活动，伍哥设计的"小蓝鲸"馆徽获奖了。邻里图书馆项目组将这个设计印在了徽章、钥匙扣、文化衫、环保袋、马克杯、抱枕和行李箱上，制作成"好友营"系列文创产品。伍哥将"小蓝鲸"形状的钥匙扣放在手心，连连赞叹："太可爱了，太可爱了！山里的小朋友一定很喜欢！"伍哥满足地笑着，开心得像个孩子。临别时，伍哥说他刚从湖南支教回来，他的肤色确实比以前更黝黑了。他打趣地问我们，他看起来是不是又沧桑了一些。

图 7-13　李群星和他的"木里群星"邻里图书馆

图 7-14　"好友营"邻里图书馆在罗定市蕴滨镇小学开展图书借阅服务

前一刻砍柴起炊，下一刻诲人不倦。十五年文化苦旅，你说你饱经风霜，我们说那是岁月的奖赏；你说你已然不惑，我们只看到你永远年轻的心。

图 7-15　伍景勋在给大山里的孩子们上阅读课

春风拂面书香来　润雨习习花自开——"春风习习"

名称："春风习习"邻里图书馆

成立日期：2020 年 10 月 25 日

累计活动场次：78

累计馆藏转借次数：1029

馆长：谭国深

高明区明城镇文三街的教师楼小区内，一间民居常年敞开着门，里面时而传来琅琅书声，时而洋溢着欢声笑语。现年 63 岁的谭国深是佛山市高明区明城小学一名退休党员教师，从教四十余年，始终勤奋进取，爱岗敬业。在职期间，他创办了学校文学社，编写校内刊物，潜心研究教学，收获多项荣誉，把一生中最好的年华奉献给了教育事业。退休三年，本应安然过着栽花种草的晚年生活，享受儿孙满堂的天伦之乐，谭国深却一刻也没有放弃自己坚守了半辈子的初心——教书育人。

谭国深的童年是在物资匮乏的年代中度过的。喜欢阅读的他虽然家境清贫，却从不为读书发愁，因为父母总会想方设法让他读到想读的书。体弱多病的母亲将亲手编织的草席带到市集里换钱买书的情景，谭国深至今也不曾忘记。小学三年级时，谭国深开始在阅读过程中扩大识字量，五年级就能读完《送盐》《追穷寇》《黎明前的黑暗》等战争类故事书。初中时，《林海雪原》《红岩》《激战无名川》成了他的枕边书。高中毕业前，他已经通读四大名著。在书香的熏陶下，在父母爱的浸润中，热爱阅读、感恩生活已成为一种信念，镌刻在谭国深的心里。

参加工作后，谭国深怀着初心和匠心，忠诚于党的教育事业。他在语文教师的工作岗位上认真探索、深入钻研，每年自费订阅各类杂志和报刊10多种，不断进修、实践和总结。在四十多年的教学生涯里，他编撰并出版了《辨形识字手册》《作文三步曲章法指导》《小学作文步步高》等学习辅导用书，主持编辑《小百灵》校刊，创办"红领巾园地"及"红领巾之声"广播，指导学生参加市内外作文比赛，获奖近百次。

2020年底，已退休三年的谭国深萌生了一个想法：将高明区明城镇的自家住宅改造成一家小型图书馆，让邻里街坊进来看书学习。他的家人们对此并不感到意外，因为谭国深"退而不休"已是一件众所周知的事：到市内多间中小学校开展作文阅读辅导巡回讲座，为年轻教师开展教学经验分享活动，组织留守儿童阅读红色经典，为小区里的孩子义务辅导阅读和写作……退休后的谭国深甚至比在职时更忙碌。

自己的这个想法能得到家人的支持，不仅在谭国深的意料之内，也在情理之中。他的这个六口之家，有着佛山市"文明家庭"和"最美家庭"的光荣称号，一家人都是在谭国深的影响下与书结缘的。谭国深的妻子邓丽妹早年从事务农工作，没什么时间读书学习，与谭国深结识后才开始阅读，但多是浅尝辄止，难以坚持。在谭国深的鼓励下，现在的邓丽妹家务再忙，也能每天坚持读报一个小时。女儿年幼时在父亲的引导下对金融方面的读物产生了浓厚的兴趣，为长大后的会计专业学习奠定了良好的基础。儿子则承继了父亲的阅读兴趣，自小钟情于文学作品。不到7岁的孙子则在谭国深的"连哄带骗"中迷上了儿童科普读物，常常捧着《十万个为什么》对大人们考问。

在家人的支持和帮助下，谭国深花了整整两个月的时间将房子改造成为图书馆。在原来的家具中，谭国深只保留了一张靠墙的中式实木长椅，对面是立满一整面墙的矮书柜，整齐排列着3500多册教辅书和少儿读物。矮书柜的上层是用玻璃定制而成的展示柜，里面摆放着谭国深收藏多年的粮票、布票、个人证件等珍贵票证，还有从读书时期保留至今的党报和书刊，谭国深称之为"家庭微型博物馆"。六张双人学生书桌拼成了三组学习台，占据了30平方米客厅的大部分空间；墙上是谭国深亲自设计的墙报，分设有"作文园地""小百灵文学社""好词佳句""美文赏析"等几个专栏。朴素实用的陈设让人亲切地想起20世纪90年代的社区阅览室，只有那一幅挂在玄关的中国风旧式挂历，提醒着我们这是谭国深居住的家。

由于谭国深平时活跃在教育志愿服务前线，他的图书馆在筹划之时就备受关注。在市、区公共图书馆的动员下，谭国深的私人图书馆加入了邻里图书馆项目，取名"春风习习"邻里图书馆，意为读一本好书，让人如沐春风。除了市图书馆提供的200册图书，高明区图书馆又额外赠送了一批图书以祝贺"春风习习"邻里图书馆的建成。

图 7-16　"春风习习"邻里图书馆内景

2021年1月，"春风习习"邻里图书馆正式对街坊开放。叶月喜一家是"春风习习"的第一批读者。"以前想看书，得坐一个多小时公交车到荷城的高明区图书馆。而现在，谭老师的这家图书馆就开在自己居住的楼里，真的是'足不出户'就能读到好书。"叶月喜说出了街坊们的心声。"不知从什么时候开始，一道道冰冷的铁门隔断了毗邻而居的快乐。我很怀念从前端着饭碗去串门，夏夜里纳凉话家常的邻里生活。"对于那些温暖而绵长的旧时生活，年过六旬的谭国深比多数人有更深的体会。这也是他坚持要让"春风习习"邻里图书馆常年敞开着门的原因。

　　如谭国深所愿，这家开在小区里的图书馆重燃了邻里间久违的温馨与亲密。孩子们在周末、假期相约在"春风习习"邻里图书馆阅读和做作业，互相分享着各自精彩的校园生活。谭国深偶尔也会让他们在图书馆里下一回象棋，看一会儿电视。小读者上学的时间里，"春风习习"邻里图书馆又成为年长者们的读报室，大家常常读到共鸣之处便一起忆苦思甜。谭国深入党二十年间收藏的数百份党报和党史参考资料，也让"春风习习"邻里图书馆成为小区里党员和党务工作者的学习天地。平日里，街坊们在"春风习习"邻里图书馆里出入自如，谭国深则时而在厨房淘米煮饭，时而在阳台浣洗衣物。邻里间从最初彼此喊不出名字的尴尬，到后来相约一起买菜做饭的熟悉，谭国深看在眼里，甚感欣慰。

图 7-17　工作日里，街坊们也会在"春风习习"邻里图书馆阅读党报和党史参考资料

　　谭国深创办这家邻里图书馆的初衷，竟然是因为一句童言。皓皓是谭国深小区里的一名六年级学生。一次课业辅导后，皓皓说："谭老师家里的书真多，要是平时也能在这里学习该有多幸福！"这句话唤起了谭国深五十多年前的一

段回忆：小学四年级时，谭国深转学到云水小学，并在那里遇到了他人生中最重要的老师刘庆华。刘老师常常对谭国深说，阅读可以明理启智、长知识、增才干、拓视野，唯有多读书才能写出好文章。当时刘庆华居住在教师宿舍里，常常将一些新奇有趣的图书带到班里让孩子们阅读。后来，爱读书的谭国深便每天往刘庆华的宿舍里跑，在那里看书，不知归家。高中毕业后，谭国深追随刘庆华的步伐成为一名语文教师，从教四十年始终将刘庆华的教诲谨记于心，笃之于行。没有人比他更明白，好的老师能带给孩子多么深远的影响，他希望自己也能成为这些孩子们心中的"刘庆华"。

自从"春风习习"邻里图书馆开馆后，小区里的孩子大概没有未曾"光顾"的，周末里 30 多个孩子同时挤坐着看书是常有的事。由于以往也会义务辅导孩子们学习，谭国深索性在"春风习习"邻里图书馆里办起了周末辅导班，免费为孩子们辅导阅读和写作。学生人数太多，原计划的周末一天班变成周末两天班，谭国深对此也毫无怨言。下课后，谭国深又戴起了老花眼镜，略显笨拙地操作着手机，在邻里图书馆小程序上为孩子们办理图书借阅。对于谭国深的付出，整个小区的街坊无一不为之动容。

一声"先生"，两肩责任，三尺讲台，四季耕耘。他钻研阅读，人们感叹于他的渊博；他诲人不倦，人们感动于他的仁爱。他心怀大海，春风自来；他是文学的儿女，是仁德的先生。

图 7-18　谭国深每周末在"春风习习"邻里图书馆为孩子们提供公益阅读指导

茶韵沁心　书香致远——"四点读书"

名称："四点读书"邻里图书馆

成立日期：2020年1月2日

累计活动场次：34

累计馆藏转借次数：1222

馆长：王丽琴

推门而入，街区里的喧嚣繁杂瞬间被隔绝在了身后，空气中弥漫着温润甘醇的茶香，随之映入眼帘的是一壶、一人、一幽居。2021年7月，我们到访位于佛山市南海区碧琴湾花园里的拾二茶空间，那里是"四点读书"邻里图书馆的所在地。我们在舒适的座席上，欣赏着馆长王丽琴的茶艺。茶叶在沸水中翩翩起舞，茶杯里漾动着袅袅清香，我们在浅斟慢品中，听王丽琴讲她与邻里图书馆的故事。

图7-19　位于拾二茶空间的"四点读书"邻里图书馆（旧址）

在江西出生的王丽琴是一名专业茶艺师。十年前她离开家乡，辗转几个城市后来到广东佛山的一家茶艺工作室。三年习艺生活不仅让王丽琴的茶道功夫日益精湛，更为她增添了几分成熟优雅。2014年，一位爱茶之人常常出现在茶室，和王丽琴在品茗赏盏间谈天论地、无话不说。茶浅缘深，一年后，这位茶客成为王丽琴的先生。王丽琴不仅找到了幸福的港湾，也觅得了属于自己的心灵一隅。在她先生的支持下，王丽琴成立了拾二茶空间。

2015年，儿子昕昕的出生犹如一枚新叶落入壶中，让王丽琴平淡的生活泛起了涟漪。她一边打理着茶室，一边品味着初为人母的喜悦与艰辛，日子过得平淡又充实。然而，孩子3岁那年，王丽琴遭到了一记重击：昕昕在幼儿园的入学水平测试中被评估为发育迟缓。面对突如其来的打击，王丽琴一边心疼着孩子，一边想方设法为孩子争取入学机会。几经辛苦，昕昕终于如期入园学习。

然而，进入幼儿园后的昕昕未能如王丽琴所愿顺利适应新的学习环境，他对班上的人和事总是漠然处之。开学不久，王丽琴发现一位小名叫熹熹的小女孩的语言能力和认知能力明显优于班上的其他孩子。平日里性格恬静的王丽琴开始积极社交，主动联系上了熹熹的妈妈戴丽芳，私下向她请教育儿方法。戴丽芳欣然接受了王丽琴的请求，并很快地回复了一份长长的书单：从布书到立体书，从世界童话到少儿百科，戴丽芳对儿童阅读的认知让王丽琴惊叹不已。经过一段时间的亲子共读，有一天，王丽琴发现儿子独自捧着《爷爷的消防车》读得津津有味，那是王丽琴给昕昕买的第一本绘本书。昕昕一边自言自语地翻着书，一边手舞足蹈地模仿着驾驶消防车的动作。眼前这一幕让王丽琴备受鼓舞。从那以后，王丽琴只要有时间就陪着昕昕读绘本，为他讲故事，还会一起想象一些书中没有的情节。慢慢地，昕昕变得开朗起来，还会主动拉着班上的小朋友听自己讲故事。王丽琴相信自己找到了那把打开儿子心灵世界的钥匙。

在戴丽芳的介绍下，王丽琴又结交了班里几位活跃的家长，大家常常在周末里相约在茶室给孩子们讲故事，与他们做游戏。让王丽琴意想不到的是，这些家长中不仅有戴丽芳那样的手工达人，还有英语老师和绘画高手。王丽琴心中渐渐有了更长远的计划。2018年10月的一天，王丽琴和戴丽芳相约到市图书馆为孩子们借书，在那里惊喜地发现了邻里图书馆家庭的招募信息。当时的王丽琴因为办理读者证未满一年，不符合申请条件，于是极力向戴丽芳推荐了这个项目，并提议将 200 册图书摆放在自己的茶室里。一是方便周末亲子活动时大家借还图书，二是平日里大家也多了一个理由到茶室相聚。这个想法得到了戴丽芳的支持，并很快成为现实：一个月后，由戴丽芳命名的"书香"邻里图书馆落户在拾二茶空间。由于王丽琴将茶室开在了自住的小区里，这家邻里图书馆很快就成为小区居民们茶余饭后、休闲散步的"打卡点"。

有了"书香"邻里图书馆后，原来的周末活动变得更常规、更丰富了。几位家长轮流主持阅读活动，并发挥各自专长，将绘画、手工制作、英语学习等元素与绘本主题结合，让孩子们在活动中能够获得多重体验。每周活动结束后，大家总会在茶室里多待一会儿，大人们围坐在茶几旁品茶闲谈，孩子们在一旁嬉笑玩闹。此时此刻的场景虽然与一向静谧雅致的茶室有一些格格不入，却是王丽琴所乐见的：这时候的昕昕和其他孩子一样活泼开朗，单纯快乐。眼前的茶室纵然喧杂，却是一片生机盎然。

茶室的"周末故事会"很快便传遍了周边小区。为了控制参与人数，"书香"邻里图书馆开始采取微信群活动预告及预约制度。每逢活动日，总有家长带着孩子早早在茶室门前等候。对于因为预约不上而"不请自来"的读者，王丽琴总是既无奈又感动。然而，活动虽然可以"加号"，但 200 册图书却难以满足为数众多的街坊邻里。王丽琴开始每天掰着指头期待着三个月后那个重要日子的到来——2020 年 1 月 2 日，王丽琴终于有了属于自己的"四点读书"邻里图书馆，新到的 200 册图书又为茶室增添了几分书香。

王丽琴说，"四点读书"的灵感来自茶道中的"申时茶"文化。申时，即下午三点至五点，在此期间品茶是一种顺应自然规律的健康饮茶方式，也是最适合放松精神，释放心灵的阅读时间。下午四点，捧一卷闲书，品一杯清茶，便是王丽琴的人间至味。

"四点读书"成立后，茶室活动进一步强化了主题特色，擅长手工劳作的戴丽芳以"书香"邻里图书馆的名义举办绘本阅读与艺术创作相结合的活动；王丽琴则以幼儿多元智能启蒙为特色打造"四点读书"邻里图书馆活动。在做《点点点》绘本分享时，王丽琴会通过手指触摸、互动游戏的方式，为孩子们建立对色彩、排序、大小、方位等概念的认知；在开展《月亮的味道》分享活动时，王丽琴不仅让孩子们在阅读过程中感受团队合作的力量和快乐，还引入了"气味"元素，引导孩子们通过嗅觉和味觉对食物进行描述。

两家邻里图书馆的进驻，让这个"不务正业"的茶室变得街知巷闻，王丽琴也成为大德社区里的知名人物。"十年前我离乡别井来到广东，这里的生活环境比我想象中还要好，唯独少了老家那份邻里间闲时互相串门，谈笑度晨昏的温馨。在佛山这片楼海里生活了七年，我每天在茶室里看着街上行色匆匆的路人，常常觉得自己住在一座孤岛上。突然有一天，岛上飘来了书香茶韵，于是大人们到这里烹茶品茗，孩童们在这里手不释卷，孤岛从此成为绿洲，每个人都向往到这里经历一段心灵奇旅。"也许，王丽琴心中早就写好了一个有关书香茶缘的绘本故事。

在王丽琴的带动下，茶室附近很快又新添了"绘声绘爱""小狮子""一点空间"三家邻里图书馆。这些家庭同样重视家庭教育，热爱阅读，于是和"四点读书""书香"两家邻里图书馆一拍即合，结成了小联盟，并将五家馆的"馆藏"全都放在茶室里统一调配。小联盟成立后，五位馆长常常在茶室里制订活动方案。无论是以哪个馆的名义开展活动，另外几位馆长从策划到执行都会不遗余力地提供协助。截至 2020 年 9 月，已经有 60 多个大德社区及周边家庭参与过小联盟组织的读书活动，新馆长们带来的读者常常让王丽琴应接不暇，茶室里的 1000 册图书也显得有些捉襟见肘了。

小联盟里有一个名叫湘梅的忠实读者，曾经是"绘声绘爱"邻里图书馆馆长陶锦的同事。2020 年，湘梅怀上了一对双胞胎宝宝，偶然得知陶锦在家里组织的亲子读书会办得有声有色，便专程从当时的居住地广州市来到陶锦家里参加活动。"我在'绘声绘爱'邻里图书馆参加的第一场活动是《小兔子学花钱》分享会。那是一本培养小孩子财商的绘本。"在邻里图书馆的初体验，湘梅至今记忆犹新，"那次活动后，我便立下决心，等宝宝出生后，要把故事书像牛奶一样喂给他们。"事实上，这位准妈妈在生产前便已成为"绘声绘爱"邻里图书馆的志愿者，每个月挺着大肚子往返于广佛两地，为孩子们举办英文故事活动。

2020 年 8 月，诞下双胞胎女儿不久的湘梅从广州搬到了佛山市南海区，安置新居后就在小联盟五位馆长的"催促"中提交了邻里图书馆申请书。8 月 20 日，湘梅被市图书馆告知自己申请的"一言一语"邻里图书馆幸运地成为"第 1000 家邻里图书馆"，获得 2000 册图书的借阅权限，借阅量是其他邻里图书馆的 10 倍之多。这一消息很快就在 1000 家邻里图书馆中引起了轰动，更让小联盟的读者圈沸腾了好长一段时间，不少馆长和读者慕名前去围观这家"锦鲤"邻里图书馆。"四点读书"邻里图书馆自然也幸运地承接了"一言一语"邻里图书馆的部分"馆藏"。

图 7-20　邻里图书馆"小联盟"

2020 年 9 月，"四点读书"邻里图书馆因服务效能突出，被选为全市十大特色示范馆创建点之一，并由市图书馆提供一笔经费用于阅读空间的升级改造。2021 年 2 月，拾二茶空间租约到期，王丽琴转而与一位茶友在林岳社区南福村里经营起了"南海岁月"民宿，并将民宿二层整个区域作为"四点读书"的新馆址。新馆延续了拾二茶空间淡雅素净的风格，却更显宽敞别致。落地玻璃连顶楼庭院的设计将南福村的自然风光尽收其中，给人以悠然自得的闲适轻简之美。为了更好地呈现活动效果，王丽琴利用市图书馆提供的改造经费购置了一台投影仪，并用台阶和靠枕打造出一个温馨的绘本小剧场。2021年 9 月，"南海岁月"民宿加入了佛山市图书馆"旅图·晓读夜宿"项目，成为一家民宿图书馆，额外获得了该项目 1800 册图书配额。连同小联盟里的部分"馆藏"，新馆摆放了少儿绘本、诗歌散文、历史地理、名人传记、通俗文学等各类图书近 2500 册。凭借从茶室积累下来的人气，新的"四点读书"邻里图书馆很快成为林岳社区一道新的风景线，南福村村民们自豪地称它为全村"最文化"景观。不少村民迫不及待地要到这位新邻居的屋里体验"静坐一隅，清茶一杯，书卷在手"的惬意生活。

　　对于"四点读书"邻里图书馆的迁移，碧琴湾的"老粉"们和小联盟的伙伴们自然依依不舍，却也憧憬着不远处的那个"新馆"继续为邻里图书馆项目书写更精彩的故事。"书香社区，从点亮一盏阅读灯开始。碧琴湾不是一个终点，那里充满书香茶韵的邻里日常，将在更多新加入的邻里图书馆的努力下延续佳话。而'四点读书'邻里图书馆将带着昔日的美好回忆在南福村开启一段新的旅程。"王丽琴虽有不舍，却也豁达乐观。"因为邻里图书馆，我在佛山这座城市找到了归属感。无论是南福村的街坊，还是初次踏上这片热土的游客，都欢迎到我的图书馆里读一本《佛山情书》，品一客粤式早茶，听听我和邻里图书馆的故事，在晓读夜宿中感受佛山人、佛山文化的温度。"

　　书香悠悠，茶韵袅袅，总有人在用一种润物细无声的方式，悄然改变着这座城市。

图 7-21　位于"南海岁月"民宿里的"四点读书"邻里图书馆（新址）

附　录

附录 1　邻里图书馆大事记

2018 年

年初，佛山市图书馆提出"四大创新举措，九项基本任务"的年度总体工作思路，邻里图书馆项目为"四大创新举措"之首。

4 月，佛山市首批 20 家邻里图书馆正式授牌。

8 月，佛山市创建第三批国家公共文化服务体系示范区领导小组办公室，将"'千家万户'阅暖工程——邻里图书馆"项目作为重点工作部署推进。

2019 年

1 月，邻里图书馆突破 500 家。

2 月，"'千家万户'阅暖工程——邻里图书馆"项目入选第三批广东省公共文化服务体系示范区（项目）创建名单。

4 月，佛山市成立了邻里图书馆示范项目创建领导小组，印发了《佛山市"千家万户"阅暖工程——邻里图书馆创建广东省公共文化服务示范项目工作方案》。

5 月，佛山市文化广电旅游体育局召开邻里图书馆示范项目创建领导小组第一次工作会议，五区联动创建工作启动，搭建了"一个中心，五区联动，八大小组"的运营管理体系。

9 月，第一届邻里图书馆管理委员会成立。

12 月，《人民日报》文化版头条推出大篇幅报道《佛山以家庭为单位，以邻里为纽带推广阅读——图书馆开在你家我家》。

2020 年

7 月，邻里图书馆项目荣获国际图书馆协会联合会 2020 年国际营销奖第一名。

8 月，邻里图书馆突破 1000 家。

8 月，来自《人民日报》、中国新闻社、《光明日报》、《中国青年报》、《工人日报》、《环球时报》以及《中国艺术报》等 7 家国家级媒体记者组成的采访团到达佛山，采访主题为"文化佛山　走向小康"。邻里图书馆项目是此行采访的重要内容之一。

11 月，首家佛山市外邻里图书馆"木里群星"落地四川省凉山州木里县，探索特色文化帮扶模式。

2021 年

4 月，核心期刊《图书馆论坛》发表了一组（6 篇）邻里图书馆专题文章。

6 月，邻里图书馆小程序正式上线试运行。

7 月，《邻里图书馆建设及服务规范》被纳入 2021 年佛山市地方标准制订计划项目目录。

10 月，第二届邻里图书馆管理委员会成立。

10 月，邻里图书馆迎接省示范项目终期验收，获广东省文化和旅游厅示范项目验收组肯定。

12 月，邻里图书馆项目获得广东省公共文化服务体系示范项目的授牌。

附录 2　邻里图书馆主要荣誉一览表

序号	时间	获得奖项 / 入选项目	颁发单位
1	2018-06	佛山市 2018 年度文化志愿服务资助项目	佛山市文化广电新闻出版局
2	2018-08	佛山市创建国家公共文化服务体系示范区创新亮点项目	佛山市文化广电新闻出版局
3	2018-09	2018 年广东公共文化研讨会优秀案例	广东省文化厅
4	2018-10	广佛肇清云韶六市图书馆学会 2018 联合年会优秀案例	广佛肇清云韶六市图书馆学会
5	2018-12	广东图书馆学会 2018 年学术年会优秀案例	广东图书馆学会
6	2019-04	"未成年人阅读、学习与赋能国际研讨会：面向合作的专业化与标准化"最佳实践海报优秀奖	中山大学资讯管理学院
7	2019-06	佛山市区直单位第四届工作技能大赛"服务创效类"二等创新成果	中共佛山市直机关工作委员会
8	2019-06	文化和旅游部 2019 年"春雨工程"全国文化和旅游志愿者行动项目	文化和旅游部
9	2019-07	2018 年阅读推广优秀项目	中国图书馆学会
10	2019-08	入选全球愿景"点子商店"首批创意案例	国际图书馆协会联合会
11	2019-08	入围 2019 年国际图联最佳公共图书馆服务海报奖	国际图书馆协会联合会
12	2019-08	第二届公共图书馆创新创意案例二等奖	中国图书馆学会
13	2019-09	2019 年家庭阅读优秀案例一等奖	中国图书馆学会
14	2020-07	2020 年国际营销奖第一名	国际图书馆协会联合会
15	2021-12	广东省公共文化服务体系示范项目	广东省文化和旅游厅
16	2021-12	被编入《宣传思想文化工作案例选编（2021年）》	全国宣传干部学院
17	2022-03	2021 年佛山市最佳志愿服务项目	佛山市精神文明办公室

附录3　邻里图书馆研究成果一览表

	发表出版时间	作者	成果类型	题名	发表刊物
佛山市研究成果	2018-10-10	陈艳	论文	《邻里图书馆："千家万户"阅暖工程》	《图书馆论坛》
	2019-10-20	佛山市图书馆	论文	《从"终点"到"起点"——广东省佛山市邻里图书馆项目创新实践纪实》	《文化月刊》
	2020-10-19	黄佩芳	论文	《用户参与视角下的阅读推广实践研究——以佛山市"邻里图书馆"为例》	《四川图书馆学报》
	2020-11-16	范并思	论文	《公共图书馆营销理念与实践的重大突破——"邻里图书馆"荣获"IFLA 国际营销奖"一等奖评析》	《图书馆论坛》
	2020-12-09	屈义华、黄佩芳	论文	《佛山市邻里图书馆项目：缘起、路径与成效》	《图书馆论坛》
	2020-12-10	张萌	论文	《邻里图书馆在公共图书馆服务体系建设中的创新要素》	《图书馆论坛》
	2020-12-10	孙燕纯、张惠梅	论文	《邻里图书馆的阅读推广》	《图书馆论坛》
	2020-12-10	黄百川	论文	《基于区块链技术的家藏图书流通平台研究》	《图书馆论坛》
	2020-12-11	陈艳、曾思敏	论文	《邻里图书馆的营销探索》	《图书馆论坛》

续表

	发表出版时间	作者	成果类型	题名	发表刊物
业界研究成果	2021-01-14	张萌 等	研究报告	《公共图书馆家庭阅读推广模式研究——以佛山市"邻里图书馆"为例》	2018中国图书馆学会课题
	2021-05-15	黄百川	论文	《公共图书馆阅读推广品牌建设创新与思考——以佛山市图书馆邻里图书馆项目为例》	《图书馆》
	2021-10-15	佛山市图书馆	研究报告	《社会力量推进全民阅读——佛山市"邻里图书馆"社会力量推进全民阅读》	广东省公共文化服务体系示范项目制度设计课题
	2021-02-25	潘飞、段淑星	论文	《IFLA国际营销奖获奖项目营销策略分析与启示——以"邻里图书馆"项目为例》	《图书馆学研究》
	2021-06-30	张振林	论文	《"家文化·邻里图书馆"建设研究》	《图书馆学刊》
	2021-09-30	惠艳	论文	《公共图书馆阅读服务体系的构建策略与启示——以广东佛山的邻里图书馆项目为例》	《出版广角》
	2021-12-15	钱彩平	论文	《从IFLA国际营销奖看公共图书馆营销定位及策略——以IFLA国际营销奖一等奖项目"邻里图书馆"为例》	《图书馆工作与研究》
	2022-05-10	张新鹤、朱琳	论文	《邻里图书馆：理论支撑、现实意义与发展》	《图书馆理论与实践》
	2022-05-15	聂勇浩、黄妍、陈善斯	论文	《建构公共文化服务的家庭供给网络：以"邻里图书馆"为例》	《图书馆杂志》

附录4　邻里图书馆媒体报道精选

文章标题	媒体名称	报道时间
《馆藏入家庭　图书借与邻》	《佛山日报》A1 版	2018-04-24
《邻里图书馆促进沟通　以书为媒共建和谐社区》	中国文明网	2018-06-27
《邻里图书馆促进知识交流和邻里沟通　以书为媒共建和谐社区》	《佛山日报》A10 版	2018-06-27
《109 户佛山家庭开设邻里图书馆》	中青在线网	2018-07-16
《邻里图书馆让读书更有趣》	《佛山日报》A2 版	2018-10-10
《邻里图书馆：阅读有伴，友爱相邻》	《中国文化报》第 6 版	2018-11-12
《佛山邻里图书馆已超 400 家》	《羊城晚报》FA17 版	2018-12-20
《叶琳琳：扎根社区阅读服务的市民图书馆长》	光明网	2019-05-09
《我市已建成邻里图书馆 702 家》	《佛山日报》A10 版	2019-10-10
《推动邻里图书馆可持续发展》	《珠江时报》A2 版	2019-10-13
《邻里图书馆：此处别有春》	《珠江商报》A4 版	2019-11-17
《图书馆开在你家我家》	《人民日报》第 13 版	2019-12-10
《邻里图书馆借出图书近万册》	《佛山日报》A5 版	2019-12-11
《"邻里图书馆"打通公共文化服务"最后一公里"》	《工人日报》第 3 版	2019-12-12
《广东佛山：邻里图书馆让书香飘进千家万户》	文旅中国 APP	2020-04-23
《佛山建成邻里图书馆 838 家》	《广州日报》FSA12 版	2020-04-23
《广东佛山建邻里图书馆　打通公共文化服务"最后一米"》	中国文明网	2020-05-25
《"邻里图书馆"推广的不只是阅读（读者之声）》	《人民日报（海外版）》第 7 版	2020-07-23

续表

文章标题	媒体名称	报道时间
《国际第一！佛山邻里图书馆摘得国际图联2019年最出色营销奖》	《南方都市报》APP	2020-07-23
《2020年国际图联（IFLA）国际营销奖揭晓｜市图书馆获第一名》	《佛山日报》A4版	2020-07-25
《打通公共文化服务"最后一公里" 邻里图书馆赢了》	《南方都市报》EA4版	2020-07-29
《除了方便，佛山邻里图书馆还带来了什么？》	中国新闻网	2020-08-03
《"把服务真正做到老百姓身边"——佛山市公共文化服务创新之举》	《中国艺术报》第2版	2020-08-26
"Right to Your Door"	GLOBAL TIMES	2020-08-26
《点亮城市的"心灯"》	《工人日报》第4版	2020-08-30
《住在图书馆》	《中国青年报》第9版	2020-09-01
《邻里图书馆：让书香溢满左邻右舍》	《光明日报》第13版	2020-09-02
《桂城邻里图书馆：书香进家门 自己当馆长》	南方＋APP	2020-09-04
《阅读有伴·请邻里到家里看书》	佛山＋APP	2020-09-07
《突破1000家！央媒聚焦佛山市邻里图书馆实践经验》	《人民日报》APP	2020-09-08
《以书之名联通邻里社群》	《佛山日报》A10版	2020-09-09
《当图书馆来敲门》	《工人日报》第6版	2020-09-23
《以书为媒 拉近邻里》	《佛山日报》A2版	2020-09-24
《木里：建成凉山第一家邻里图书馆》	《凉山日报》A3版	2020-11-13
《探索佛凉特色文化帮扶模式》	《佛山日报》A10版	2020-11-30
"Reading for Better Life"	China Daily	2020-12-08
《高明退休教师谭国深：打造邻里图书馆 藏书超千册》	佛山在线	2020-12-14
《高明"书香之家"李景慧：以己之力带动邻里读书热潮》	佛山在线	2020-12-18
《一场从平原到高原的文化帮扶攻坚战》	《中国文化报》第6版	2021-01-14

文章标题	媒体名称	报道时间
《佛山邻里图书馆增至 1170 家，家庭平均藏书 115 册》	《南方都市报》APP	2021-04-20
《激活家庭藏书资源　丰富公共文化供给》	《中国文化报》第 3 版	2021-04-23
《激活家庭藏书流通，"易本书"一起读平台上线》	文旅中国 APP	2021-04-23
《"易本书"家藏图书共享平台上线》	《佛山日报》A3 版	2021-04-25
《全国首创家藏图书共享平台！佛山图书馆"易本书"上线》	南方＋APP	2021-04-25
《佛山家藏图书共享平台"易本书"上线试运行，让闲置图书"活"起来！》	《羊城晚报（全国版）》FA13 版	2021-04-27
《佛山少儿阅读推广人：在孩子们心中播下"启智种子"》	《人民日报》APP	2021-05-04
《高明邻里图书馆打造红色教育新阵地》	佛山在线	2021-05-18
《6 月 15 日邻里图书馆小程序将上线：以科技力量丰富阅读体验》	《人民日报》APP	2021-06-11
《让每一个家庭都可以变成"图书馆"》	"中国青年报"APP	2021-06-16
《【人文广东】佛山邻里图书馆小程序上线 每个家庭都可变成"图书馆"》	学习强国 APP	2021-06-16
《让每一个家庭都可以变成"图书馆"》	《羊城晚报（全国版）》A7 版	2021-06-16
《邻里图书馆小程序上线》	《广州日报》FSA9 版	2021-06-16
《佛山市邻里图书馆项目登上国际图联"世界图书馆地图"》	南方＋APP	2021-06-16
《邻里图书馆：激发全社会文化创造活力》	《中国文化报》第 3 版	2021-08-20
《全部优秀！"千家万户"阅暖工程——邻里图书馆项目迎来终期验收》	文旅中国 APP	2021-10-14
《图书馆就在邻居家！佛山邻里图书馆突破 1300 家》	《羊城晚报》FA13 版	2021-10-19

附录 5　邻里图书馆评奖名录

2018 年五星级邻里图书馆（2019 年颁发）

奖项	邻里图书馆名称
五星级邻里图书馆	"舒心阁"邻里图书馆
	"三味小屋"邻里图书馆
	"快乐成长"邻里图书馆
	"馨馨世界"邻里图书馆
	"向日葵"邻里图书馆
	"阳光爱"邻里图书馆
	"亦奇苹果乐园"邻里图书馆
	"梧桐花开"邻里图书馆
	"向阳花"邻里图书馆

2019 年获优胜奖邻里图书馆（2020 年颁发）

奖项	邻里图书馆名称
综合服务效能优胜奖	"舒心阁"邻里图书馆
	"书香"邻里图书馆
	"小橘灯下"邻里图书馆
图书转借服务优胜奖	"开卷有益"邻里图书馆
	"书香乐园"邻里图书馆
	"园中葵"邻里图书馆
阅读推广活动优胜奖	"永无岛"邻里图书馆
	"通通"邻里图书馆
	"小海豚"邻里图书馆

2020 年最佳服务评选结果（2021 年颁发）

奖项	邻里图书馆名称
最佳团体奖	"绘声绘爱"邻里图书馆
	"四点读书"邻里图书馆
	"书香"邻里图书馆
	"一言一语"邻里图书馆
	"小狮子"邻里图书馆
	"一点空间"邻里图书馆
最佳综合服务奖	"永无岛"邻里图书馆
	"小橘灯下"邻里图书馆
	"舒心阁"邻里图书馆
最佳线上阅读推广奖	"永无岛"邻里图书馆
	"书香乐园"邻里图书馆

附录 6　邻里图书馆家庭参与情况调查问卷（2021）

亲爱的邻里图书馆馆长：

您好！佛山市图书馆于 2018 年推出"'千家万户'阅暖工程——邻里图书馆"项目。经过三年多的发展，邻里图书馆项目逐步搭建起"图书馆＋家庭"的服务体系，产生了良好的社会效益。现诚邀各邻里图书馆馆长填写《邻里图书馆家庭参与情况调查问卷》，以便于佛山市图书馆为邻里图书馆提供更好的阅读资源与服务。

感谢您的参与！

（本问卷的调查对象为邻里图书馆馆长，佛山市图书馆将对您的信息严格保密，请放心作答。）

1. 邻里图书馆名称（必填）

＿＿＿＿＿＿＿＿＿＿邻里图书馆

2. 您加入邻里图书馆项目多长时间了？［单选题］
○ 1—6 个月
○ 7—12 个月
○ 13—18 个月
○ 19—24 个月
○ 两年以上

3. 家庭中孩子的数量是多少？［单选题］（如选"没有孩子"，请跳过第 4、16、17 题）
○ 1 个
○ 2 个
○ 2 个以上
○ 没有孩子

4. 您孩子的年龄范围是？［不定项选择题］

□ 0—3 岁

□ 4—6 岁

□ 7—14 岁

□ 15—18 岁

□ 18 岁以上

5. 您的最高学历是？［单选题］

○高中或中专及以下

○大专

○本科

○硕士研究生

○博士研究生

6. 您的职业是？［单选题］

○公司职员

○机关、事业单位职工

○教师 / 医生 / 律师 / 艺术工作者

○工人

○个体工商业者

○自由职业者

○创业工作者

○全职妈妈

○无业者

○其他职业（请填写）＿＿＿＿＿＿＿

7. 您加入邻里图书馆的初衷是什么？［不定项选择题］

□可以借阅更多图书，借阅期限更长

□可以享受更多公共图书馆提供的服务

□营造良好的家庭阅读氛围

□希望能够认识更多热爱阅读的人

□希望能够促进自我和家人（孩子）的成长

□参与公益阅读服务

8. 您从加入邻里图书馆项目至今提供过几次借阅服务（不含活动）？［单选题］

○ 0—10 次

○ 11—20 次

○ 21—30 次

○ 31—40 次

○ 40 次以上

9. 您从加入邻里图书馆项目至今举办过几次阅读活动？［单选题］

○ 0 场次

○ 1—5 场次

○ 6—10 场次

○ 11—15 场次

○ 16—20 场次

○ 20 场次以上

10. 您举办的阅读活动的主要形式是？［不定项选择题］

□亲子共读

□少儿故事绘本分享

□手工艺术活动

□家庭讲座或小型沙龙

□专题图书推荐分享会

□户外探索活动

□其他（请填写）＿＿＿＿＿＿＿＿

11. 您举办的阅读活动选择的地点一般是？［不定项选择题］

□自己家里

□社区活动中心或者花园

□学校（含幼儿园）

□公共图书馆提供的场地

□社会公共场所（含公园、郊外、广场等）

□单位或者公司

□线上活动

□其他（请填写）＿＿＿＿＿＿＿＿

12. 您的服务对象主要是？［不定项选择题］

□邻居

□孩子的同学

□学生

□朋友

□同事

□亲人

□其他人

13. 您家参与邻里图书馆服务的人数（含孩子）是？［单选题］

○1人

○2人

○3人

○4人

○4人以上

14. 您认为影响服务开展的因素是什么？［不定项选择题］

□个人比较繁忙，没有时间

□邻居亲朋的积极性不高，组织难度大

□不方便陌生人进入家里办活动

□不知道开展活动的方法

□不好意思在社区公共场所开展活动

□孩子参与兴趣不大

□家庭成员不支持

□其他原因（请填写）＿＿＿＿＿＿＿＿

15. 加入邻里图书馆项目后，您个人的年阅读量是否有所提升？〔单选题〕

○没有

○有，1—5 册

○有，6—10 册

○有，11—20 册

○有，21—30 册

○有，30 册以上

16. 加入邻里图书馆项目后，您家一周的亲子阅读时长是否有所提升？〔单选题〕

○没有

○有，每周提升 0—2 个小时

○有，每周提升 2—4 个小时

○有，每周提升 4—6 个小时

○有，每周提升 6—8 个小时

○有，每周提升 8 个小时以上

17. 加入邻里图书馆项目后，您孩子的年阅读量是否有所提升？〔单选题〕

○没有

○有，1—5 册

○有，6—10 册

○有，11—20 册

○有，21—30 册

○有，30 册以上

18.您加入邻里图书馆项目的最大收获是？［不定项选择题］

□为孩子打造了阅读天地，促进孩子阅读成长

□加强了邻里交流，促进邻里关系融洽

□锻炼和提升了个人（孩子）的活动策划组织能力

□寻找到志同道合的书友，促进共同进步

□加强了与亲人的联系

□增长自身见闻，学习更多知识

□获得了更多公共图书馆资源和服务

□获得了社会认可及荣誉

□其他（请填写）＿＿＿＿＿＿＿＿＿＿

19.您认为加入邻里图书馆项目并提供借阅和活动服务，是不是为社会做出贡献的一种方式？［不定项选择题］

□否

□是，促进邻里的和谐

□是，推动文化志愿服务

□是，可以帮助他人

□是，可以推广阅读

□是，其他（请填写）＿＿＿＿＿＿＿＿＿＿

20.您对公共图书馆为邻里图书馆提供的资源是否满意？［单选题］

○非常满意

○满意

○一般

○不满意

○非常不满意

21.您对公共图书馆为邻里图书馆提供的服务是否满意？［单选题］

○非常满意

○满意

○一般

○不满意

○非常不满意

22.您对公共图书馆对邻里图书馆项目的支持力度是否满意？［单选题］

○非常满意

○满意

○一般

○不满意

○非常不满意

23.您认为新的邻里图书馆运营系统上线是否提升了项目的便利性？［不定项选择题］

□是，图书转借很方便，更加稳定

□是，绩效查询更加方便、清晰

□是，功能很多，包括刷脸办证、线上签约、活动管理、家藏图书管理等

□是，可以了解到更多其他邻里图书馆情况

□否，使用体验感不佳

24.您觉得邻里图书馆项目存在哪些问题？［不定项选择题］

□邻里图书馆借阅证权限不足

□管理机制不完善

□邻里图书馆转借系统不稳定

□项目绩效要求较高，难以完成

□公共图书馆对邻里图书馆馆长的培训不足

□公共图书馆活动资源较少进驻邻里图书馆家庭

□其他（请填写）_____

25.您觉得公共图书馆需要提供哪些方面的帮助以便邻里图书馆更好地开展服务？［不定项选择题］

□上调邻里图书馆借阅证的借阅权限

□提供阅读活动场地

□提供更多的阅读推广培训

□加大对邻里图书馆的宣传协助

□其他（请填写）_____

26.您是否会继续支持邻里图书馆项目？［单选题］

○支持，我会考虑续签

○支持，就算不续签也认同它是一个好项目

○不支持，期满后不续签。不支持的理由是（请填写）_____

27.您对邻里图书馆项目的其他意见和建议（非必填项）

_____

附录 7 邻里图书馆服务对象情况调查问卷（2021）

亲爱的读者：

您好！本次问卷主要针对邻里图书馆服务对象进行调研，您的意见和反馈对课题组非常重要！感谢各位读者真诚、耐心地参与此次调研，您的建议是课题组前进的方向！

感谢您的参与！

（本问卷的调查对象为邻里图书馆服务对象，佛山市图书馆将对您的信息严格保密，请放心作答）

1. 您的职业是？［单选题］
○公司职员
○机关、事业单位职工
○教师 / 医生 / 律师 / 艺术工作者
○工人
○个体工商业者
○自由职业者
○创业工作者
○全职妈妈
○无业者
○其他职业（请填写）＿＿＿＿＿＿＿＿＿

2. 您家里有几个孩子？［单选题］（如选"没有孩子"，请跳过第 3、14 题）
○1 个
○2 个
○2 个以上
○ 没有孩子

3. 您孩子的年龄范围是？〔不定项选题〕

□ 0—3 岁

□ 4—6 岁

□ 7—14 岁

□ 15—18 岁

□ 18 岁以上

4. 您家有图书（不含在公共图书馆所借图书和学生课本）多少册？〔单选题〕

○ 10 册及以下

○ 11—50 册

○ 51—100 册

○ 101—200 册

○ 201—500 册

○ 501—1000 册

○ 1000 册以上

5. 您家附近是否有公共图书馆（含自助图书馆、读书驿站等）？〔单选题〕

○有，不止一家

○有，一家

○没有

6. 您家附近的公共图书馆是否能满足您的阅读需求？〔单选题〕

○完全可以满足

○可以满足

○不能很好满足

○完全无法满足

7. 您和家人经常去公共图书馆吗？〔单选题〕

○是，一周多次

○是，一周 1 次

○是，一个月至少 1 次

○否，大概半年 1 次

○否，大概一年 1 次

○否，不怎么去

8. 您是从哪里获知邻里图书馆项目的？［单选题］

○邻居推荐

○亲戚朋友推荐

○公共图书馆内的阵地宣传

○公共图书馆在微信、微博等自媒体平台上的宣传

○电视、报纸等公共媒体的宣传

○其他（请填写）_____

9. 您和您的家人接受过几家邻里图书馆的服务？［单选题］

○ 1 家

○ 2—3 家

○ 4—5 家

○ 6—10 家

○ 10 家以上

10. 您和您的家人从邻里图书馆借阅图书的次数是？［单选题］

○ 0 次

○ 1—5 次

○ 6—10 次

○ 11—15 次

○ 15 次以上

11. 您和您的家人参与邻里图书馆举办活动的次数是？［单选题］

○ 0 场次

○ 1—3 场次

○ 4—6 场次

○ 7—10 场次

○ 10 场次以上

12. 您是从哪里获取邻里图书馆的活动预告等服务信息的？［单选题］

○邻里图书馆馆长的一对一邀请

○邻里图书馆馆长建立的微信 /QQ 群

○邻里图书馆馆长运营的微信公众号

○公共图书馆在自媒体平台的宣传

○其他（请填写）＿＿＿＿＿＿＿＿

13. 接受邻里图书馆的服务后，您的年阅读量是否有所提升？［单选题］

○有，提升 1—10 册

○有，提升 11—20 册

○有，提升 21—30 册

○有，提升 30 册以上

○没有提升

14. 接受邻里图书馆的服务后，您孩子的年阅读量是否有所提升？［单选题］

○有，提升 1—20 册

○有，提升 21—40 册

○有，提升 41—60 册

○有，提升 61—80 册

○有，提升 81—100 册

○有，提升 100 册以上

○没有提升

15. 接受邻里图书馆的服务后，您家庭的阅读氛围是否有所提升？［单选题］

　　○有很大提升

　　○有一定提升

　　○完全没有提升

16. 周边有了邻里图书馆之后，您是否觉得借阅图书馆的图书和参加文化活动更加便利？［单选题］

　　○是，非常便利

　　○是，比较便利

　　○否，不觉得很便利

17. 邻里图书馆给您带来的最大收获是？［不定项选择题］

　　□培养自身（孩子）的阅读兴趣，营造良好的阅读氛围

　　□加强了邻里交流，促进邻里关系融洽

　　□寻找到志同道合的书友，扩大交友范围

　　□增长自身见闻，学习更多知识

　　□丰富文化生活

　　□其他（请填写）_____

18. 您对邻里图书馆开展的服务或活动是否满意？［单选题］（如选"非常满意"或"满意"，请跳过第19题）

　　○非常满意

　　○满意

　　○一般

　　○不满意

　　○非常不满意

19. 您不满意的原因是？［单选题］

　　○邻里图书馆开放时间不固定

○邻里图书馆馆长开展活动的经验不足

○邻里图书馆的图书资源不够丰富

○邻里图书馆馆长服务态度不热诚

○邻里图书馆图书转借系统不稳定

○其他（请填写）_____

20. 您认为邻里图书馆项目存在的问题是什么？［不定项选择题］

□加入门槛比较高

□邻里图书馆小程序使用不方便

□公共图书馆给予单家邻里图书馆的图书资源不足

□公共图书馆宣传不到位，很多人不知道

□周边邻里图书馆数量太少

□公共图书馆活动资源较少进驻邻里图书馆家庭

□其他（请填写）_____

21. 您认为邻里图书馆项目需要如何提升？［不定项选择题］

□为邻里图书馆馆长提供阅读推广专业培训，以便开展阅读活动

□加大对邻里图书馆的宣传力度，让更多人了解、认识更多其他邻里图书馆

□将更多的图书资源下沉到邻里图书馆

□发展更多的邻里图书馆，让借阅或参加活动变得更加便利

□完善邻里图书馆小程序的功能，使其变得更加便利

□其他（请填写）_____

22. 您是否有考虑申请成为邻里图书馆馆长？［单选题］（如选"正在考虑"
或"等条件成熟再考虑"，请跳过第 23 题）

○正在考虑

○等条件成熟再考虑

○完全不考虑

23. 您不考虑的主要顾虑是？［不定项选择题］

□个人比较繁忙，没有时间

□邻居亲朋的积极性不高，组织难度大

□家庭环境不允许

□没有开展活动的相关经验

□其他（请填写）_____

24. 您对邻里图书馆项目有其他意见或建议吗？（非必填项）

附录8　邻里图书馆项目馆员参与情况调查问卷（2021）

亲爱的馆员：

您好！本次调查旨在调研您在从事邻里图书馆项目工作中的情况。课题组将对您的信息严格保密，请放心作答。

期待您的参与！

1.您在邻里图书馆项目的哪个组？或者是属于哪个区的团队成员？［单选题］

○佛山市图书馆统筹组

○佛山市图书馆招募组

○佛山市图书馆管理组

○佛山市图书馆流通组

○佛山市图书馆活动组

○佛山市图书馆宣传组

○佛山市图书馆技术组

○佛山市图书馆资源保障组

○禅城区

○南海区

○顺德区

○高明区

○三水区

2.您的性别是？［单选题］

○男

○女

3. 您的年龄是？ ［单选题］

○ 18—30 岁

○ 31—40 岁

○ 41—50 岁

○ 51—60 岁

4. 您的最高学历是？ ［单选题］

○高中或中专及以下

○大专

○本科

○硕士研究生

○博士研究生

5. 您参加工作的年限是？ ［单选题］

○ 0—5 年

○ 6—10 年

○ 11—20 年

○ 20 年以上

6. 您目前是否在家里开设了邻里图书馆？ ［单选题］（如选"是"，请跳过第 7、8 题）

○是

○否

7. 您是否考虑未来在自己家里开设邻里图书馆？ ［单选题］（如选"是"，请跳过第 8 题）

○是

○否

○不确定

8. 您不愿在自家开设邻里图书馆的原因是？［不定项选择题］

□喜欢独自阅读

□没有共同阅读的需求

□工作和生活需要分开

□不习惯其他人打扰私人空间

□家庭空间整理比较麻烦

□其他（请填写）＿＿＿＿＿＿＿＿

9. 您在参与邻里图书馆项目的业务管理中曾遇到以下哪些困难？［不定项选择题］

□个人工作量加大

□综合问题难以解答

□多人协调难度较大

□个人专业技能不足

□需要的资源配置不足

□个别服务对象难打交道

□其他（请填写）＿＿＿＿＿＿＿＿

10. 参加这个项目对您的影响是？［不定项选择题］

□扩大工作视野

□增强工作技能

□提升集体荣誉感

□提升多部门协作能力

□提升多任务处理能力

□其他（请填写）＿＿＿＿＿＿＿＿

11. 您是否认为个人对项目做出了较大的贡献？［单选题］

○非常同意

○同意

○不确定

○不同意

○非常不同意

12. 从工作人员的角度，您对本项目的整体评价是？［单选题］

○非常好

○好

○一般

○不好

○非常不好

13. 您是否认为项目促进了家庭阅读？［单选题］

○非常同意

○同意

○不确定

○不同意

○非常不同意

14. 您是否认为项目打通了公共图书馆服务的"最后一米"？［单选题］

○非常同意

○同意

○不确定

○不同意

○非常不同意

15. 您是否认为项目实现了邻里图书馆的自我管理和自主服务？［单选题］

○非常同意

○同意

○不确定

○不同意

○非常不同意

16. 您是否认为项目实现了公共图书馆从"办活动"到"管活动"的转变？［单选题］

　　○非常同意

　　○同意

　　○不确定

　　○不同意

　　○非常不同意

17. 您是否认为项目提高了市民对公共图书馆的认可度？［单选题］

　　○非常同意

　　○同意

　　○不确定

　　○不同意

　　○非常不同意

18. 您是否认为项目探索的"市—区—镇街"三级管理的模式具有较高的运作效率？［单选题］

　　○非常同意

　　○同意

　　○不确定

　　○不同意

　　○非常不同意

19. 您是否认为项目缓解了公共图书馆人力资源、空间资源不足的问题？［单选题］

　　○非常同意

　　○同意

　　○不确定

　　○不同意

　　○非常不同意

20. 您是否认为项目采用社会力量参与提供公共图书馆服务的方式有效提高了公共图书馆服务的覆盖面？〔单选题〕

　　○非常同意

　　○同意

　　○不确定

　　○不同意

　　○非常不同意

21. 您是否认为项目采用社会力量参与提供公共图书馆服务的方式有效提高了公共图书馆提供服务的数量和质量？〔单选题〕

　　○非常同意

　　○同意

　　○不确定

　　○不同意

　　○非常不同意

22. 您对目前邻里图书馆项目服务效能的评价是？〔单选题〕

　　○非常好

　　○好

　　○一般

　　○不好

　　○非常不好

23. 您对目前邻里图书馆项目资金、人力等资源投入和项目产出比的评价是？〔单选题〕

　　○非常好

　　○好

　　○一般

　　○不好

　　○非常不好

24.邻里图书馆项目运营三年后，您是否认为目前进入了瓶颈期？［单选题］

○非常同意

○同意

○不确定

○不同意

○非常不同意

25.您是否认为邻里图书馆项目需要将提质增效和可持续发展作为示范项目创建后最紧要的工作？［单选题］

○非常同意

○同意

○不确定

○不同意

○非常不同意

26.邻里图书馆项目需要提质增效和可持续发展，您认为应主要从哪方面入手？［不定项选择题］

□保障项目运营经费

□加强邻里图书馆馆长准入审查

□加强邻里图书馆绩效考核

□完善邻里图书馆退出机制

□完善项目参与和受益人员激励机制

□优化邻里图书馆小程序功能

□加强邻里图书馆馆长培训

□扩展服务范围，如与社区互动开展活动

□扩展新的形态，如在小区公共空间设立邻里图书馆

□加强宣传推广

□其他（请填写）＿＿＿＿＿＿＿＿

27. 重组邻里图书馆项目管理团队，您认为应主要从哪方面入手？［不定项选择题］

　　□明确"市—区—镇街"三级管理责权
　　□缩减直接参与管理的馆员人数
　　□充分发挥邻里图书馆管理委员会职责
　　□加强志愿者服务团队建设
　　□引入社会力量参与管理和服务
　　□其他（请填写）＿＿＿＿＿＿＿＿＿

28. 您认为邻里图书馆项目在哪些方面可以继续进行提升？［不定项选择题］

　　□制定行业标准，提升行业地位
　　□继续扩大规模，提升覆盖范围
　　□优化管理流程，提升智能化管理水平
　　□加强运营管理，提升自治自理能力
　　□打造服务品牌，提升品牌形象和影响力
　　□多方撬动社会资源，提升社会效益
　　□其他（请填写）＿＿＿＿＿＿＿＿＿

29. 您是否同意继续参与邻里图书馆项目？［单选题］（如选"是"，请跳过第 31 题；如选"否"，请跳过第 30 题）

　　○是
　　○否

30. 您希望继续参与邻里图书馆项目的哪方面工作？［不定项选择题］
　　□统筹管理
　　□社会招募
　　□日常管理
　　□流通服务
　　□活动组织

□宣传推广

□技术支持

□培训教育

□其他（请填写）＿＿＿＿＿＿＿＿

31. 您不再参与邻里图书馆项目的原因是？［不定项选择题］

□其他业务工作繁忙，没有时间

□项目工作量大，付出和收获不成正比

□不喜欢目前分配到的项目工作

□不能完全胜任项目工作

□不能通过项目获得提升

□其他（请填写）＿＿＿＿＿＿＿＿

32. 您对邻里图书馆项目的意见和建议是？（非必填项）

后　记

以一隅书香，结邻里之好，以阅读相伴，让友爱相邻。

始于 2018 年的邻里图书馆项目，至今已走过了四年多的历程。邻里图书馆项目的实践主要基于两个背景。其一是佛山市公共图书馆服务体系经过十多年的发展，已搭建起"市—区—镇街—村居"的四级架构，各种形式的新型阅读空间如智能图书馆、智能文化家、读书驿站等也被大力建设。在新型阅读空间的建设过程中，佛山地区的公共图书馆按照"政府主导、社会参与"原则，与各类社会组织、团体及企业等社会主体进行了卓有成效的合作，积累了公共图书馆与社会力量共建共治共享的丰富经验。在此基础上，公共图书馆服务如要进一步下沉，就需要到更接近居民的地方去。家庭作为社会的细胞自然而然地进入了我们的视野。其二是 2015 年 8 月佛山市获得了国家公共文化服务体系示范区创建资格，创新服务模式以满足市民对公共图书馆服务的个性化、精准化和便捷性需求是示范区创建的重要内容。正是在这样的背景下，邻里图书馆这一创意应运而生。项目实施四年半后，全市邻里图书馆已超过 1400 家，成功搭建起覆盖全城的"图书馆＋家庭"服务体系，取得了扎实的服务绩效，实现了把书香传递到"千家万户"的初衷，助推了佛山"全民阅读之城"的建设。

邻里图书馆从一开始就被定位为公共图书馆服务体系的延伸，是佛山市公共图书馆服务体系的组成部分。邻里图书馆的实质，就是把家庭从公共图书馆服务的"终点"转变为公共图书馆服务的"中点"，使家庭不仅是公共图书馆服务的需求方和接受者，同时也是公共图书馆服务的提供方和推广者。在项目实践过程中，项目的参与者、业界的专家乃至新闻媒体都做过一些研究、总结和报道，但这些成果普遍缺乏系统性和整体性。为了更好地推进这样一个既有创新性又有推广价值的项目，其实践过程的方方面面亟须得到系统梳理和理论提升。为此，我们组织佛山市图书馆参与该项目的核心团队讨论确定了本书的框架和基本思路，指定了各章的撰写人，多次内部审稿，几经调整修改，历时将近一年才终有所成。本书梳理了邻里图书馆项目的实施背景、运作机制、营销实践、创新要素，并对项目进行了实证研究，筛选了鲜活的实践案例，提出了项目的发展方向。书中内容既包含项目的实践探索，也有理论提炼，在业界的创新案例研究方面不失为一个有价值的参考样本。

邻里图书馆项目能取得今天的成就，离不开广东省文化和旅游厅、佛山市文化广电旅游体育局的大力支持，离不开佛山各区及镇街图书馆的同心协力，离不开各级领导和业界专家的关心和指导，离不开各级各类媒体的持续关注和跟踪报道，当然更离不开参与项目统筹、招募、流通、管理、活动组织、宣传、技术支持、资源保障的佛山市图书馆众多馆员的辛勤付出，以及投身邻里图书馆项目的家庭所做出的努力与贡献。成书之际，我心怀感恩。

邻里图书馆项目的创意来自时任馆长屈义华研究馆员。李国新教授、程焕文教授对本书的编撰提出了中肯意见，并欣然受邀撰写了既有理论高度又热情洋溢的序言，在此特别致谢！

本书分为七章，依次由陈艳、郑小灵、朱瑞芹、黄佩芳、朱忠琼、张惠梅、罗舒乔执笔，曾思敏对技术部分有所贡献。全书由张惠梅、黄佩芳统稿。黄百川统筹策划了本书，并承担了审定工作。

书中存在的疏漏与不足之处，敬请专家、同行和广大读者批评指正。

黄百川

2022 年 11 月 30 日